肇庆古墓

广东省文物考古研究所　编著

科学出版社
北京

内 容 简 介

本书是2004～2006年在肇庆地区的肇庆市、四会市、广宁县发掘的17座墓葬及3口水井和2座灰坑的综合报告。年代分别为战国、汉代、东晋、南朝、唐代和宋代。这批资料中有陶器、釉陶器、瓷器、铜器和滑石器等，文化面貌与中原同时期遗存大体相同，但又独具自身特点，为研究广东肇庆地区几个时期的考古学文化以及葬俗葬制提供了宝贵的资料。

本书可供历史、考古、文物等方面的专家学者及相关专业的大专院校师生参考、阅读。

图书在版编目(CIP)数据

肇庆古墓／广东省文物考古研究所编著. —北京：科学出版社，2008
ISBN 978-7-03-021406-5

Ⅰ. 肇… Ⅱ. 广… Ⅲ. 墓群（考古）－发掘报告－肇庆市 Ⅳ. K878.85

中国版本图书馆CIP数据核字（2008）第036454号

责任编辑：闫向东 孙 莉／责任校对：李奕萱
责任印制：赵德静／封面设计：陈 敬

科学出版社 出版
北京东黄城根北街16号
邮政编码:100717
http://www.sciencep.com
中国科学院印刷厂 印刷
科学出版社发行 各地新华书店经销

*

2008年5月第 一 版 开本：787×1092 1/16
2008年5月第一次印刷 印张：10 插页：39
印数：1—1 500 字数：261 000

定价：218.00元

（如有印装质量问题，我社负责调换〈科印〉）

序　　言

肇庆古为端州，以端砚闻名于世，是国家级历史文化名城，保存了各个历史时期的丰富文化遗存。随着经济建设的开展，肇庆市的文物保护工作也在不断发展。《肇庆古墓》一书正是对近年来这里文物考古工作新成果的总结和集中展示。

康乐中路的墓地，紧邻宋代肇庆城垣，正处于肇庆市区文物分布密集的区域。墓地中发掘的从汉至宋代多处遗迹现象与遗物为广东地区罕见，其南朝墓葬中的斗拱中铺作拴拱构造形式、墓葬中的凭几和帷帐座，都显示出墓主人生前具有较高的社会地位；虽然受条件限制，未能进行大面积的揭露，但新的发现预示着附近当存在相当规模的历史文化聚落，为南朝时期高要郡的历史研究提供了有价值的线索。

广宁县龙嘴岗战国墓地共发掘清理了13座墓葬，出土了包括青铜器在内的数百件珍贵文物，将其与封开利羊墩、博罗西埔战国时期墓葬联系起来考察，将会对广东地区战国时期越系青铜文化研究，特别是该时期东江、西江流域的文化面貌和社会结构的探索有所裨益。

四会市唐代墓葬中的浮雕生肖造型规整，背面还有相应的文字说明，为岭南地区少见，值得关注。

总体来看这本报告具有两个显著特点：一是报告资料丰富，内容编排合理，书中系统介绍了2004～2006年肇庆市区和广宁、四会两县以墓葬为主体的田野考古发掘资料，年代跨度涉及战国、汉、南朝、唐、宋，出土遗物和遗迹现象都较为丰富，文化面貌与特征鲜明，在广东地区很有代表性；二是编写工作效率高，从田野工作结束到报告编辑完成，仅仅用了一年多的时间，说明报告编写者在田野工作的基础上，室内整理工作抓得紧，大大缩短了考古资料发表的周期，达到了资料有效共享的目的。

《肇庆古墓》是一个阶段性资料整理和初步研究的成果，会存在一些不足，希望专家和同行能批评指正，以推进广东文物考古事业的发展。

目　录

插 图 目 录

图 版 目 录

绪　　言

肇庆市位于广东省中部偏西的西江北岸（图一），距广州市104公里，东临佛山、清远，南连云浮，西接广西。肇庆市辖端州区、鼎湖区、四会市、高要市、广宁县、德庆县、封开县、怀集县。

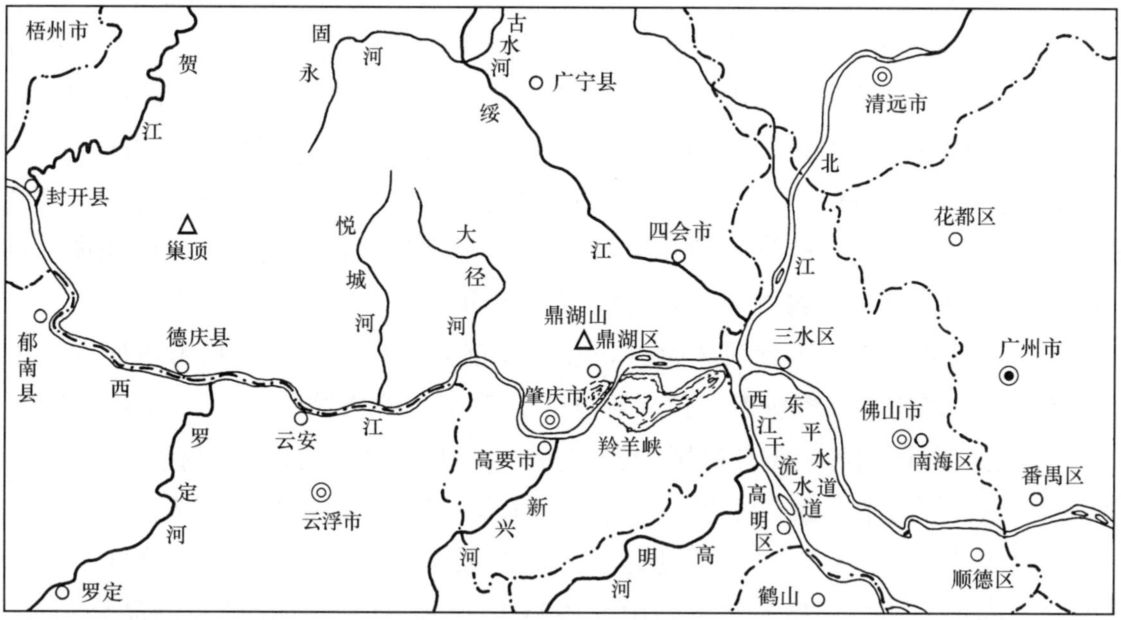

图一　肇庆市地理位置示意图

2004年11月，肇庆市在对市区内康乐中路改造时发现古墓葬。施工单位及时保护现场，并通知肇庆市文化局、市博物馆，肇庆市文化局接报后随即上报广东省文化厅。同月，广东省文物考古研究所组成以卜工研究员为领队，尚杰为执行领队的考古队，于2004年11月27日到达现场进行抢救发掘。现场发现2座被毁坏的砖室墓，从采集到的遗物及墓砖特征分析，初步断定墓葬年代应为南朝时期。

考古队在肇庆市博物馆的配合下于2004年11月28日开始对墓地进行发掘（图版一）。共清理出墓葬12座、水井3口（J1～J3）和灰坑2座（H1、H2）。12座墓葬中有4座为土坑墓，分别编号为M6、M7、M9、M11；8座为砖室墓，分别编号为M1～M5、M8、M10、M12。其中M1～M5、M12集中在发掘区北部，M6、M7、M9分布在发掘区中部，M8位于发掘区的最南部。J1位于发掘区的最北部，向下打破M4，J2、J3位于发掘区的中部偏南，H1 位于发掘区的中部偏东。H2 位于发掘区北部，打破 M1。

田野发掘于 2005 年 1 月 20 日结束。

本次发掘收获重大，出土的墓葬年代跨度长，为汉至宋代。多处遗迹现象与遗物为广东地区少见或首见，如在砖室墓内加砌承券、设祭台、砌直棂窗、装饰菱角牙子、筑砖柱、用“人”字形铺底等做法，特别是 M1、M4 墓室内除上述装饰外，还有仿木构建筑的“人”字形斗拱和难得一见的拴拱木结构，另在 M4 的墓室后壁外侧用特制砖来做菱角花墙用以装饰，以及出土的凭几、帷帐座，均为广东地区首见。

由于大量的民房占地，无法探明康乐中路墓地的范围。在紧邻康乐中路南的宋城西路，于 2003 年对其改造时曾进行过考古发掘，发现 6 座墓葬，从随葬器物特征分析，它们属于晋、南朝、唐等时期的墓葬，由此可知该区域也应为康乐中路墓地的一部分。

鉴于康乐中路墓地的重要性，2005 年 1 月在肇庆市举行了新闻发布会与专家论证会。与会专家各自阐述自己的观点，最后总结该墓地的发现与发掘，对研究南朝时期广东及西江流域的埋葬习俗、墓葬形制、历史文化与政治等，提供了难得的第一手重要实物资料，鉴于遗迹的不可再生性，建议原地保护。肇庆市政府做出表示，决定将原来规划的康乐中路进行改道，拟将墓地建成一个遗址公园，与旁边的宋城墙、披云楼、清真寺、包公井等文物古迹一并构成完整的历史文化景区。

本次发掘领队卜工，执行领队尚杰。参加发掘人员有广东省文物考古研究所卜工、尚杰、齐雪芳、尚中克，肇庆市文化局陈新忠，肇庆市博物馆萧健玲、邓杰、程茵、邓志芳、冯小慧、吕国明等。野外摄影为齐雪芳；室内资料整理人员有尚杰、龚海珍、齐雪芳、钟振远、邹俭平、徐安民等；描图为龚海珍、齐雪芳；器物摄影为尚杰、齐雪芳。

广宁县隶属于肇庆市辖区，地处北江支流的绥江中游（图二），东临四会、清远，南连德庆、高要，西接怀集，北毗阳山。1995 年 6 月，广宁县长荣竹制品公司在龙嘴岗进行基建施工时，发现一批青铜器和陶器。广东省文物考古研究所和广宁县博物馆闻讯后即派人赴现场，随即清理被破坏竖穴土坑墓葬 6 座。1996 年 1 月，由广东省文物考古研究所和广宁县博物馆组成联合考古队，对龙嘴岗战国墓地进行正式发掘，发掘面积达 300 余平方米，共清理战国墓葬 9 座，编号 M7 ~ M15。两次发掘共出土随葬器物 200 余件。

2005 年 1 月，广宁县长荣竹木制品公司在龙嘴岗进行公司扩建施工时再次发现古墓葬。广东省文物考古研究所在广宁县文化局、广宁县博物馆配合下，组织专业人员赴现场进行抢救发掘。墓葬沿岗脊缓坡由东北—西南分布，墓向大致为东北—西南向，所有墓葬均遭到不同程度的毁坏。此次发掘共清理战国墓葬 4 座，出土一批精美的青铜器和陶器。本次发掘领队卜工，执行领队尚杰。参加发掘人员有尚杰、廖肇健、江昌运、齐雪芳、尚中克、陈健生。资料整理人员有尚杰、齐雪芳、龚海珍。描图为齐雪芳、龚海珍。

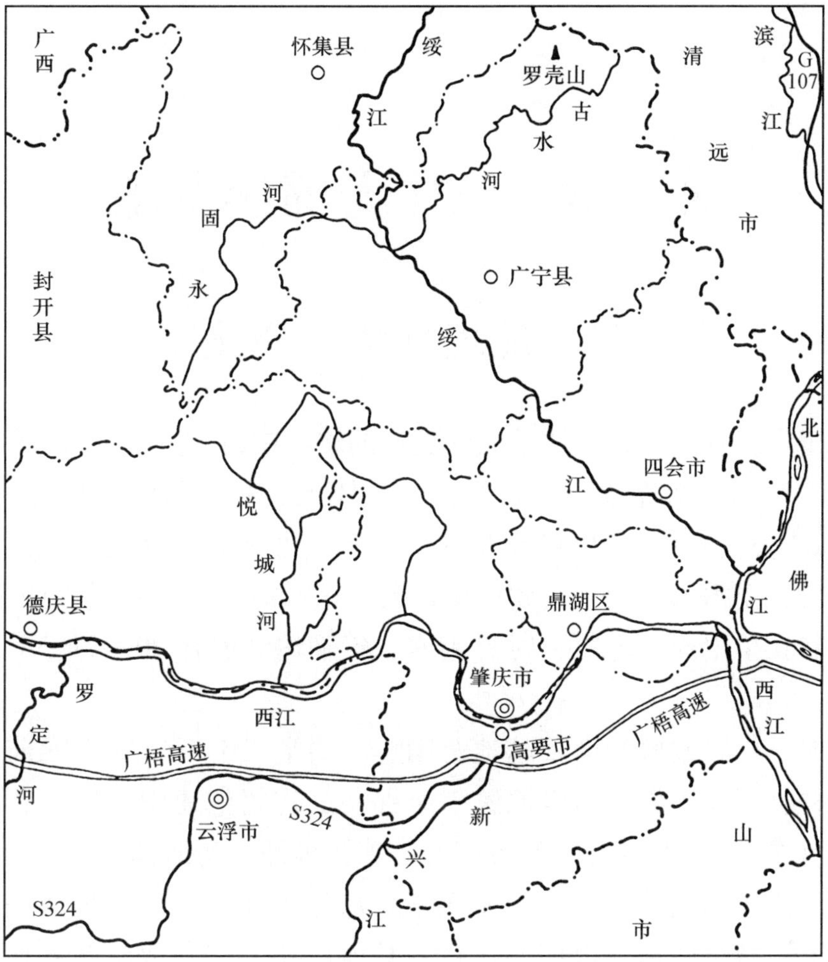

图二　广宁县、四会市地理位置示意图

四会市同样也隶属于肇庆市辖区，位于珠江三角洲西北边缘，绥江、北江和西江的下游（图二）。2006 年 5 月，四会市博物馆在距城区约 2. 5 公里的南田水库发现一座唐代砖室墓。同月，广东省文物考古研究所在四会市文化局、博物馆的配合下，对该墓葬进行了抢救发掘（图版二，2）。墓葬发掘时已遭毁坏，封门处被挖去大部分，封门墙仅残留底部，墓室内出土一批珍贵的瓷器和砖雕。墓葬的形制和墓中出土的生肖砖雕组合，为广东地区所少见。墓葬的发掘对研究这一时期的埋葬风俗、墓葬形制、社会生活等提供了宝贵的实物资料。本次发掘领队卜工，执行领队尚杰。参加发掘人员有尚杰、毛远广、雷声亮、何韵祥、苏燕飞、齐雪芳、陈子坚等。资料整理人员有尚杰、齐雪芳。描图为龚海珍。

肇庆市康乐中路墓地、广宁县龙嘴岗墓地和四会市陶塘墓地，均是这几年经过考古发掘出土的关于肇庆地区古代墓葬的最新材料，为了全面、完整地反映各个墓地的具体情况以及相互之间的联系，本报告按照各墓地的时代先后顺序来介绍这批墓葬材料，并对其特点和性质做初步分析。

第一章　广宁龙嘴岗墓地

第一节　地理环境、历史沿革

广宁县位于广东省西北部，地处北江支流的绥江中游，处于北纬23°22′～23°59′之间。东临四会、清远，南连德庆、高要，西接怀集，北毗阳山。县境东西最宽59公里，南北最长68公里，总面积2459.32平方公里。北回归线在南部通过，绝大部分地区属亚热带气候，受季风影响，气候变化较大，正常情况下，春季多阴雨，夏季炎热，秋天凉爽，常有秋旱出现，冬冷，时有霜冻。年平均气温在20～21.5℃之间，累计平均为20.7℃。

春秋战国时，广宁地属岭南百越地范围。秦始皇三十三年（公元前214年）定岭南，立南海、桂林、象三郡，本境地属南海郡。汉初赵佗建南越国，属其统辖。西汉武帝元鼎六年（公元前111年），复置南海、苍梧等郡，南海郡领番禺、四会等县，广宁地属四会县。南朝宋元嘉十三年（436年）新置绥建郡，广宁地属绥建郡。隋朝开皇九年（589年）撤绥建郡，以四会、化蒙县属广州，广宁地属两县地域。唐武德五年（622年），以四会、化蒙县置南绥州，复置新招、化注、化穆三县，广宁属“一新三化”之境。宋太祖开宝四年（971年），撤化蒙、化穆入四会，属广州，广宁地属四会。神宗熙宁六年（1073年），四会改隶于端州，广宁地属四会，隶端州。明嘉靖三十八年（1560年）置广宁县，地属肇庆府。清朝沿明制。民国三年（1914年）广宁属粤海道。1952年5月，广宁、四会两县合并为广四县，1954年7月，又恢复广宁、四会两县。1988年肇庆专区改称肇庆市，广宁县属肇庆市，沿属至今。

第二节　墓地概况与发掘经过

龙嘴岗墓地位于广宁县南街镇巷口管理区，北距广宁县城约5公里（图三），向南约1公里处为铜鼓岗战国墓地，其西侧约2公里为北江支流绥江自西北向东南流过。岗地呈东北—西南走向，北与大岗相连，高出两侧农田30米。

1995年6月，广宁县长荣竹制品公司在龙嘴岗进行基建施工时，发现一批青铜器和陶器。广东省文物考古研究所和广宁县博物馆闻讯后即派人赴现场考察，确认为古代墓葬遗物。随即清理了被破坏的土坑墓6座，编号M1～M6。1996年1月，由广东

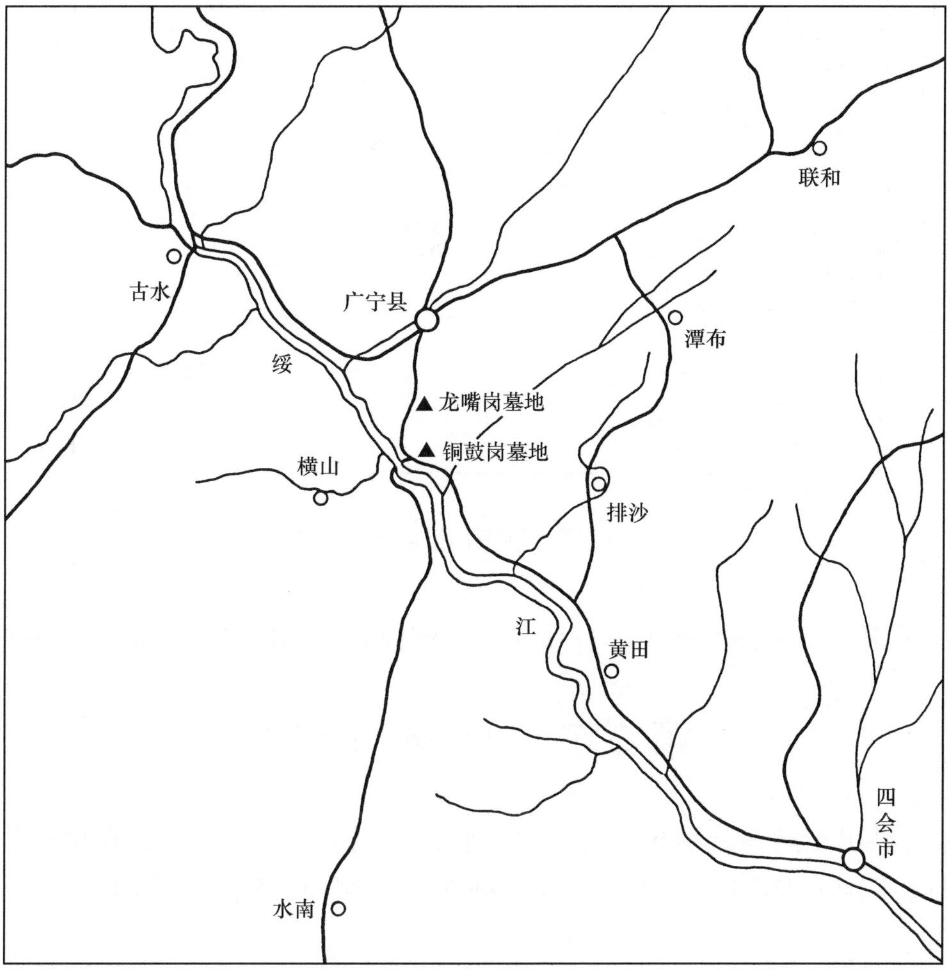

图三　广宁龙嘴岗墓地位置示意图

省文物考古研究所和广宁县博物馆组成联合考古队，对龙嘴岗战国墓地进行正式发掘，发掘面积达300余平方米，共清理战国墓葬9座，编号M7～M15。两次发掘共出土随葬器物200余件。

2005年1月，广宁县长荣竹木制品公司在龙嘴岗进行公司扩建施工时再次发现古墓葬，所有墓葬均遭到不同程度的毁坏。广东省文物考古研究所闻讯后，再次与广宁县博物馆组成联合考古队，奔赴现场对其墓葬进行抢救发掘。此次发掘共清理墓葬4座（图四），共出土随葬器物61件。为全面了解墓地情况和保持龙嘴岗墓地墓葬编号的连续性，以便下一步研究提供方便，故将此次发掘的墓葬编号定为M16～M19。

本次发掘的4座墓葬位于1996年1月第二次发掘区的东南部，M16距第二次发掘最东南角的M13约30多米。三次发掘的墓葬均为长方形竖穴土坑墓，从第二次发掘的总平面图观察，本次发掘的墓葬与第一次和第二次发掘的墓葬分布一致，墓葬沿岗脊缓坡由东北—西南分布，墓向大致为东北—西南向。此次发掘墓葬中出土的器物主要

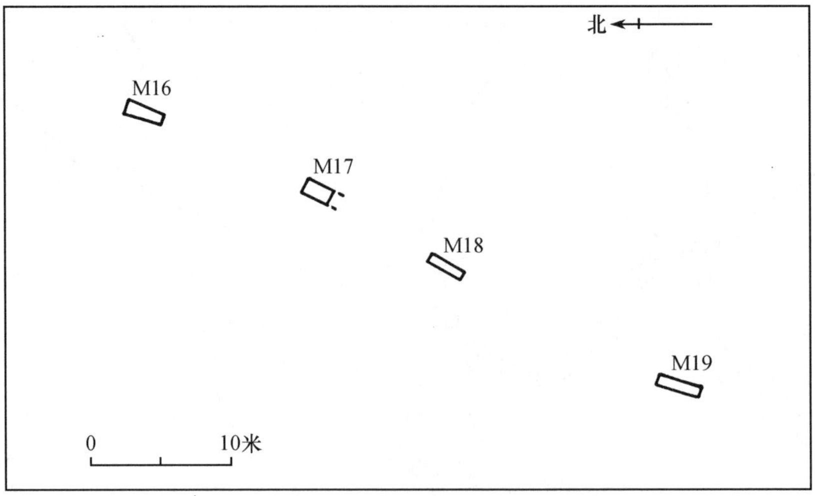

图四　广宁龙嘴岗墓葬分布图

摆放在墓坑两端，出土器物的组合、器物特征和位置与前两次发掘墓葬基本相同。

第三节　墓葬介绍

4座墓葬共出土随葬器物61件，按质地分为陶器、釉陶器、铜器和石器。器形丰富，有陶罐、陶瓿、陶碗、陶钵、陶杯、釉陶碗、铜鼎、铜矛、铜削刀、铜刮刀、铜斧、砺石等。

M16

1. 墓葬形制

M16为长方形竖穴土坑墓，墓长320、残宽86～145、深210～250厘米。方向20°（图五）。

M16在发掘前已被毁坏，从残留部分观察，M16开口于表土层下，距地表15～20厘米。填土为橙黄色花土，含砂粒及风化岩，土质硬。墓坑周壁垂直，平整。在墓底两端发现两个柱洞，直径为20、深26～30厘米。未发现棺椁和人骨。随葬器物主要集中在墓葬的两端，共出土陶器17件、釉陶器1件、铜器20件和石器1件。

2. 随葬器物

（1）陶器

杯　5件。

M16:10，泥质灰陶，陶质硬。圆唇，深弧腹，平底。口径7.8、底径3、高5厘米

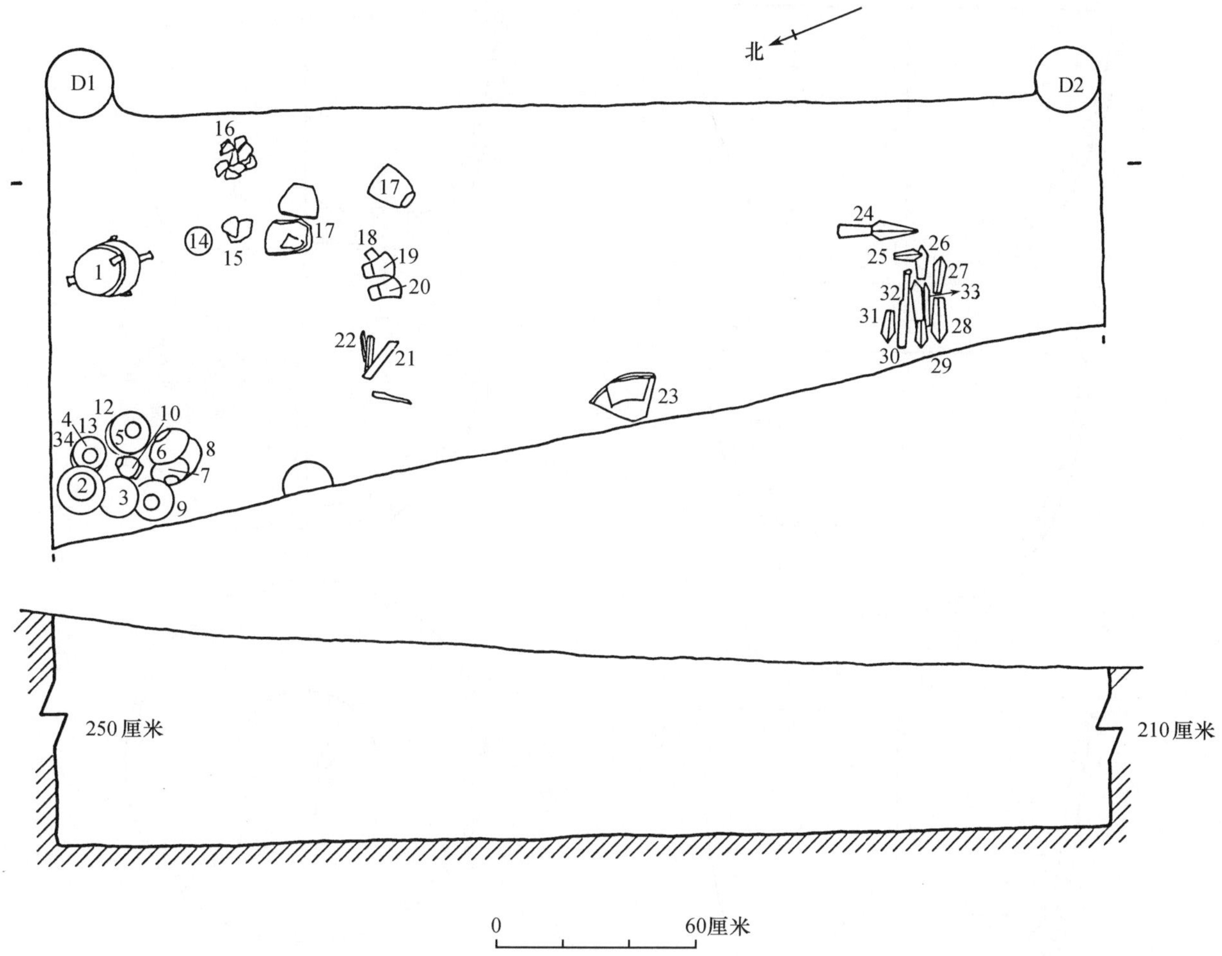

图五　广宁龙嘴岗 M16 平、剖面图

1. 铜鼎　2、23. 陶瓿　3～9、16、17. 陶碗　10、11、13、15、34. 陶杯　12. 陶盒　14. 釉陶碗　18～20. 铜斧　21. 砺石 22、25～31、33、36. 铜刮刀　24. 铜矛　32、35. 铜刻刀　37～39. 铜削刀

（其中 11 压于 8 之下，35 压于 33 之下，36、37 压于 20 之下，38 压于 28 之下，39 压于 30 之下）

（图六，1；图版三，5）。

M16∶11，泥质灰陶，陶质硬。圆唇，侈口，直腹，近底处急收，平底内凹。内壁轮制痕明显。口径 7.4、底径 3.5、高 5.5 厘米（图六，3；图版三，6）。

M16∶13，泥质灰陶，陶质硬。圆唇，侈口，直腹，近底处急收，平底微内凹。口径 7.8、底径 3.6、高 6 厘米（图六，4）。

M16∶15，器物略变形。泥质灰陶，陶质硬。圆唇，敛口，直腹，平底微凹。口径 6.9、底径 4.7、高 4.4～4 厘米（图六，5；图版三，7）。

M16∶34，泥质灰陶，陶质硬。圆唇，敛口，直腹，近底处急收，小平底微内凹。口径 6.7、底径 3、高 4.8 厘米（图六，2）。

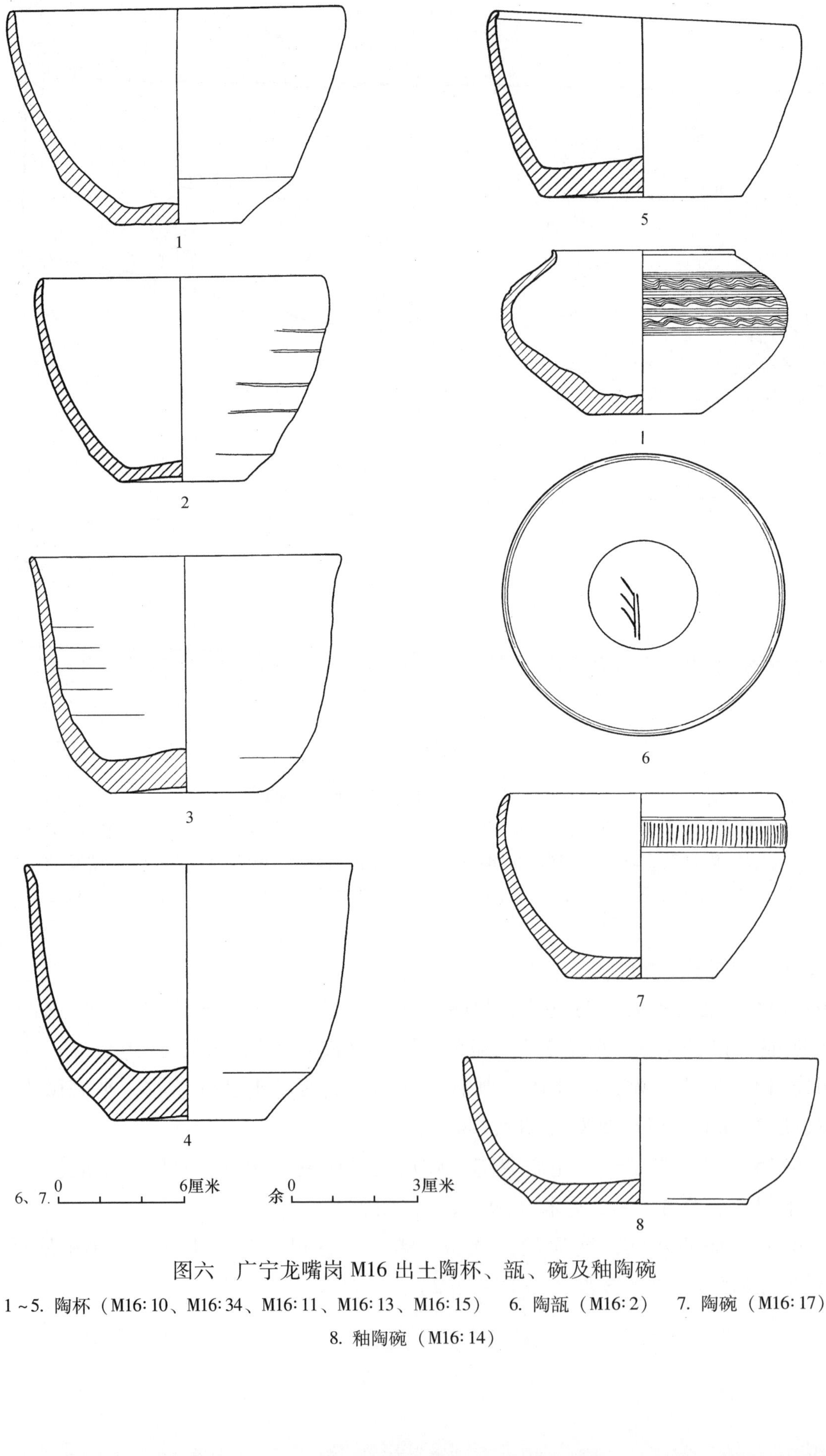

图六　广宁龙嘴岗 M16 出土陶杯、瓿、碗及釉陶碗

1～5. 陶杯（M16∶10、M16∶34、M16∶11、M16∶13、M16∶15）　6. 陶瓿（M16∶2）　7. 陶碗（M16∶17）

8. 釉陶碗（M16∶14）

瓿　2件。

M16∶2，泥质灰陶，陶质硬。圆唇，直口，广肩，平底。肩、腹部相间饰四组弦纹和三组水波纹。器物外底饰刻划符号。口径8.4、腹径13.2、底径5.2、高7.6厘米（图六，6；图七，5；图版三，1）。

M16∶23，泥质灰陶，陶质硬。尖唇，卷沿，广肩，平底。肩部饰对称桥形耳一对。肩上部饰条纹，肩、腹部饰五组弦纹和四组水波纹。在耳侧刻划符号。口径17.2、腹径25.6、底径13.6、高15.6厘米（图七，1；图八，2）。

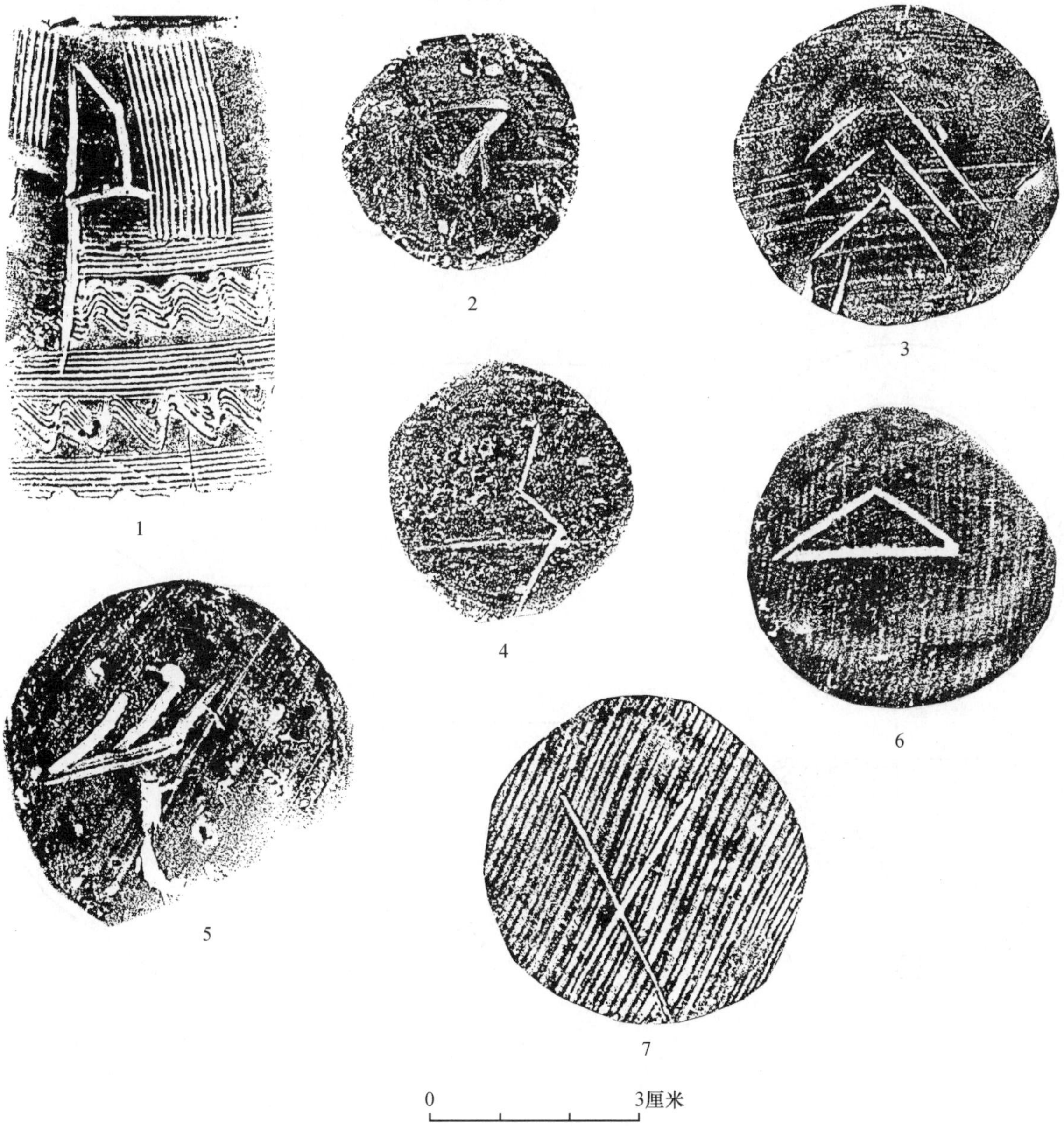

图七　广宁龙嘴岗M16出土器物纹饰及刻划符号拓片

1. M16∶23　2. M16∶8　3. M16∶12　4. M16∶5　5. M16∶2　6. M16∶9　7. M16∶7

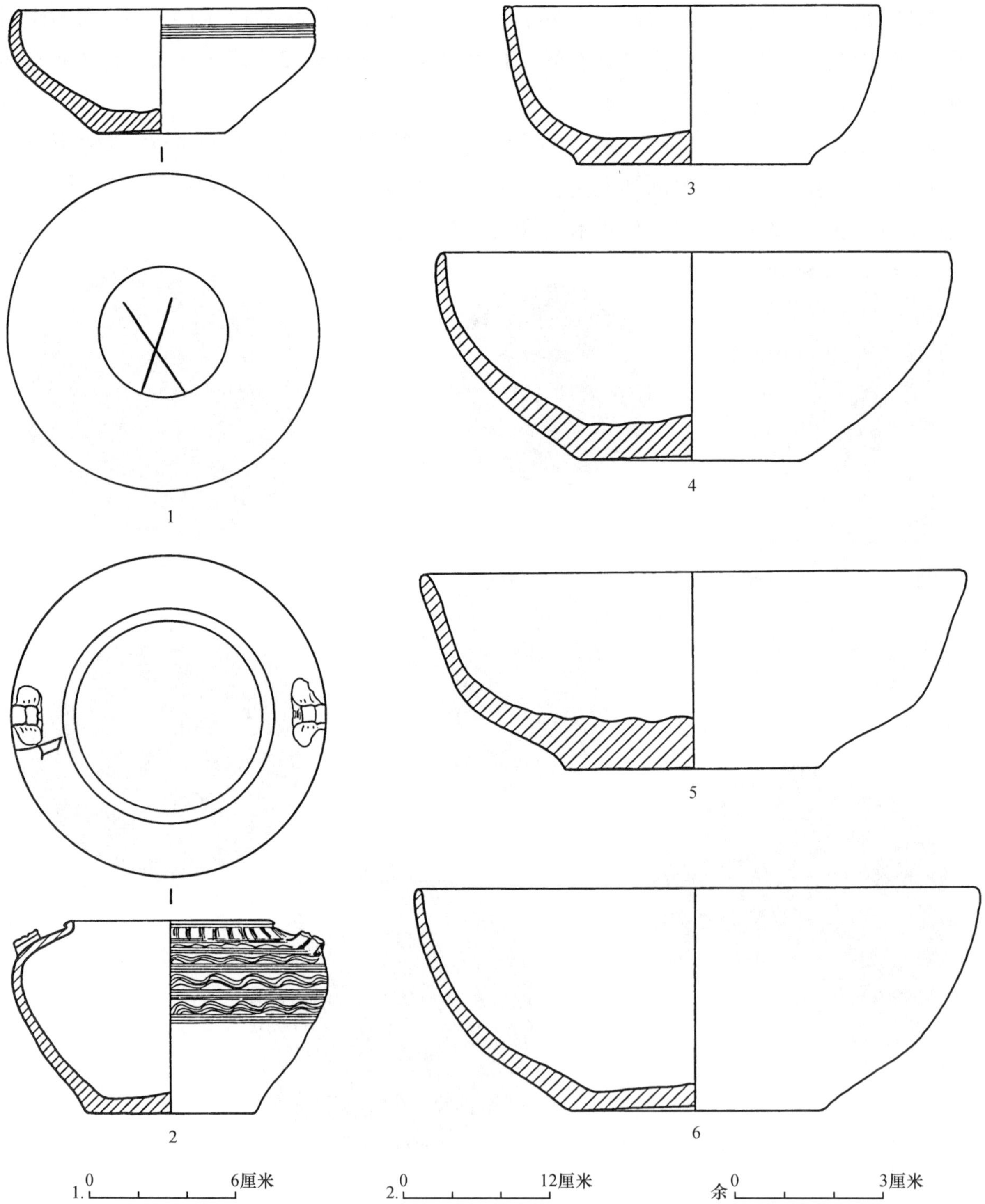

图八　广宁龙嘴岗 M16 出土陶碗、瓿

1、3～6. 陶碗（M16∶7、M16∶16、M16∶6、M16∶4、M16∶3）　2. 陶瓿（M16∶23）

碗　9件。

M16:3，泥质灰白陶。圆唇，直口，深弧腹，平底微凹。口径11.4、底径5.1、高4.5厘米（图八，6；图版三，2）。

M16:4，泥质橙红陶，陶质略软。圆唇，敞口，上斜腹，下腹急收，平底。口径11、底径5.1、高4厘米（图八，5；图版三，3）。

M16:5，泥质灰陶，陶质硬。圆唇，口微侈，深弧腹，平底。底部有刻划符号。口径10.6、底径4.6、高4.8厘米（图七，4；图九，1；图版三，4）。

M16:6，泥质深灰陶，陶质硬。圆唇，直口，深弧腹，平底微凹。内底轮制痕明显。口径10.3、底径4.5、高4.2厘米（图八，4）。

M16:7，泥质灰陶，陶质硬。圆唇，直口微敛，深腹，平底微凹。口沿下饰一组弦纹，底部有刻划符号。口径12、底径5.2、高5厘米（图七，7；图八，1）。

M16:8，泥质灰陶。圆唇，直口，弧腹，平底。下腹接近底部处饰一周凹弦纹。底部有刻划符号。口径10.3、底径3.8、高3.7厘米（图七，2；图一〇，2）。

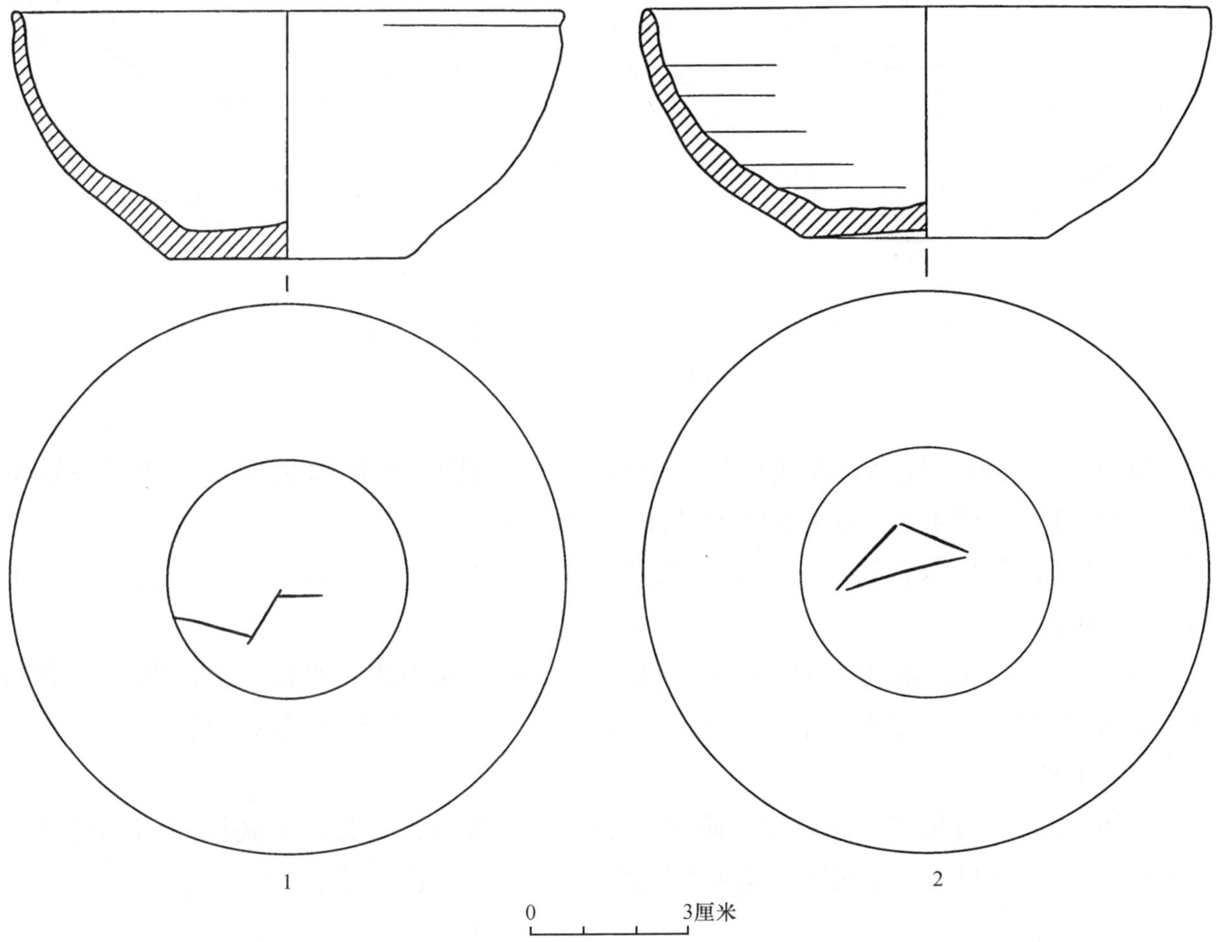

图九　广宁龙嘴岗M16出土陶碗

1. M16:5　2. M16:9

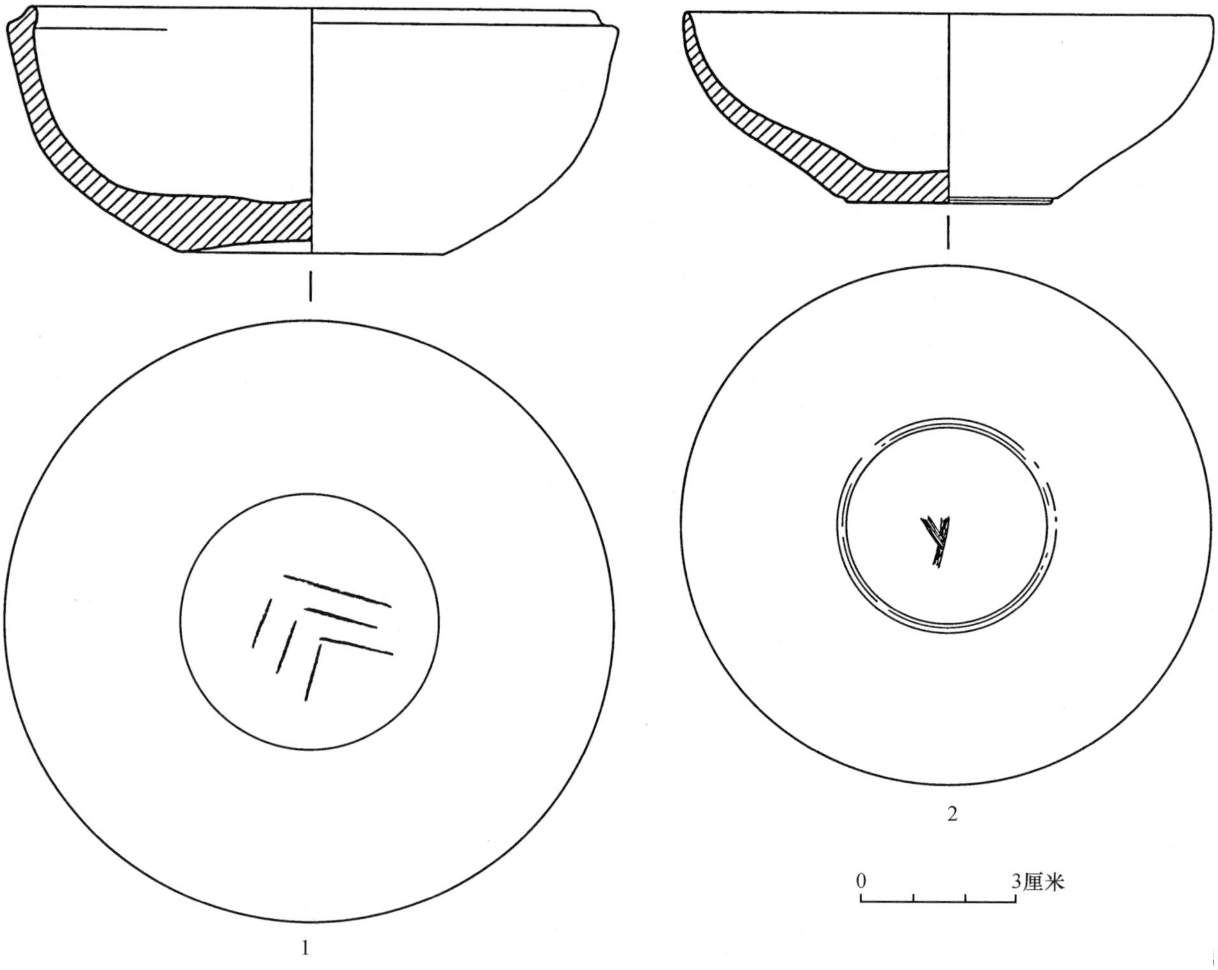

图一〇　广宁龙嘴岗 M16 出土陶盒、碗

1. 陶盒（M16:12）　2. 陶碗（M16:8）

M16:9，泥质橙红陶，陶质略软。尖圆唇，深弧腹，平底微内凹。底部有刻划符号。口径 11、底径 4.8、高 4.5 厘米（图七，6；图九，2）。

M16:16，泥质灰白陶。方唇，口微侈，平底。口径 7.6、底径 4.6、高 3.2 厘米（图八，3）。

M16:17，泥质橙红陶，陶质略软。尖唇，敛口，深弧腹，平底。上腹部饰二周凹弦纹，弦纹间饰一周条纹。口径 12.4、底径 6.8、高 8.6 厘米（图六，7）。

盒　1 件。

M16:12，泥质灰陶，陶质硬。圆唇，子口，口微敛，弧腹，平底微内凹。底部有刻划符号。口径 11.8、底径 5、高 4.8 厘米（图七，3；图一〇，1）。

（2）釉陶器

碗　1 件。

M16:14，灰白胎，器物局部施青绿釉。方唇，口微侈，弧腹，平底。口径8.2、底径5、高3.4厘米（图六，8）。

（3）铜器

鼎　1件。

M16:1，青绿色。胎较薄。方唇，敛口，垂腹，平底。口沿下有一道凸棱，凸棱下饰一对近梯形耳，中镂孔。底部附3条高扁足，足横截面呈半圆形。器物通身均见烟炱。口径13.1、腹径15.2、通高17.3厘米（图一一，2；图版四，1）。

矛　1件。

M16:24，矛叶平面呈梭形，中有突起，刃部起棱，截面呈多角菱形。叶底呈钝角内弧收。銎体中空，截面呈圆形，前细后粗近锥形，体的后端一侧附有一耳，以便固定木柄。体内有木，已朽。通长21.5厘米（图一一，1；图版四，2）。

斧　3件。

M16:18，长身，长方形銎，双面弧刃，刃部两侧梢上翘。长8.5厘米（图一一，3；图版五，1）。

M16:19，扁长体，双面弧刃，銎口下凸起一道宽带。銎口内残留朽木块。长8厘米（图一二，2；图版五，2）。

M16:20，长身，楔形，单面弧刃，刃面稍窄。长6.2厘米（图一二，1；图版四，3）。

刮刀　10件。形制大致相同，现介绍其中3件。

柳叶形，宽体。前端翘起收成三角形尖锋，两侧有刃，尾端平。正面中脊隆起呈棱线，截面呈“人”字形。

M16:25，长9.3、宽2.6厘米（图一二，5；图版四，4）。

M16:26，长10.2、宽2.5厘米（图一二，3；图版四，5）。

M16:28，长10.3、宽2.4厘米（图一二，4；图版五，3）。

削刀　3件。

M16:37，环首。柄体相连，柄上饰数周直线纹，背部呈微弧形，双面弧刃，刃面平直。长20.9厘米（图一三，2；图版五，6）。

M16:38，环首，残。柄体相连，柄上饰数周直线纹，背部呈微弧形，双面弧刃。长14.6厘米（图一三，3）。

M16:39，直柄与削体平齐，双面平刃，截面呈三角形。长22.3厘米（图一三，1；图版五，7）。

刻刀　2件。

M16:32，玉璋形，器身平直，前端刃部为单面刃，磨制锋利，把手的截面为梯形。残长7、宽1.2、厚0.1厘米（图一三，4；图版五，4）。

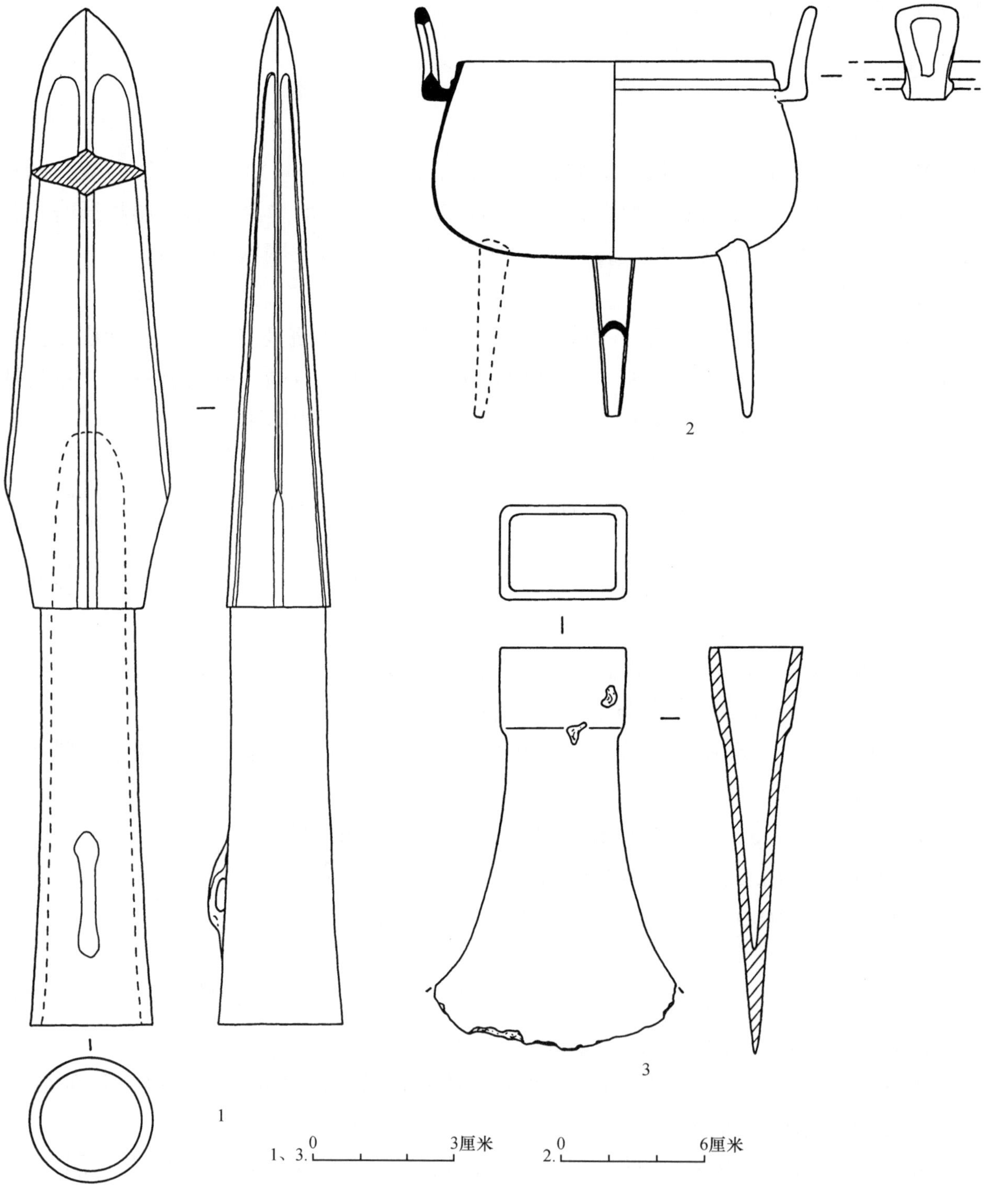

图一一　广宁龙嘴岗 M16 出土铜矛、鼎、斧
1. 铜矛（M16:24）　2. 铜鼎（M16:1）　3. 铜斧（M16:18）

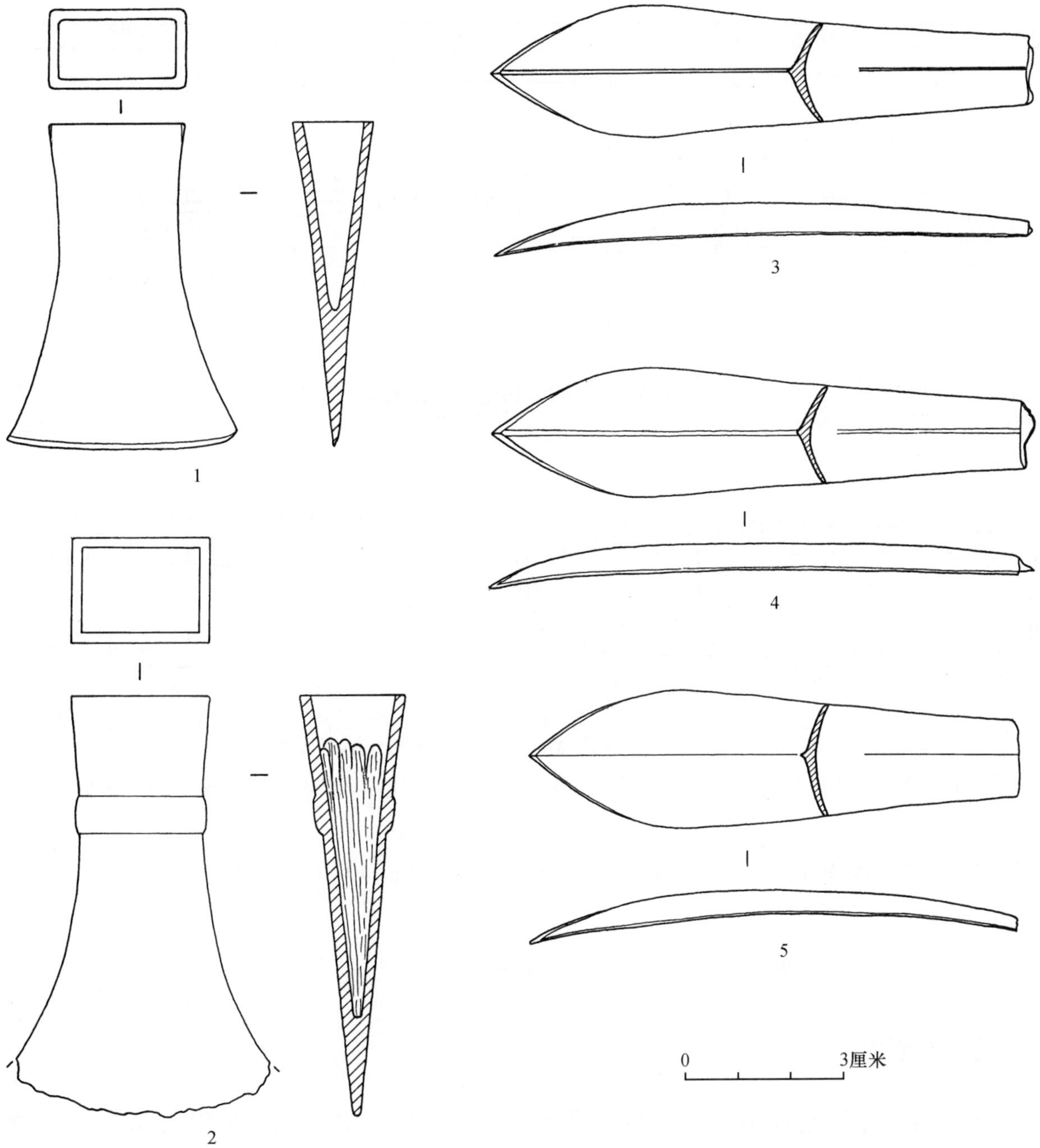

图一二　广宁龙嘴岗 M16 出土铜斧、刮刀

1、2. 铜斧（M16∶20、M16∶19）　3～5. 铜刮刀（M16∶26、M16∶28、M16∶25）

M16∶35，玉璋形，器身平直，前端刃部为单面刃，磨制锋利。把手的截面为梯形。长 7.8、宽 1.15、厚 0.1 厘米（图一三，6；图版五，5）。

（4）石器

砺石　1 件。

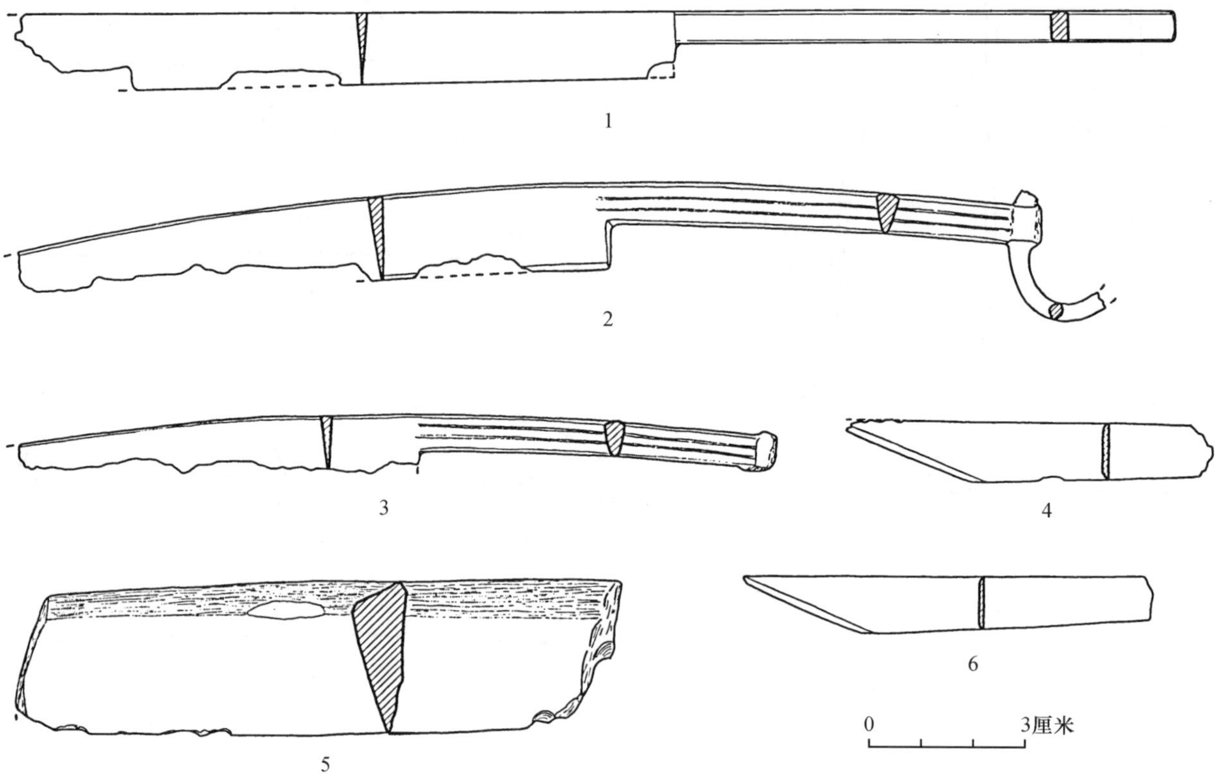

图一三　广宁龙嘴岗 M16 出土铜削刀、刻刀及砺石

1~3. 铜削刀（M16:39、M16:37、M16:38）　4、6. 铜刻刀（M16:32、M16:35）　5. 砺石（M16:21）

M16:21，长条形，残缺严重，使用面光滑。残长 11.7、宽 3 厘米（图一三，5；图版三，8）。

M17

1. 墓葬形制

M17 为长方形竖穴土坑墓，墓葬毁坏严重。现残长 178、残宽 120、深 160 厘米。方向 25°（图一四）。

M17 开口于表土层下，距地表 15~20 厘米。填土为橙黄色花土，土质硬。墓坑壁垂直，平整。在墓底一角发现一个柱洞，直径为 20、深 30 厘米。未发现棺椁及人骨。出土随葬器物 4 件。

2. 随葬器物

（1）陶器

瓿　1 件。

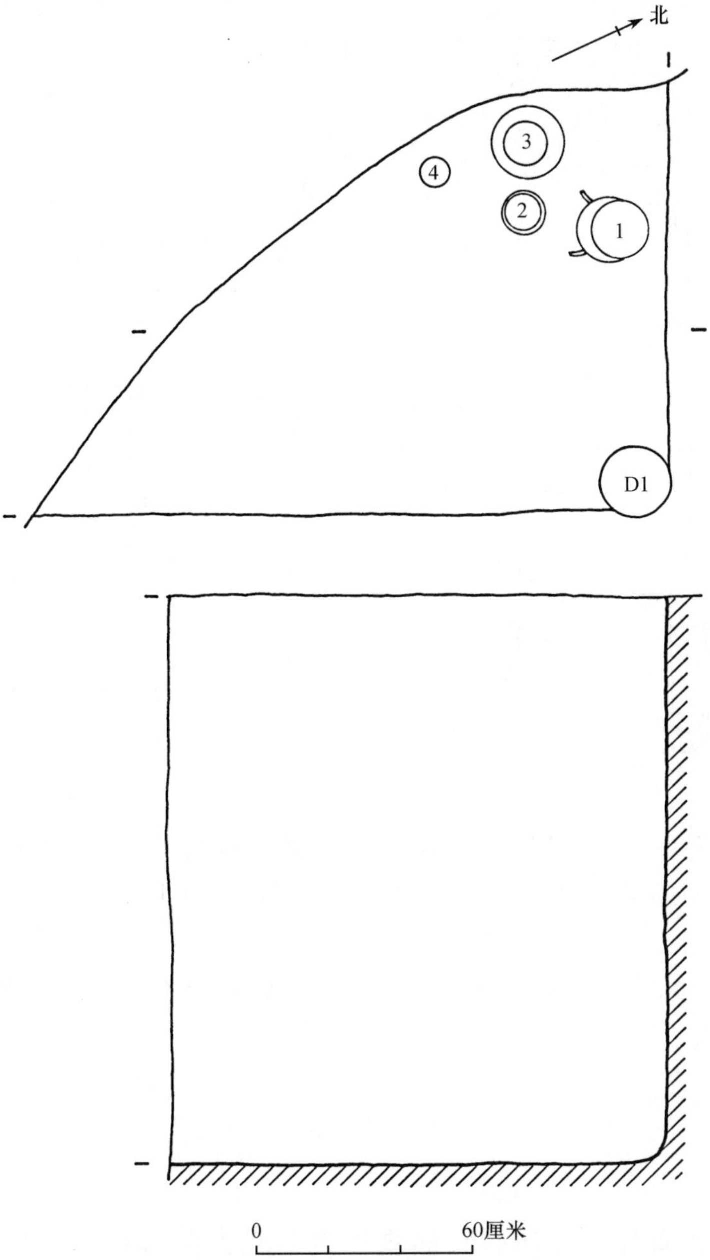

图一四　广宁龙嘴岗 M17 平、剖面图

1. 铜鼎　2. 釉陶盒　3. 陶瓿　4. 陶杯

M17∶3，器物略变形。泥质橙黄陶，陶质软。斜方唇，鼓腹，平底微内凹。腹部拍印方格纹。口径 15.2、腹径 21.9、底径 11.6、高 12.6～13.4 厘米（图一五，1；图一六，1；图版六，1）。

杯　1 件。

M17∶4，泥质灰陶，陶质硬。斜方唇，上直腹，下腹急收，平底。底部切割痕明

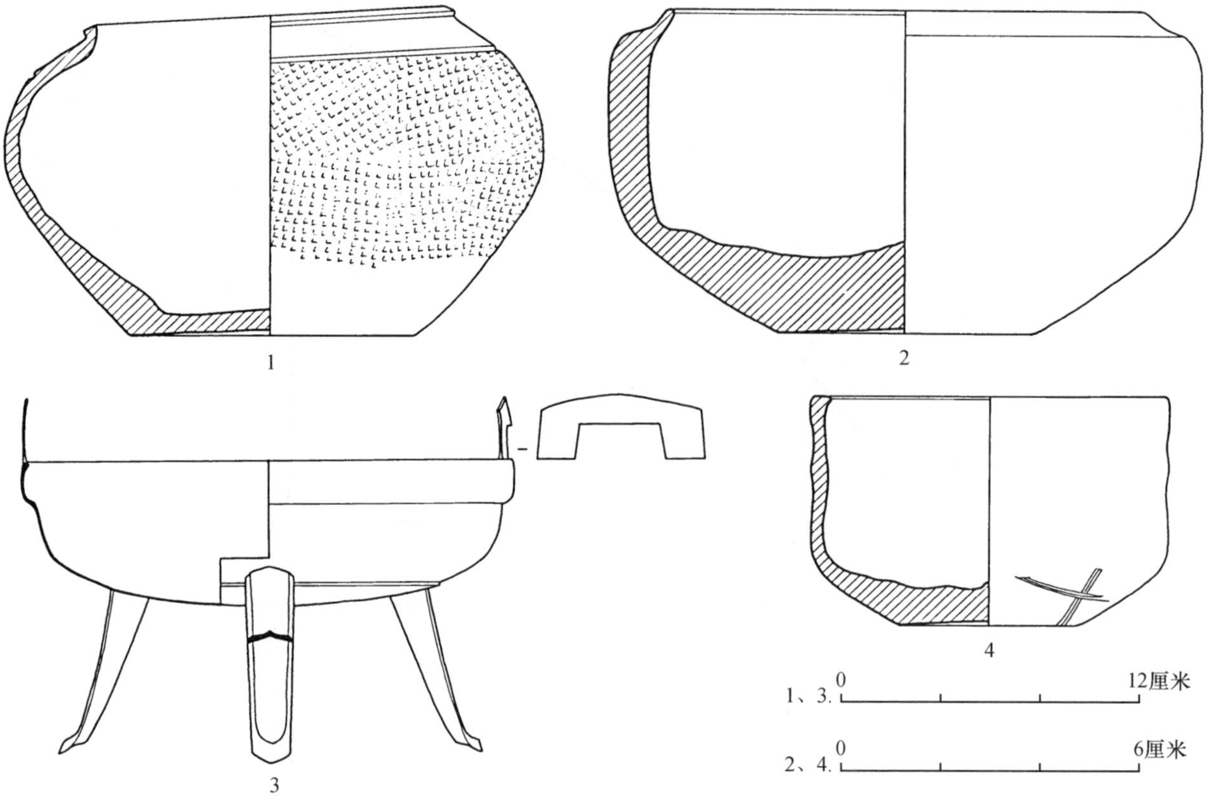

图一五　广宁龙嘴岗 M17 出土陶瓿、釉陶盒、铜鼎、陶杯
1. 陶瓿（M17∶3）　2. 釉陶盒（M17∶2）　3. 铜鼎（M17∶1）　4. 陶杯（M17∶4）

显。腹部有刻划符号，符足至外底。口径 7.2，底径 3.6，高 4.7 厘米（图一五，4；图一六，2；图版六，2）。

（2）釉陶器

盒　1 件。

M17∶2，泥质橙黄胎，胎质软。器物外表面施青黄薄釉，着釉差，基本已剥落。圆唇，子口，上直腹，下腹急收，平底微内凹。口径 9.6、腹径 12、底径 5.2、高 6.6 厘米（图一五，2；图版六，3）。

（3）铜器

鼎　1 件。

M17∶1，斜方唇，口微敛，浅折腹，圜底。底附三高扁蹄形足，外撇。唇上饰一对方耳。器物为合范铸成，铸痕明显，胎薄，器物通体见烟炱。口径 20.2、通高 14.5、足高 8 厘米（图一五，3；图版六，4）。

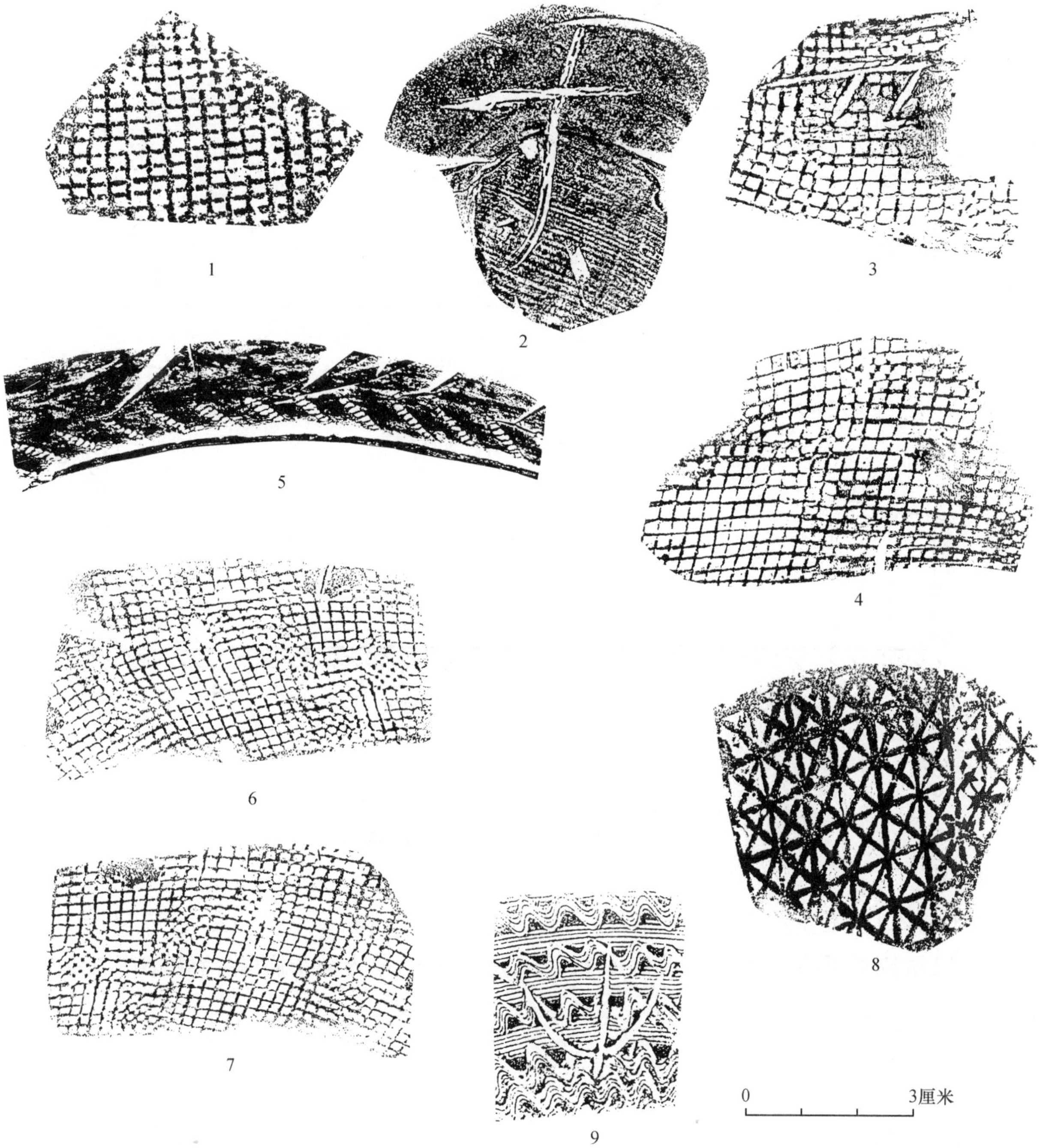

图一六　广宁龙嘴岗 M17、M18、M19 出土器物纹饰及刻划符号拓片
1. M17∶3　2. M17∶4　3、4. M18∶4　5. M18∶2　6、7. M18∶5　8. M19∶10　9. M19∶1

M18

1. 墓葬形制

M18 为长方形竖穴土坑墓，墓长 270、宽 65、残深 96 厘米，方向 30°（图一七）。

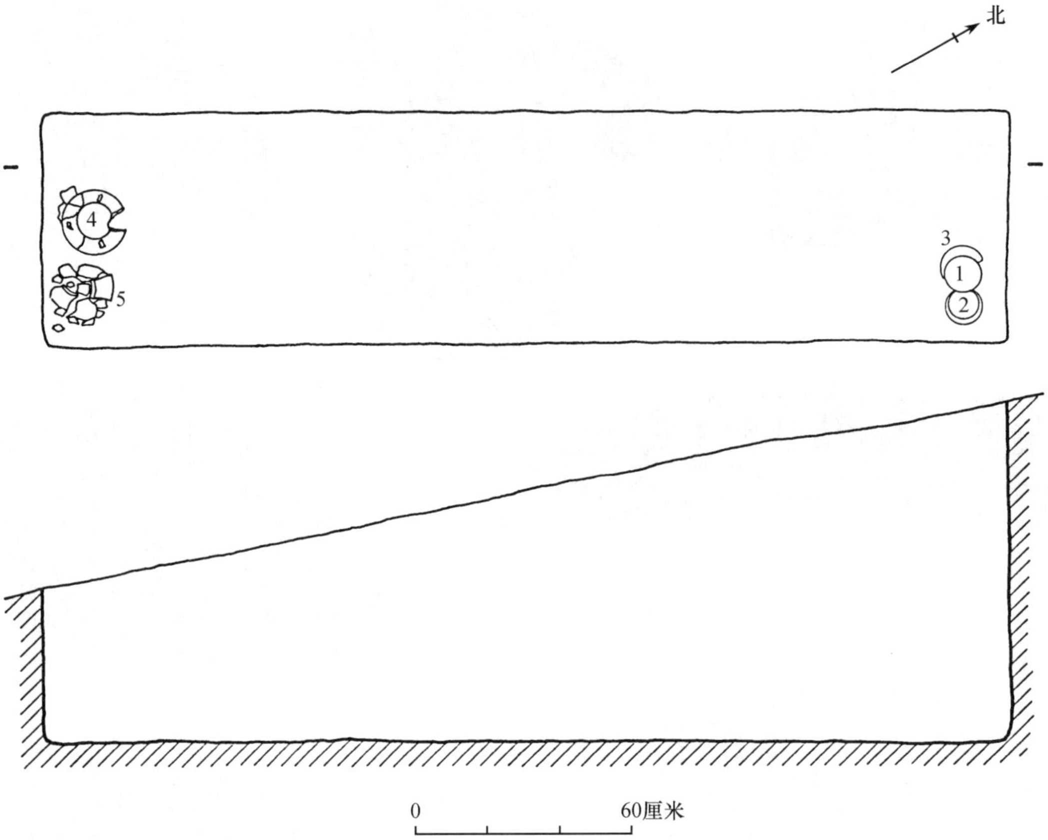

图一七　广宁龙嘴岗 M18 平、剖面图
1、3. 陶碗　2. 陶钵　4、5. 陶罐

M18 开口于表土层下，距地表 16～21 厘米。填土为橙黄色花土，含风化岩末。土质硬。墓坑周壁垂直，平整。墓底平整。未发现棺椁及人骨。随葬器物集中在墓葬的两端，共出土器物 5 件。

2. 随葬器物

均为陶器。

碗　2 件。

M18∶1，泥质红褐陶，陶质硬。方圆唇，直口，下腹斜直收，平底。外底切割痕明显。口径 10.2、底径 4.2、高 3.9 厘米（图一八，1；图版七，1）。

M18∶3，泥质红褐陶，陶质略软。方唇，直口，斜直腹，平底。腹部饰凹弦纹数周。外底切割痕明显。口径 11.8、底径 5、高 4.9 厘米（图一八，3；图版七，2）。

钵　1 件。

M18∶2，泥质灰陶，陶质硬。尖唇，卷沿，敞口，广肩，斜腹，平底。唇下饰篦点纹。口径 11、底径 5、高 4.8 厘米（图一六，5；图一八，2；图版七，3）。

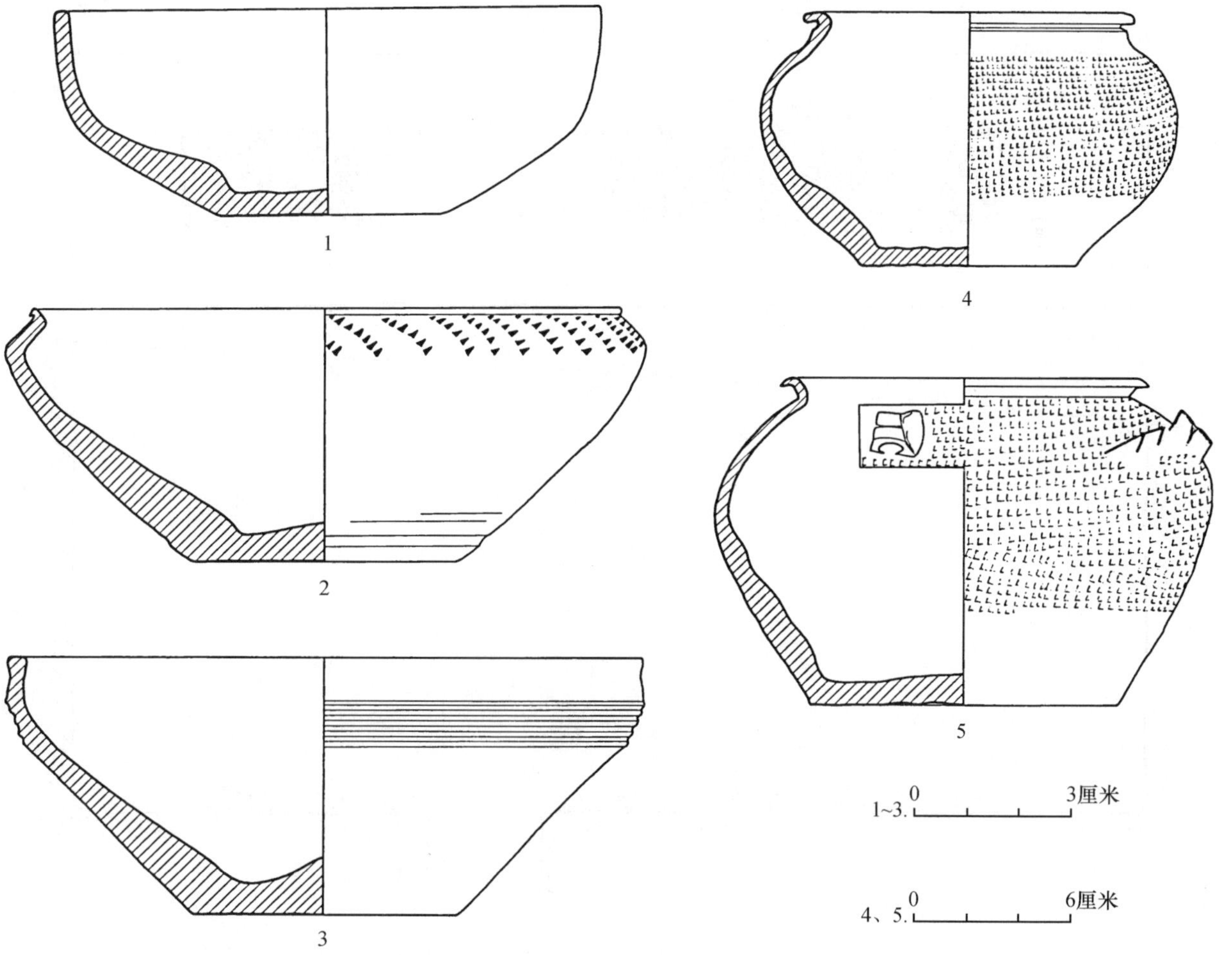

图一八　广宁龙嘴岗 M18 出土陶碗、罐、钵

1、3. 陶碗（M18∶1、M18∶3）　2. 陶钵（M18∶2）　4、5. 陶罐（M18∶5、M18∶4）

罐　2件。

M18∶4，泥质灰陶，陶质硬。尖唇，卷沿，鼓腹，平底。器物腹部拍印方格纹，肩部饰3个桥形耳，并有一处刻划符号。口径14、腹径18.6、底径11、高12.4厘米（图一六，3、4；图一八，5；图版七，4）。

M18∶5，泥质灰陶，陶质硬。圆唇，微卷沿，束颈，鼓腹，平底。器物腹部拍印方格纹。口径12.4、腹径15.8，底径8.2、高9.6厘米（图一六，6、7；图一八，4；图版七，5）。

M19

1. 墓葬形制

M19为长方形竖穴土坑墓，墓长300、宽70、深130厘米，方向15°（图一九）。

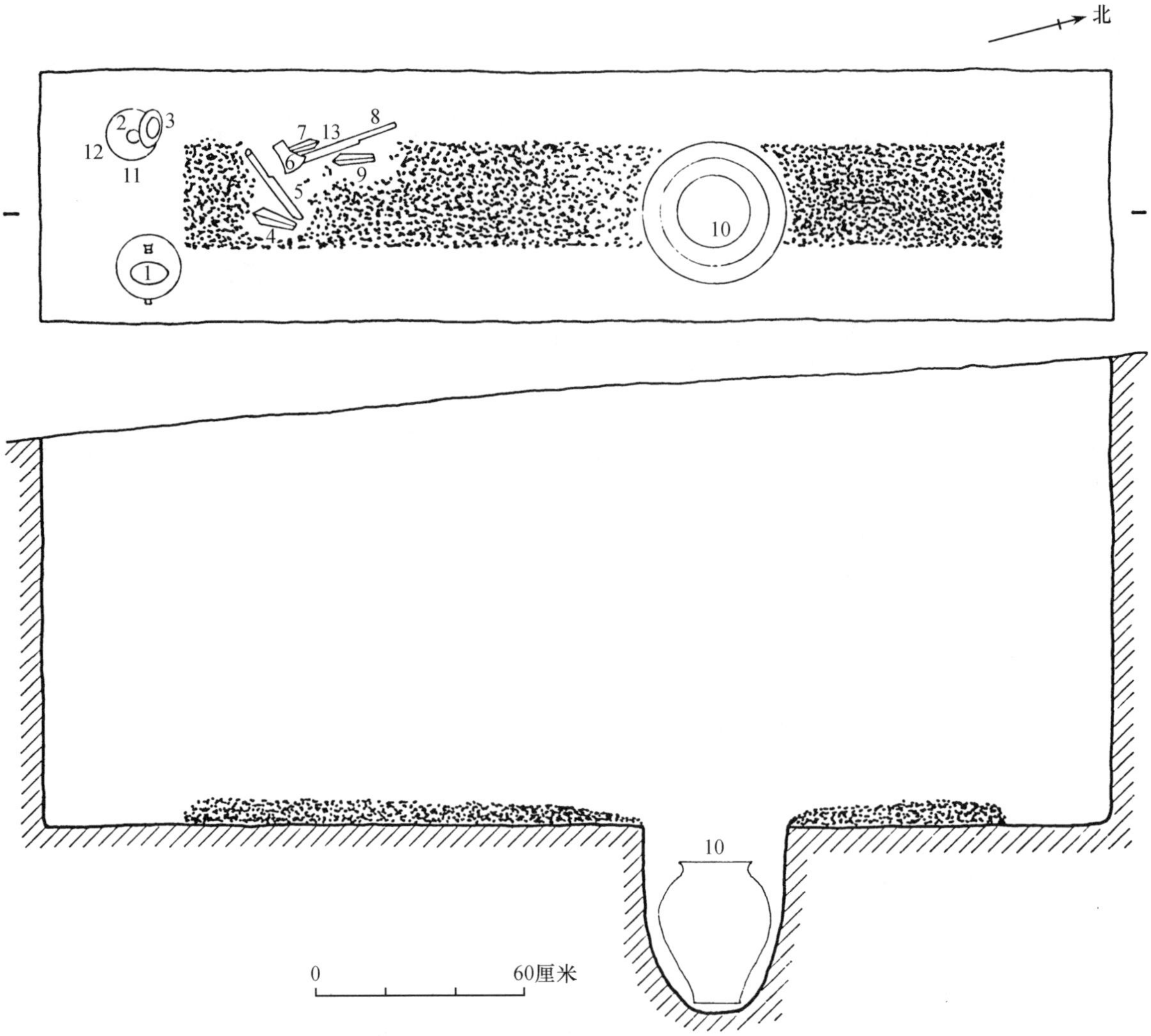

图一九　广宁龙嘴岗 M19 平、剖面图

1. 陶瓿　2、3. 陶碗　4、7、9. 铜刮刀　5、8、13. 铜削刀　6. 铜斧　10. 陶罐　11、12. 釉陶碗

M19 开口于表土层下，距地表 18～25 厘米。填土为橙黄色花土，含风化岩末，土质硬。墓坑周壁垂直，平整。墓底铺一层细石粒，长约 230、宽约 30、厚 2～8 厘米。石粒细小，铺垫厚度基本为两端厚，中间薄。在墓底中部发现一腰坑，呈圆形，直径 40 厘米，弧壁圜底，深 52 厘米。在坑内出土一件“米”字纹陶罐，是本次发掘中出土最大的器物。未发现棺椁及人骨。随葬器物集中在墓室的一端，共出土器物 13 件。按质地分为陶器、釉陶器和铜器。陶器 4 件，釉陶器 2 件，铜器 7 件。

2. 随葬器物

（1）陶器

罐　1 件。

M19∶10，泥质灰陶，陶质硬。圆唇，沿外翻，广口，溜肩，长圆腹，平底。肩、腹部饰“米”字纹。口径21.4、腹径31.8、底径19.2、高35.8厘米（图一六，8；图二〇，1；图版八，1）。

瓿　1件。

M19∶1，泥质灰陶，陶质硬。方唇，直口，溜肩，扁圆腹，平底内凹。肩部附有

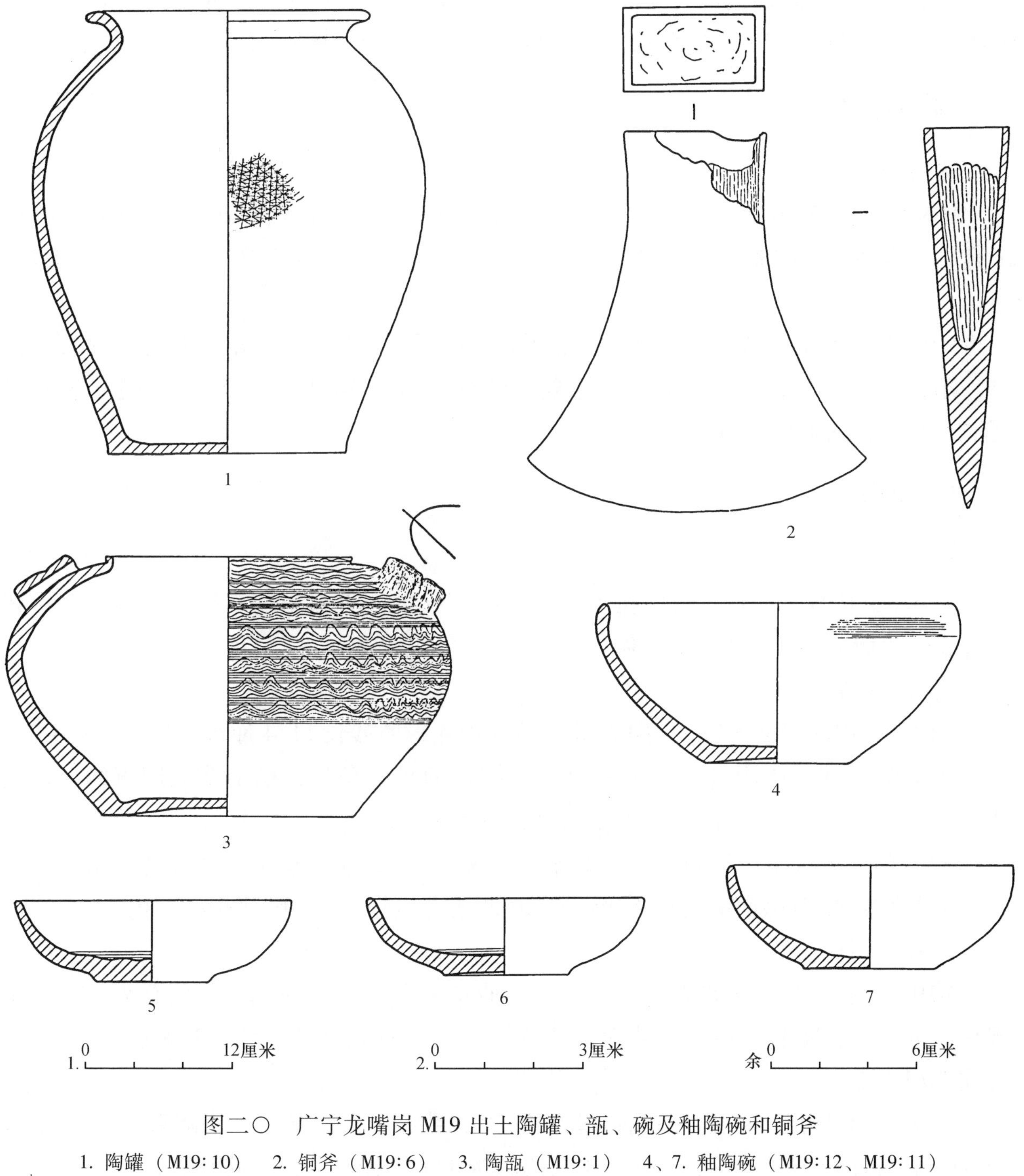

图二〇　广宁龙嘴岗M19出土陶罐、瓿、碗及釉陶碗和铜斧

1. 陶罐（M19∶10）　2. 铜斧（M19∶6）　3. 陶瓿（M19∶1）　4、7. 釉陶碗（M19∶12、M19∶11）　5、6. 陶碗（M19∶3、M19∶2）

一对桥形耳，耳侧有刻划符号。唇下、肩、腹部饰数组弦纹。弦纹间饰数组水波纹。口径10、腹径18、底径9.5、高10.5厘米（图一六，9；图二〇，3；图版八，2）。

碗　2件。

M19:2，泥质红褐陶，陶质软。方唇，敞口，浅弧腹，平底微内凹。口径11.1、底径5、高3.1厘米（图二〇，6；图版八，3）。

M19:3，泥质浅褐色陶，陶质略软。方唇，敞口，浅弧腹，平底。内壁底部轮制痕明显。口径11.2、底径4.5、高3.3厘米（图二〇，5；图版八，4）。

（2）釉陶器

碗　2件。

M19:11，泥质橙黄胎，陶质硬。器物通体施不均匀青黄釉，部分已剥落。圆唇，微直口，浅弧腹，平底。口径11.5、底径5.3、高4.2厘米（图二〇，7；图版八，5）。

M19:12，泥质橙黄胎，陶质硬。器物施不均匀青黄釉，部分已剥落。圆唇，敛口，深弧腹，平底微内凹。器物外饰数周弦纹。口径14.1、底径5.8、高6.5厘米（图二〇，4；图版八，6）。

（3）铜器

斧　1件。

M19:6，长身，楔形，双面弧刃，刃部两侧外展，刃面稍宽。长方形銎，銎内残留有少许木柄块。长7.7厘米（图二〇，2；图版九，1）。

削刀　3件。

M19:5，刃部残缺严重。柄体相连，背部微弧形。残长11.4厘米（图二一，4）。

M19:8，直柄与削体平齐，双面平刃，削截面呈三角形，柄上饰数周直线纹，柄截面呈长方形。长27.4厘米（图二一，5；图版九，5）。

M19:13，刃部尖端残。直柄与削体平齐，双面平刃，削前窄后宽，截面呈三角形，柄上饰数周直线纹，柄截面呈“Ⅱ”字形。长20.35厘米（图二一，6；图版九，6）。

刮刀　3件。

M19:4，柳叶形，体形略宽。前端翘起收成三角形，尖锋残。两侧有刃，尾端不规整。正面中脊隆起有棱线，截面呈“人”字形。残长9.7、宽2.4厘米（图二一，1；图版九，2）。

M19:7，柳叶形，束腰，前端翘起收成三角形尖锋，两侧有刃，尾端残。正面中脊隆起有棱线，截面呈“人”字形。残长8.3、宽2.4厘米（图二一，3；图版九，3）。

M19:9，柳叶形，体形略宽。前端翘起收成三角形，尖锋残。两侧有刃，尾端平。

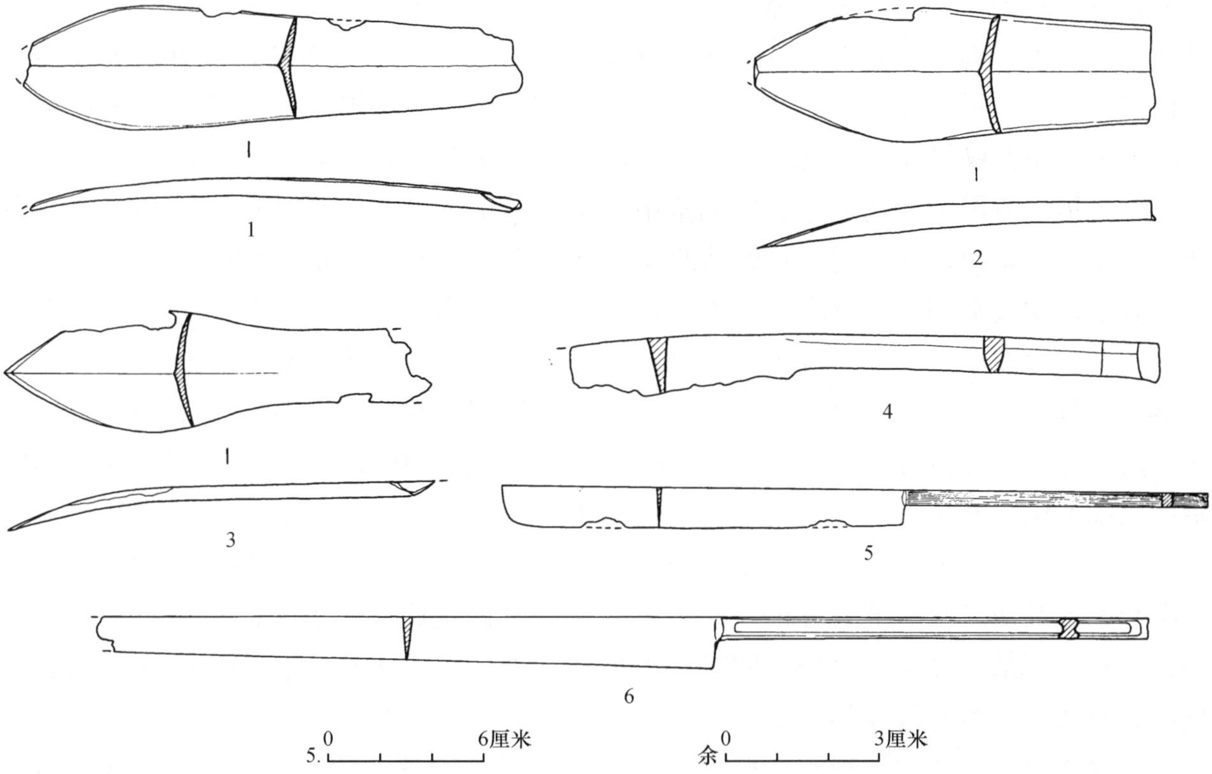

图二一　广宁龙嘴岗 M19 出土铜刮刀、铜削刀

1～3. 铜刮刀（M19∶4、M19∶9、M19∶7）　4～6. 铜削刀（M19∶5、M19∶8、M19∶13）

正面中脊隆起有棱线，截面呈“人”字形。残长 7.8、宽 2.6 厘米（图二一，2；图版九，4）。

第四节　小　　结

本次发掘的 4 座墓葬与 1996 年 1 月第二次发掘的墓葬形制基本相同，全为长方形竖穴土坑墓，出土器物的组合与器物特征也基本相同，墓葬分布也与第一次和第二次发掘的墓葬分布一致，故本次发掘的 4 座墓葬与第一次和第二次发掘的墓葬年代应相同，时代应为战国晚期。

在前两次发掘的报告中提到“两次清理的均为长方形土坑竖穴墓，规模较小，形制简单，墓底大都比较平坦，不见‘二层台’和‘壁龛’，也没有铺沙石现象。除 M8 外，均不见腰坑，有的墓底见 1～2 个柱洞，腰坑和柱洞内都未见随葬品”，“龙嘴岗所发现的 15 座墓中，明确有腰坑的仅 1 座，且腰坑浅而无随葬品，表明已处于退化的阶段”。这次发掘的 M19 中则有重要发现，在 M19 墓底铺一层细石粒，细石粒长约 230 厘米，厚 2～8 厘米，石粒细小，铺垫厚度基本为两端厚，中间薄。在墓底中部发现一圆形腰坑，直径40厘米，弧壁圜底，深52厘米，坑内出土一件“米”字纹陶罐，它是本次发掘出土的最大器物。广东地区发现的战国墓中，腰坑的设置以粤西肇庆地区的德庆、四会、封开等地较为常见，其他地方均少见。如封开利羊墩墓葬中圆形腰坑从战国早期至西汉早期一直延续，其发展趋势是由多至少。墓葬中的“米”字纹陶罐则为广东地区战国中晚期至西汉早期墓中所常见的随葬器物。M19的发现与发掘对重新认识龙嘴岗墓地墓葬形制、随葬品的组合及墓地的年代起着重要作用。

墓地两次发掘均出土较多的青铜器，第一次发掘出土青铜器占出土器物的比例为72.1%，本次发掘出土青铜器比例为46%。出土器物包括生活用具、生产工具、乐器、兵器等，其中以刮刀、削刀、斧、剑、矛等数量最多。在当时的社会生活条件下，墓葬中陪葬如此之多的用于生产劳动的铜器和用于战争的兵器，绝不是易事。据记载，秦代以前岭南主要是古越族聚居地区，而岭南与楚地相接，广宁地处五岭南麓，为北方进入岭南的交通要道，西侧约2公里为北江支流绥江，该江上游为广西辖地，古越族必会在此驻防军队。笔者分析，此批墓葬与当时古越族驻防的军队可能有直接的联系，当时的军队除驻防外可能还同时参加生产自助。墓主人应为在和平时期参与农耕生产，有战事时参与战斗的人员。

龙嘴岗战国墓葬的发现和发掘是广东地区青铜时代考古的重要收获，为我们研究当时古越族的政治、生活、生产、军队的驻防情况与防御能力、兵器的使用和埋葬习俗等提供了宝贵的实物依据。

第二章　肇庆康乐中路墓地

第一节　地理环境、历史沿革

肇庆市位于广东省中部偏西的西江北岸，距广州市104公里，处于东经112°23′～112°34′、北纬23°2′～23°11′之间。肇庆市东起羚羊峡，西至三榕峡，南临西江，北至北岭山，总面积197.28平方公里，其中市区面积23.14平方公里。

境内大致可分为山地和冲积平原两部分。山地为广东中部罗平山脉之一段，自西南向东北方向延伸，重峦叠嶂，雄踞西江北岸。山地面积130.73平方公里，占总面积的66%，主要是泥盆纪沉积的砂岩、页岩、泥质岩等。西江自西北经南部流向东北，最宽处1500米，最窄处200米，水深一般为15～30米，最深处78米。由于河流多处穿截山脉，在市区内形成西江小三峡：三榕峡、大鼎峡和羚羊峡。介于三榕峡和羚羊峡之间为冲积平原，面积约60多平方公里，大小村庄星罗棋布，湖沼水渠珠串璧连，孤岗台地错落散布，石山熔岩镶嵌其间。

肇庆市邻近中国东南沿海，面向南海，北依南岭。夏季从南或东南吹来的海风，对本市气温、干湿度、雨量有很好的调剂作用；冬季内陆蒙古高压强冷风南下，为峰峦高耸的南岭山脉所阻，到达本市时，其势已减。因而，本市冬不见雪，夏天的气温比长江流域还要低，冬短夏长。气候温和，雨量充沛，利于蔬菜、水稻、甘蔗和亚热带喜温作物生长，年平均气温22.1℃，高于20℃的达200天，低于15℃的不足40天，历年绝对最高气温为38.1℃，最低气温－1℃，常年风向以东北偏东为主。

历史上，肇庆市是两广军事重镇，曾五次成为岭南或大西南各地军事指挥中心。第一次，507～589年，梁、陈两代广州都督府驻高要八十二年；第二次，1564～1649年，明代两广总督府驻肇庆八十五年；第三次，1648～1649年，南明永历皇帝驻肇庆一年零五个月；第四次，1654～1746年，清代两广总督府驻肇庆九十二年；第五次，民国五年（1916年）5月8日至8月22日，滇、黔、桂、粤四省反袁军务院驻肇庆三个半月。

秦始皇三十三年（公元前214年），肇庆始为南海郡的辖境。赵佗立南越国，则为南越属境。汉武帝元鼎六年（公元前111年）始立高要县治，第二年又在此设盐官（全国设三十六盐官，岭南境内仅有番禺、高要两处）。南朝梁天监六年（507年），在此设广州都督府并置高要郡，辖七县。隋开皇九年（589年）改置端州，辖高要等九县；大业三年（607 年）改置信安郡。唐武德五年（622 年）复置端州，天宝元年（742 年）改为高要郡，乾元元年（758 年）复置端州。五代时为南汉辖地，沿用唐制。宋绍圣二年（1095 年），皇族赵佶受封于端州为端王；元符三年（1100 年）赵佶继承皇位称徽宗，在端州置兴庆军节度；政和三年（1113 年）改端州为兴庆府；重和元年（1118 年），宋徽宗赵佶御书“肇庆府”赐守臣，自此更名为肇庆。元至元十七年（1280 年）改称肇庆路，置总管府，隶属湖广行中书省广西道；至元二十九年（1292 年）改隶西行中书省广东道。明洪武元年（1368 年）复置肇庆府，下辖十一个县和一个州，即高要、四会、广宁、开平、恩平、阳江、阳春、新兴、高明和德庆州及其所属的封川、开建二县；嘉靖四十三年（1564 年）因抗倭战争的需要，两广总督府由梧州移驻肇庆；嘉靖四十五年（1566 年）倭寇平定，两广总督府仍驻肇庆；万历五年（1577 年），置“黄江厂”征税；南明桂王朱由榔监国于肇庆，不久即以府署为行宫称帝，改为永历，建立了抗清政权，到永历五年（1651 年）兵败西撤。清仍置肇庆府，康熙六年（1667 年）辖境增鹤山县，从此共管辖十二个县一个州；康熙九年（1670 年）开始，在省与府之间设分巡道，道台仍驻肇庆；乾隆十一年（1746 年）两广总督府移驻广州。1912 年，撤肇庆府，保留高要县治；1913 年按清的肇阳罗道辖境，在肇庆设肇阳罗绥靖处；1915 年改设肇阳罗督办处；1936 年置广东省第三区行政督察专员公署。建国以后，为肇庆地区、肇庆市、高要县所在地。

肇庆丰富的历史人文资源表现为名胜古迹众多，有国家级文物保护单位梅庵、肇庆宋代城墙、德庆学宫、悦城龙母祖庙；还有广东省重点文物保护单位叶挺独立团团部旧址纪念馆（阅江楼）、崇禧塔、七星岩鼎湖山摩崖石刻、端石老坑洞遗址、石洞古庙、包公井、荣睿纪念碑、高要学宫、黄岩洞洞穴遗址、塘角嘴遗址、蚬壳洲遗址、茅岗建筑遗址、龙山宫、文明塔、三元塔、泰新桥、大梁宫大殿、三洲岩摩崖石刻、华表石摩崖石刻；另有肇庆府学馆、元魁塔、白沙龙母庙、回族清真寺等市级重点文物保护单位。众多的名胜古迹，是肇庆在岭南历史上占有重要地位的实物见证。

肇庆市独特的自然风景资源和丰富的历史人文资源，使它成为广东省著名的风景旅游城市。1982 年 10 月，肇庆被国务院定为国家对外开放旅游甲类地区。星湖、鼎湖景区为国务院首批公布的全国 44 个重点风景名胜区之一。

第二节　墓地概况与发掘经过

康乐中路位于肇庆市端州区，北为端州六路，南邻宋城西路，向南距肇庆宋城文物保护单位约 50 米。中心地理位置为东经 112°27′03. 7″、北纬 23°03′10. 8″（图二二；图版一〇）。

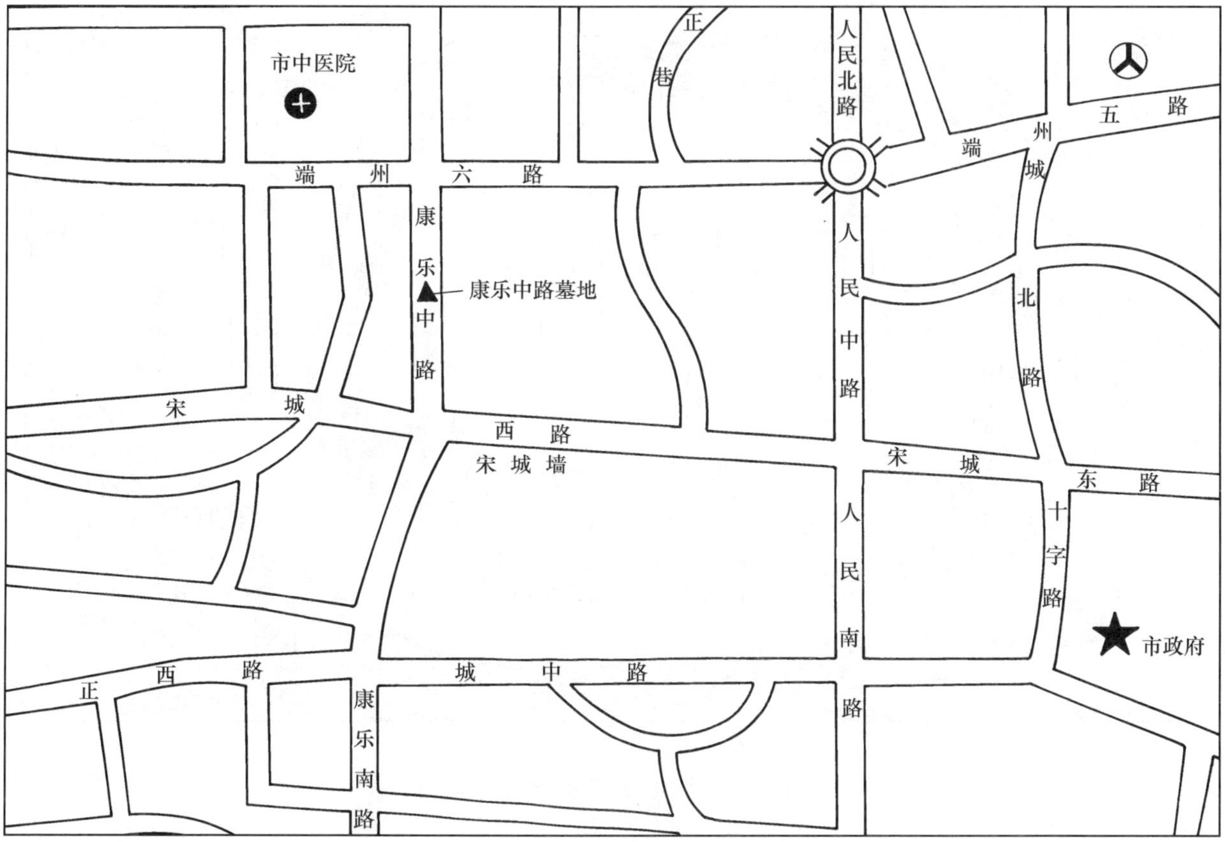

图二二　肇庆康乐中路墓地位置示意图

康乐中路墓地的最早记载见于明万历《肇庆府志》①“府西门外有龙顶岗，附郭民居绕其上下，多古冢，人或取土，见之砖牦宛然，其规制较阔于今冢，或有银器为居人所掩取……”府西门外即宋城西门，龙顶岗即现康乐中路所在地（图二三）②。

民国九年（1920 年）3 月，因桂系与滇军于北江开战，林虚在肇庆构筑龟顶山、郡岗、蕉园岗、狮岗、龙顶岗、王侯峰、羚羊峡口七座炮台。

民国十七年（1928 年）余汉谋毁龙顶岗炮台，于民国二十一年（1932 年）改建为龙顶岗公园。

建国后，龙顶岗公园为肇庆市军分区驻地。

2004 年 11 月，肇庆市在对市区内康乐中路改造时，发现中路南段（九里香至宋城西路）有古墓葬。该段路南北约 130 多米，东西约 60 多米，东西两侧为居民房。施

① 《明万历肇庆府志》，三卷之二十二《杂志》，肇庆市端州区地方志办公室 1989 年 8 月影印。

② 肇庆市端州区地方志编纂委员会：《肇庆市志》，第二篇第六章“城市建设”，广东人民出版社，1996 年。

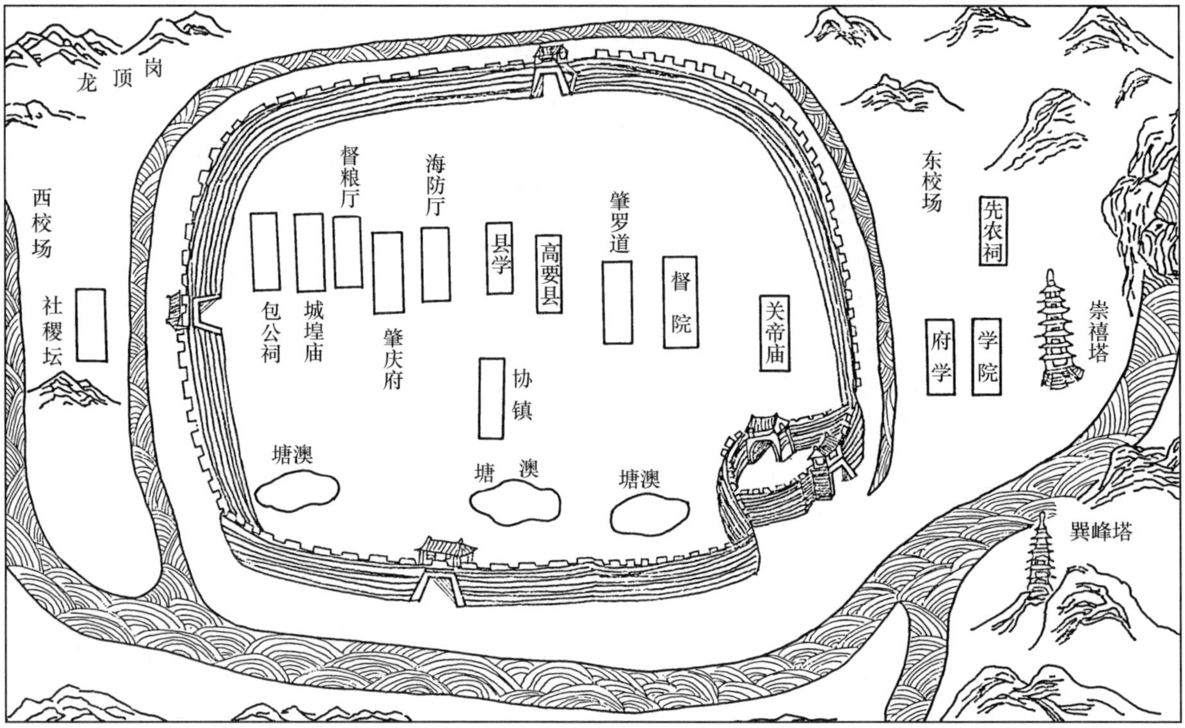

图二三　清雍正年间肇庆府城图

工单位及时保护现场，并通知肇庆市文化局、市博物馆，肇庆市文化局接报后随即上报广东省文化厅。同月，广东省文物考古研究所组建以卜工研究员为领队，尚杰为执行领队的考古队，于2004年11月27日到达现场。在现场参与保护的肇庆市文化局、肇庆市博物馆的工作人员介绍了工地情况。现场发现2座被毁坏的砖室墓，从采集到的遗物及墓砖特征分析，初步断定墓葬年代应为南朝时期。考古队随即对施工范围进行调查，发现多处疑点，断定该处不止两座墓葬，应为一处墓地，于是现场制定发掘方案，先对施工路段进行全面的考古钻探，调查了解了整个路段情况后，统筹安排进行下一步考古发掘工作。

考古队在肇庆市博物馆的配合下于2004年11月28日开始对墓地进行发掘。首先对路段进行考古钻探，探孔采用小梅花布孔法进行布孔，每平方米5个探孔。钻探中又发现各类墓葬10座，水井3口，灰坑2座。鉴于遗迹单位丰富，经研究决定，采用遗址探方法对墓地进行布探方发掘。

本次仅发掘了道路改造部分，采用全站仪进行布探方，以发掘工地的西南角为布方基点，共布探方39个，发掘面积3900平方米（图二四）。探方规格为10米×10米，正南北方向，按数学坐标编号，取第Ⅰ象限，编号数字中前两位为X轴序号，后两位为Y轴序号，编号为2004ZKT0101～2004ZKT0509。

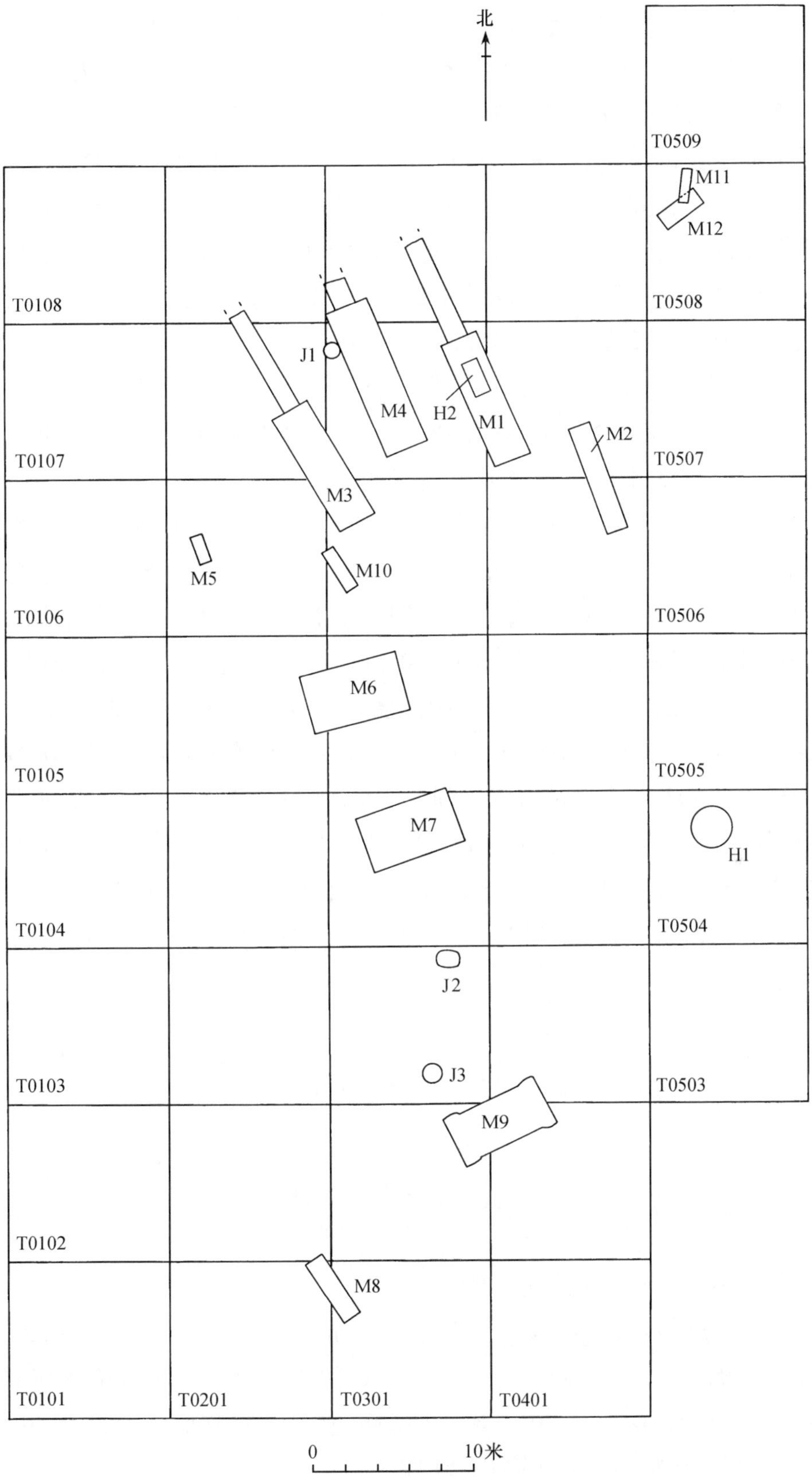

图二四　康乐中路墓地总平面图
（图中探方及遗迹、墓葬号前均省去2004ZK）

本次发掘康乐中路墓地共清理出墓葬12座、水井3口（2004ZKJ1～2004ZKJ3）和灰坑2座（2004ZKH1、H2）。12座墓葬中有4座为土坑墓，编号为2004ZKM6、M7、M9、M11；8座为砖室墓，编号为2004ZKM1～M5、M8、M10、M12。其中2004ZKM1～M5、M12集中在发掘区北部，2004ZKM6、M7、M9分布在中部，2004ZKM8位于发掘区的最南部，12座墓葬中只有一组打破关系，即2004ZKM11打破2004ZKM12。2004ZKJ1位于发掘区的最北部，向下打破2004ZKM4，2004ZKJ2、J3位于发掘区的中部偏南，2004ZKH1位于发掘区的中部偏东。2004ZKH2位于发掘区北部，打破2004ZKM1。

田野发掘于2005年1月20日结束。

墓地的室内资料整理始于2005年8月，首先把出土器物按单位分开，进一步对器物进行清洗、拼对、修复，后对出土器物进行绘制线图和制作器物卡片，最后对出土器物逐一拍照。至2006年6月底完成上述工作。

本次发掘的4座土坑墓葬中2004ZKM6、M7、M9的墓葬形制和出土器物组合与广东其他地区出土的汉代墓葬基本相同。2004ZKM11出土的遗物显示其为应为宋时期墓葬。8座砖室墓中，2004ZKM8的墓葬形制和出土器物组合与广东其他地区出土的东晋时期墓葬基本相同。2004ZKM1、M3、M4墓葬形制虽然复杂，但出土器物的组合和特征与广东其他地区出土的南朝时期墓葬中出土的器物基本相同。2004ZKM12的墓葬形制和出土器物特征与广东其他地区出土的唐代时期墓葬基本相同。从2004ZKJ1中出土的器物特征分析，2004ZKJ1应介于唐宋间。从2004ZKJ2中出土的器物特征分析，其应在宋代时期使用与废弃。从2004ZKJ3中出土的器物特征分析，其应在宋代时期开始使用。从2004ZKH1中出土的器物特征分析，其年代应为宋代时期。

本章以遗迹单位的时代先后顺序分类介绍（为便于叙述，下文均省去编号中的年度、地名和代码）。

第三节 墓葬介绍

一、汉代墓葬

本次发掘的汉代墓葬保存情况一般。

M6、M7为长方形竖穴土坑墓，无墓道，墓坑周壁垂直，平整。在M6的墓底发现三道横向垫木沟槽，长354～305、宽40、深6厘米；M7墓底四角各发现1个柱洞，柱洞直径28～30厘米，深25～30厘米，柱洞直壁，略呈圜底。墓底中部为生土棺床，棺床长300、宽220厘米，比墓底高出20厘米。

M9为“亚”字形竖穴土坑墓，在墓底两端及中部各有横向的一条垫木沟槽，长度与墓圹相同。两端的垫木沟槽各宽50、深20厘米，中部垫木沟槽宽30、深16厘米，在后端的垫木沟槽中间有一圆洞，直径24、深50厘米，直壁圜底。

M6、M7、M9中出土的器物以釉陶器和陶器为主，少数滑石器、铜器等。个别釉陶器和陶器胎体厚重，个体略大。出土器物器类丰富，大致有：釉陶罐、釉陶壶、釉陶鼎、釉陶簋、釉陶盆、釉陶匏壶、釉陶井、釉陶灶、釉陶耳杯、釉陶提筒、陶罐、陶豆、陶釜、陶盂、陶卮、陶熏炉、陶灯、陶屋、陶仓、滑石璧、滑石双鋬罐、滑石暖炉、青铜剑等。部分器物时代特征明显，如釉陶鼎、釉陶簋、釉陶匏壶等，其在西汉前期出现，又在东汉初期消失，延续的时间不长，这为我们对墓葬年代的判定提供重要依据。

M6

1. 墓葬形制

M6位于T0305的西北角，向西跨入T0205。

M6为长方形竖穴土坑墓，长625、宽385、残深206厘米，方向74°（图二五；图版一一，1）。

M6开口于地表，打破生土。填土为花土，以黄褐色为主，土质略硬。在随葬器物上面发现一层厚薄不均的青膏泥。墓坑周壁垂直，平整。墓底的前端正中有一块生土，两侧各有一沟槽，其用途有待探讨。在墓底的发现三道横向垫木沟槽，长354～305、宽40、深6厘米。随葬器物主要集中在墓葬的前端和后端。发掘时未见扰乱迹象。

2. 随葬器物

M6出土器物共53件。分别为釉陶罐、釉陶壶、釉陶鼎、釉陶盆、釉陶井、釉陶匏壶、陶豆、陶釜、陶盂、陶卮、陶熏炉、陶灯、陶灶、滑石璧、滑石双鋬罐、滑石暖炉、珠饰等。

（1）釉陶器

罐　16件。根据口沿、腹部的不同可分为四型。

A型　4件。广口微侈，卷折沿，短直领，梭形或长圆形腹。

M6∶1，泥质灰胎，胎质硬，器表施黄褐色釉，基本剥落。折唇外翻，梭形腹，平底内凹。腹中部饰凹弦纹一周，肩、腹部拍印方格纹及饰方形戳印纹。口径19.2、腹径27.5、底径21.2、高29.3厘米（图二六，1；图二八，5；图版一一，2）。

M6∶3，泥质灰胎，胎质硬，器表饰黄褐色釉，基本剥落。折唇外翻，梭形腹，平底微内凹。腹中部饰凹弦纹一周，肩、腹部拍印方格纹及饰方形与三角形组合的戳印纹。口径18.5、腹径26.7、底径20、高28.6厘米（图二六，2；图二八，1、2；图版一一，3）。

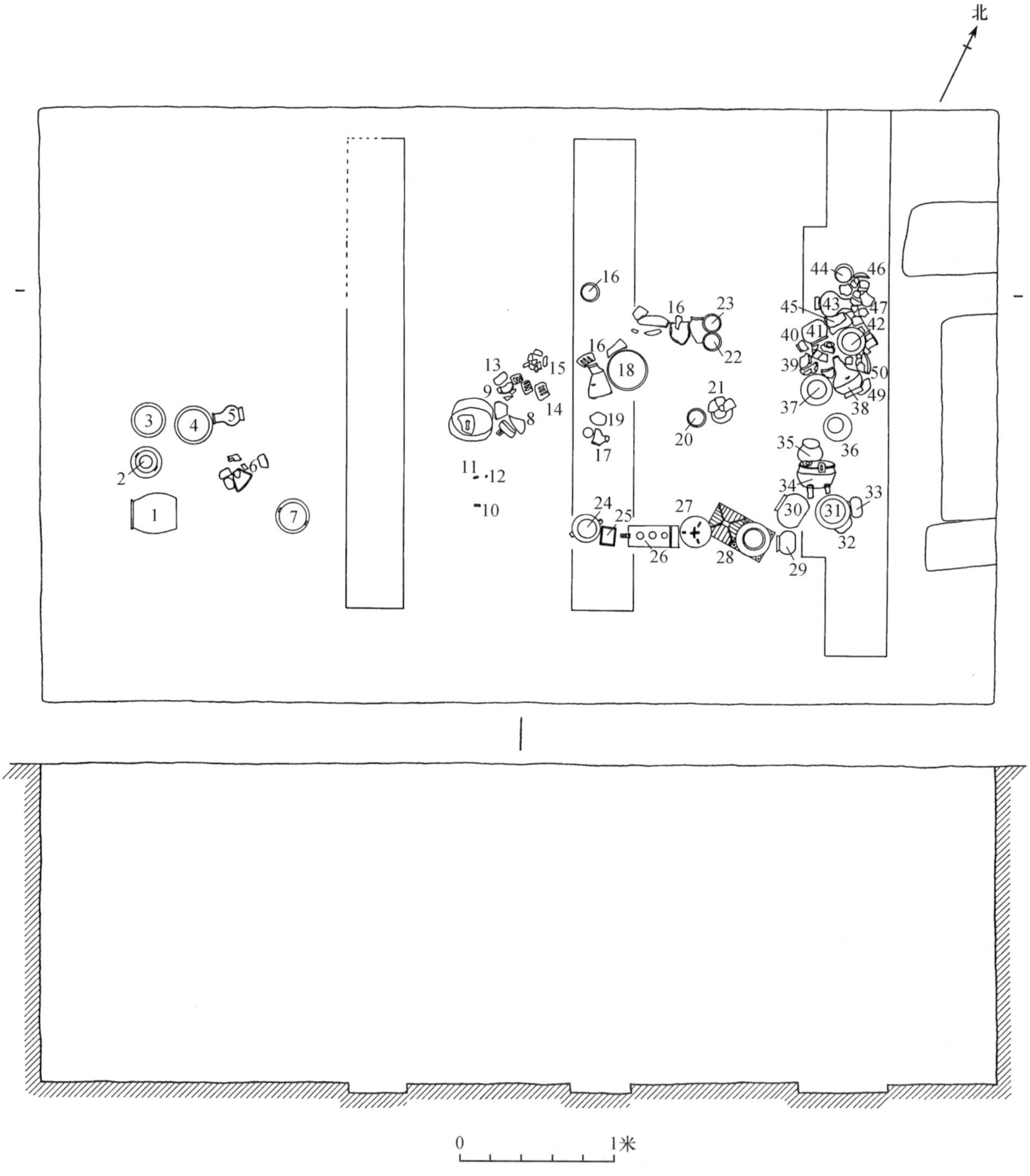

图二五　康乐中路M6平、剖面图

1、3、4、29～33、35～37、41、42、45、46、52. 釉陶罐　2、5、16、43、49. 釉陶壶　6、15、滑石璧　7、8、34. 釉陶鼎　9、18、19. 釉陶盆　10～12. 珠饰　13. 陶盂　14、17、22、23、39、40、44、47、48. 陶豆　20. 陶熏炉　21. 陶灯　24. 滑石双鋬罐　25. 滑石暖炉　26. 陶灶　27. 陶器盖　28. 釉陶井　38. 釉陶匏壶　50、51. 陶釜　53. 陶卮

（其中48压于38之下，51压于50之下，52压于45之下，53压于43之下）

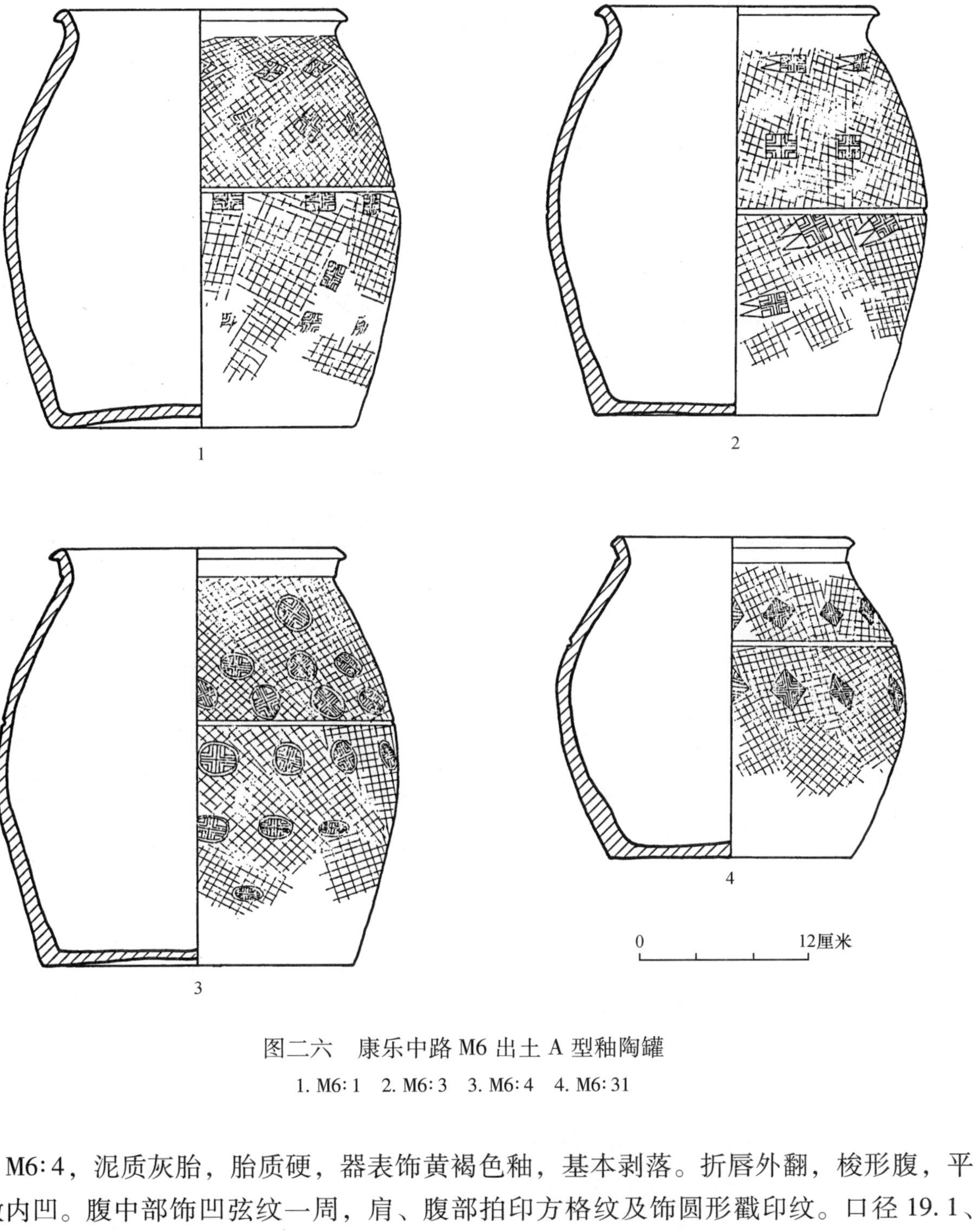

图二六　康乐中路 M6 出土 A 型釉陶罐

1. M6∶1　2. M6∶3　3. M6∶4　4. M6∶31

M6∶4，泥质灰胎，胎质硬，器表饰黄褐色釉，基本剥落。折唇外翻，梭形腹，平底微内凹。腹中部饰凹弦纹一周，肩、腹部拍印方格纹及饰圆形戳印纹。口径 19.1、腹径 28.2、底径 22、高 29.2 厘米（图二六，3；图二八，3；图版一二，1）。

M6∶31，泥质灰胎，胎质硬，器表施黄褐色釉，部分剥落。折唇外翻，长圆腹，平底。腹上部饰凹弦纹一周，肩、腹部拍印方格纹及饰方形戳印纹。口径 16.1、腹径 24.2、底径 17.2、高 22.5 厘米（图二六，4；图二八，4；图版一二，2）。

B 型　1 件。广口微侈，折唇外翻，短颈，球形腹，最大腹径靠下。

M6∶30，泥质灰胎，胎质硬，器表施黄褐色釉，剥落严重。平底内凹。肩、腹部分各饰凹弦纹二周。口径 12. 2、腹径 22. 8、底径 15. 8、高 16. 8 厘米（图二七，2；图版一二，3）。

C 型　10 件。折唇外翻，口微侈，扁鼓腹，最大腹径略靠下，平底或平底内凹。3 件在肩、腹部拍印方格纹及饰方形戳印纹。

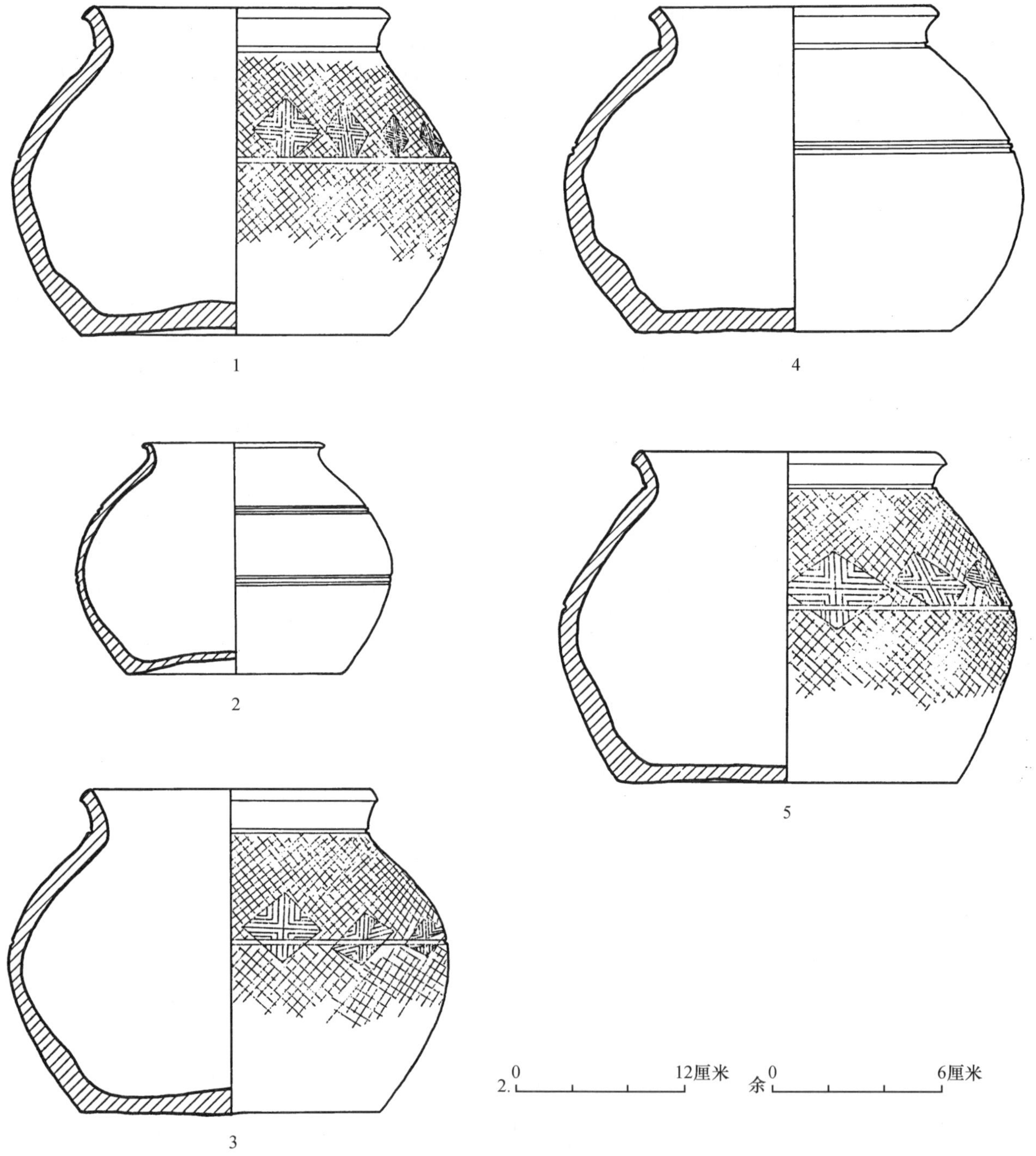

图二七　康乐中路 M6 出土釉陶罐

1、3 ~ 5. C 型（M6∶29、M6∶33、M6∶32、M6∶45）　2. B 型（M6∶30）

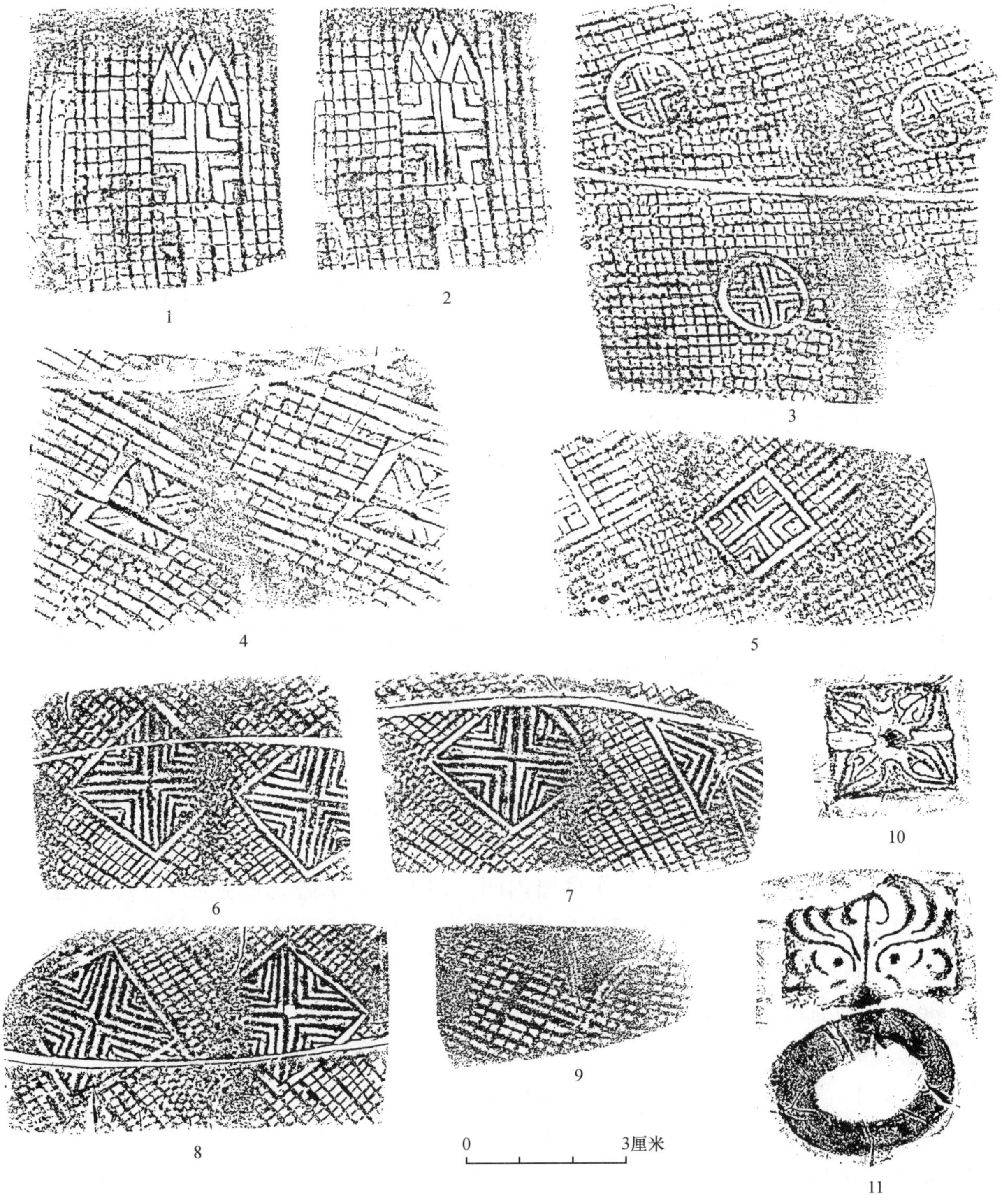

图二八　康乐中路 M6 出土器物纹饰拓片

1、2. A 型釉陶罐（M6∶3）　3. A 型釉陶罐（M6∶4）　4. A 型釉陶罐（M6∶31）　5. A 型釉陶罐（M6∶1）　6. C 型釉陶罐（M6∶33）　7. C 型釉陶罐（M6∶29）　8. C 型釉陶罐（M6∶45）　9. 釉陶井（M6∶28）　10. 陶器盖（M6∶27）　11. 釉陶盆铺首（M6∶19）

M6∶29，泥质灰胎，胎质硬。平底内凹，在肩、腹部拍印方格纹及饰方形戳印纹，颈下及腹部各饰凹弦纹一周。口径10.4、腹径16.2、底径11.4、高11.8厘米（图二七，1；图二八，7；图版一二，4）。

M6∶33，泥质灰胎，胎质硬。平底，肩、腹部拍印方格纹及饰方形戳印纹，颈下及腹部各饰凹弦纹一周。口径10.5、腹径16、底径11、高11.6厘米（图二七，3；图二八，6；图版一三，1）。

M6∶45，泥质灰胎，胎质硬。平底，在肩、腹部拍印方格纹及饰方形戳印纹，颈下及腹部各饰凹弦纹一周。口径10.6、腹径16.1、底径12.2、高11.9厘米（图二七，5；图二八，8；图版一三，2）。

M6∶32，泥质灰胎，胎质硬，平底，颈下及腹部各饰凹弦纹一周。口径9.8、腹径16.5、底径11.5、高11.7厘米（图二七，4；图版一三，3）。

M6∶35，泥质灰胎，胎质硬，平底内凹，颈下及腹部各饰凹弦纹一周。口径8.9、腹径15.5、底径11、高11厘米（图二九，1；图版一三，4）。

M6∶36，泥质灰胎，胎质硬，平底内凹，颈下饰凹弦纹一周，素面。口径9.5、腹径16.1、底径11.1、高11.2厘米（图二九，2；图版一三，5）。

M6∶37，泥质灰胎，胎质硬，平底内凹。颈下及腹部各饰凹弦纹一周。口径10、腹径17、底径11、高12厘米（图二九，5；图版一三，6）。

M6∶41，泥质灰胎，胎质硬，平底。颈下及腹部各饰凹弦纹一周。口径10.7、腹径17.2、底径11.3、高12.7厘米（图二九，6；图版一四，1）。

M6∶42，泥质灰胎，胎质硬，平底略内凹。腹部饰凹弦纹一周。口径9.9、腹径16.1、底径11.6、高11.7厘米（图二九，3；图版一四，2）。

M6∶46，泥质灰胎，胎质硬，平底略内凹。颈下及腹部各饰凹弦纹一周。口径10、腹径16.4、底径11.6、高10.9厘米（图二九，4；图版一四，3）。

D型　1件。圆唇，直口，下折腹。

M6∶52，泥质灰胎，胎质硬，平底略内凹。口径7.2、底径3、高6厘米（图三四，6；图版一四，4）。

壶　5件。根据口部和腹部的不同可分为三型。

A型　2件。盘口，扁圆腹，最大腹径居中。

M6∶2，灰胎，胎质硬，器表施青黄釉，釉层剥落严重。无盖，斜方唇，唇下起二道凸棱，束颈，高圈足，圈足上部微起凸棱。肩部横置两个对称的条形耳。颈、肩、腹部各饰凹弦纹一周，圈足与耳对应处穿两个圆孔。口径13.5、腹径24、底径12、高33.8厘米（图三○，1；图版一六，1）。

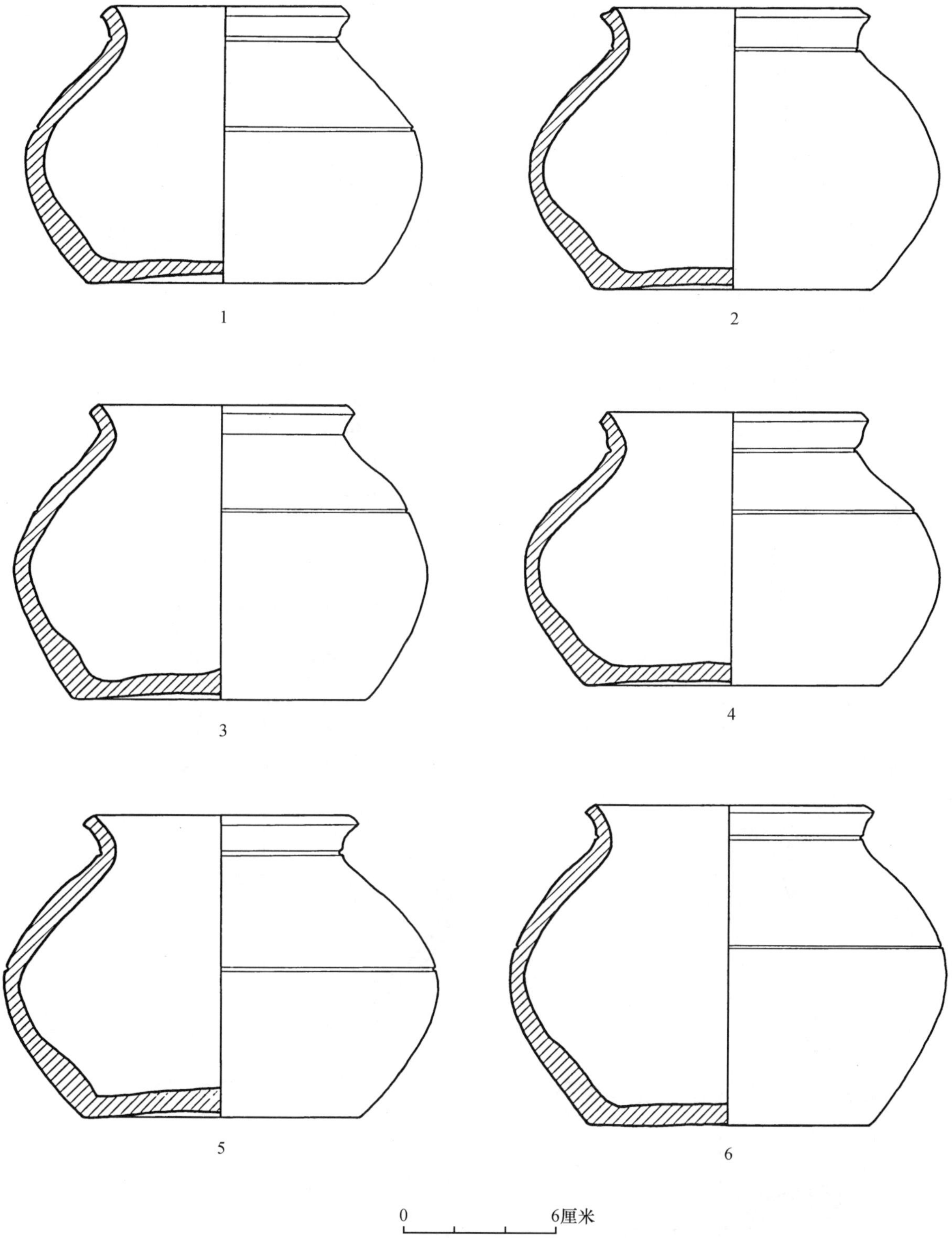

图二九　康乐中路 M6 出土 C 型釉陶罐

1. M6∶35　2. M6∶36　3. M6∶42　4. M6∶46　5. M6∶37　6. M6∶41

图三〇　康乐中路M6出土釉陶壶

1、2. A型（M6:2、M6:16）　3. C型（M6:49）　4、5. B型（M6:5、M6:43）

M6:16，灰胎，胎质硬，器表施黄褐釉，釉层严重剥落。无盖，斜方唇，唇下起二道凸棱，束颈，高圈足，圈足上部微起凸棱。肩部横置两个对称条形耳，颈、肩、腹部各饰凹弦纹一周，圈足与耳对应处穿两个圆孔。口径12.2、腹径22.7、底径12、高31.6厘米（图三〇，2；图版一六，2）。

B型　2件。盘口，扁鼓腹，最大腹径靠下。

M6:5，灰胎，胎质硬。无盖。斜方唇，唇下起二道凸棱，束颈，高圈足。肩部横置两个对称条形耳。颈、肩、上腹部各饰一周弦纹，圈足与耳对应处穿两个圆孔。口径8、腹径15.2、底径9.2、高19.4厘米（图三〇，4；图版一六，3）。

M6:43，灰胎，胎质硬。无盖。斜方唇，唇下起二道凸棱，束颈，高圈足。肩部横置两个对称条形耳，颈、肩、上腹部各饰一周弦纹。圈足与耳对应处穿两个圆孔。口径7.3、腹径14.8、底径7.6、高18.8厘米（图三〇，5；图版一六，4）。

C型　1件。敛口，扁鼓腹，最大腹径居中。

M6:49，灰白胎，胎质硬。斜方唇，短束颈，矮圈足。上腹部横置两个对称条形耳，腹部饰凹弦纹一周，圈足与耳对应处穿两个圆孔。口径7.2、腹径12.4、底径8.4、高10.4厘米（图三〇，3；图版一七，1）。

鼎　3件。根据鼎盖和腹部的不同可分为二型。

A型　2件。盖方唇，敞口，弧面，盖面饰篦点纹间凹弦纹，盖顶中央饰乳钉钮并模贴四叶纹。鼎身折腹，平底。

M6:7，灰白胎，胎质硬，器表施黄褐色釉，严重剥落。由鼎身和盖组成。盖顶饰三个圆环，环上有乳突。鼎身斜方唇，子口，下附三兽形足，略外撇。上腹部直立对称长方形耳二个，耳饰长方形镂孔及刻划叶脉纹，折腹处饰凸棱一道。口径19.2、腹径22.8、底径14、通高22.6厘米（图三一，2；图版一七，2、4）。

M6:34，灰白胎，胎质硬，器表施黄褐色釉，严重剥落。由鼎身和盖组成，盖顶饰三个圆环，环上有乳突。鼎身斜方唇，子口，下附三兽形足，略外撇。上腹部直立对称长方形耳两个，耳饰长方形镂孔及刻划叶脉纹，折腹处饰凸棱一道。口径19.1、腹径23.2、底径12.4、通高22.6厘米（图三一，1；图版一七，3）。

B型　1件。盖方唇，口微敛，弧面深广，盖面饰刻划四叶纹和凹弦纹三周，折腹。

M6:8，灰白胎，胎质硬，器表施黄褐色釉，严重剥落。由鼎身和盖组成，盖顶饰三圆环。鼎身方唇，子口，平底微凹，下附三兽形足，略外撇。上腹部直立对称长方形耳两个，耳饰长方形镂孔，折腹处饰凹弦纹一周。口径19.8、腹径23.8、底径15、通高24厘米（图三一，3；图版一七，5）。

图三一　康乐中路 M6 出土釉陶鼎及陶熏炉

1、2. A 型釉陶鼎（M6∶34、M6∶7）　3. B 型釉陶鼎（M6∶8）　4. 陶熏炉（M6∶20）

盆　3件。

M6:9，灰褐胎，胎质硬，器表施黄褐色釉，剥落严重，器物内壁残留有墨绿色积釉。方唇，敞口，弧腹，平底内凹，腹部饰凹弦纹二周。口径27.4、底径18.5、高10.3厘米（图三二，1；图版一七，6）。

M6:18，灰褐胎，胎质硬。器表施黄褐色釉，部分剥落。圆唇，宽折沿，口微侈，下折腹，假圈足，内底下压，折腹处饰凹弦纹一周。口径24.5、底径15.8、高6.5厘

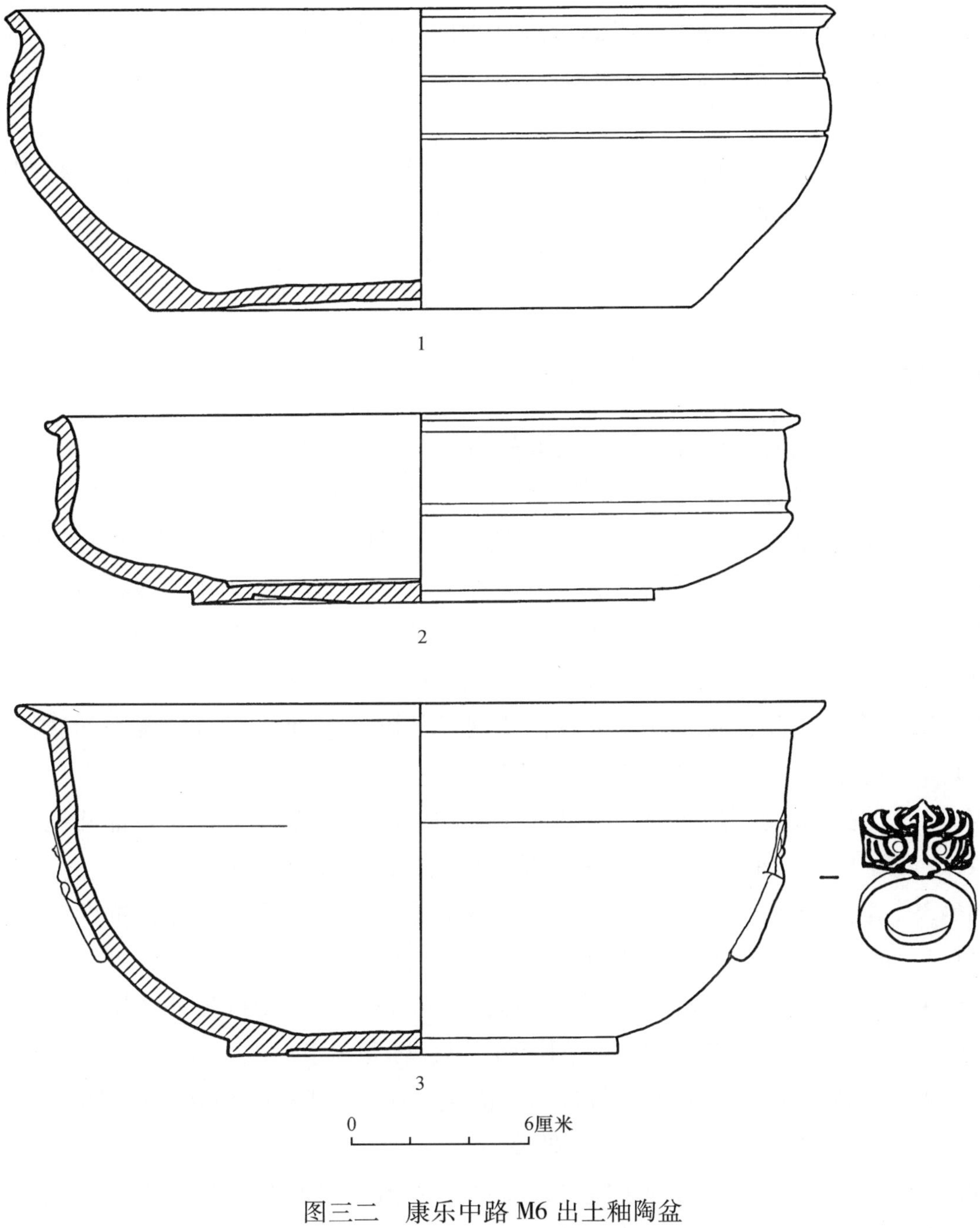

图三二　康乐中路M6出土釉陶盆

1. M6:9　2. M6:18　3. M6:19

米（图三二，2；图版一八，1）。

M6:19，灰胎，胎质硬。圆唇，敞口，折沿，深弧腹，假圈足，腹部附贴两个对称衔环铺首。口径27.6、底径13.1、高12.1厘米（图二八，11；图三二，3；图版一八，3）。

井　1件。

M6:28，灰胎，器表施釉，基本全部剥落。由亭和井组成，亭近方形，四阿式庑殿顶，正中有脊，坡上有瓦垄。井栏圆形，近方形台地。井栏上敛下宽，中部附加凸棱二周，并拍印方格纹。地台上立长方形柱础四个。井口径13.1、高15.1、地台长25厘米，井亭长22、宽21、高6.4厘米（图二八，9；图三三；图版二〇，1）。

匏壶　1件。

M6:38，灰胎，胎质硬，器表施黄褐色釉，严重剥落。小口，圆唇，颈粗肥而长，溜肩，圆鼓腹，高圈足，肩部横置两个对称条形耳，圈足与耳对应处穿两个小圆孔。颈、肩、腹及圈足各饰凹弦纹一周。口径2.5、腹径18.5、底径11、高26.4厘米（图三四，1；图版二〇，2）。

（2）陶器

豆　9件。根据唇部和腹部的不同可分为二型。

A型　8件。尖唇，深折腹。7件沿面上下压凹弦纹一周。

M6:14，泥质灰陶，陶质硬。敞口，矮圈足外撇。沿面饰凹弦纹一周，折腹处饰凹弦纹一周。口径11.2、底径6.4、高6.2厘米（图三五，1；图版一四，5）。

M6:17，泥质灰陶，陶质硬。敞口，矮圈足外撇。沿面及折腹处各饰凹弦纹一周。口径11.2、底径6.6、高6厘米（图三五，4；图版一四，6）。

M6:22，泥质灰陶，陶质硬。敞口，矮圈足外撇。沿面及折腹处各饰凹弦纹一周。口径11.2、底径6.7、高6.2厘米（图三五，7）。

M6:23，泥质灰陶，陶质硬。敞口，矮圈足外撇。沿面及折腹处各饰凹弦纹一周。口径11、底径6.4、高5.8厘米（图三五，2；图版一五，1）。

M6:39，泥质灰陶，陶质硬。敞口，矮圈足外撇。沿面及折腹处各饰凹弦纹一周。口径11.1、底径6.8、高6.4厘米（图三五，5；图版一五，2）。

M6:40，泥质灰陶，陶质硬。敞口，矮圈足外撇。沿面及折腹处各饰凹弦纹一周。口径10.8、底径6.2、高5.8厘米（图三五，8；图版一五，3）。

M6:44，泥质灰陶，陶质硬。敞口，矮圈足外撇。折腹处饰凹弦纹一周。口径11、底径6.2、高6.4厘米（图三五，3；图版一五，4）。

M6:47，泥质灰陶，陶质硬。敞口，矮圈足外撇。沿面及折腹处各饰凹弦纹一周。口径10.6、底径6.8、高5.6厘米（图三五，6；图版一五，5）。

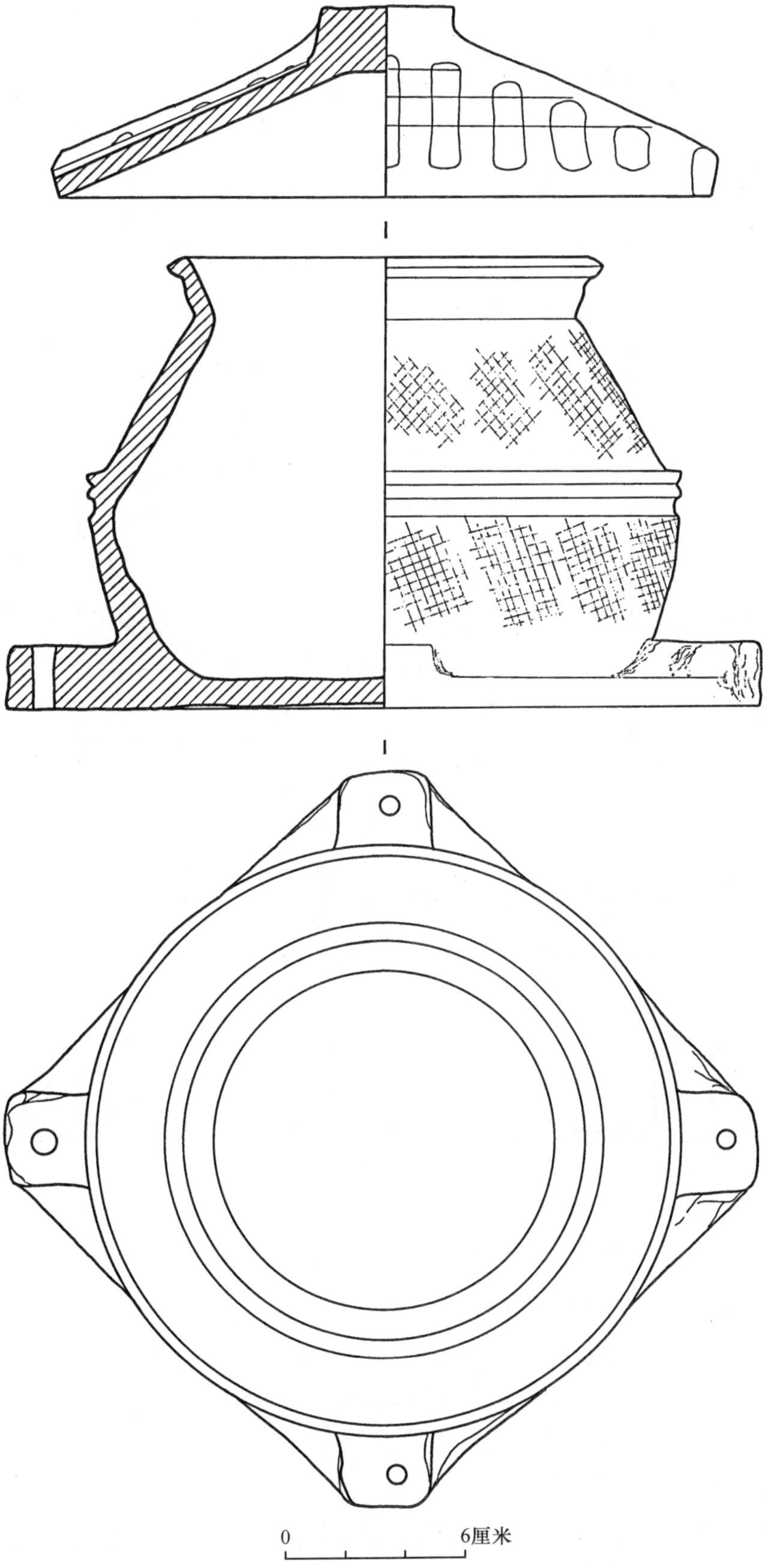

图三三　康乐中路 M6 出土釉陶井（M6∶28）

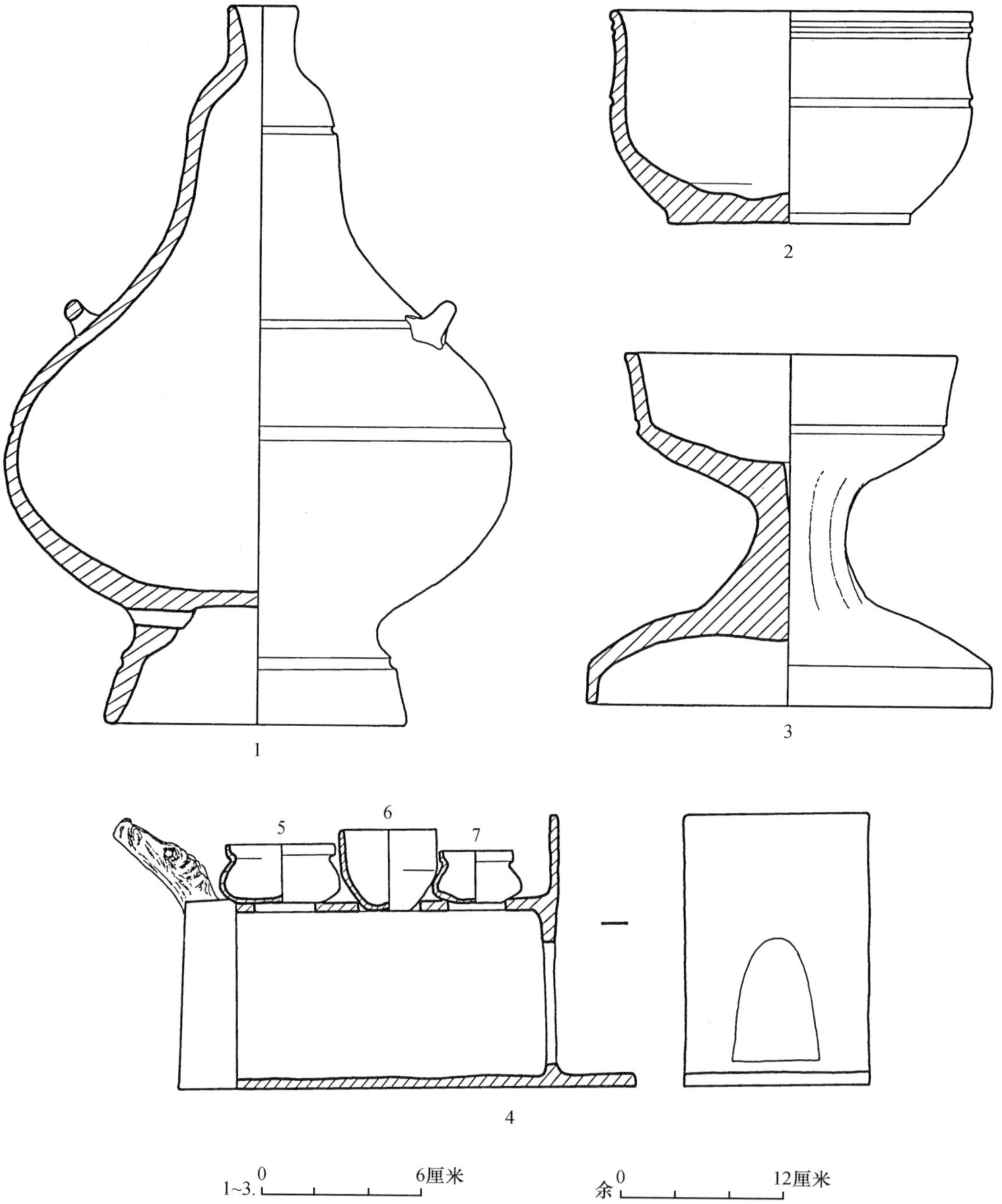

图三四　康乐中路M6出土釉陶匏壶、罐及陶卮、灯、灶、釜

1. 釉陶匏壶（M6:38）　2. 陶卮（M6:53）　3. 陶灯（M6:21）　4. 陶灶（M6:26）　5、7. 陶釜（M6:51、M6:50）　6. D型釉陶罐（M6:52）

B型　1件。方唇，下折腹。

M6:48，泥质红褐陶，陶质硬。敞口，矮圈足外撇。折腹处饰凹弦纹一周。口径10.6、底径6.4、高5.6厘米（图三五，9；图版一五，6）。

釜　2件。圆唇，盘口，扁鼓腹，最大径靠下，平底。

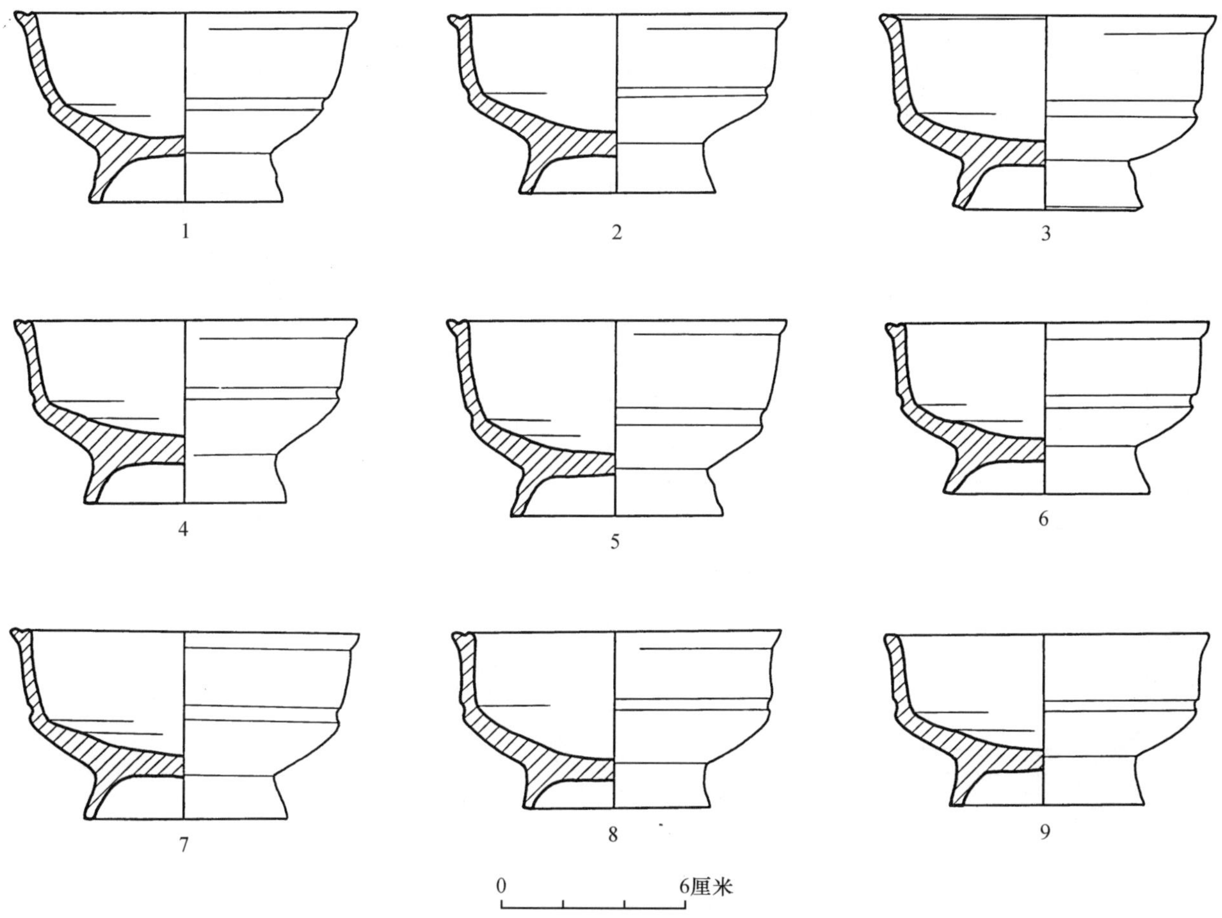

图三五　康乐中路M6出土陶豆

1～8. A型（M6∶14、M6∶23、M6∶44、M6∶17、M6∶39、M6∶47、M6∶22、M6∶40）　9. B型（M6∶48）

M6∶50，泥质橙黄陶，陶质略软。口径5.4、腹径6.8、底径3.7、高3.9厘米（图三四，7；图版一八，5）。

M6∶51，泥质橙红陶，陶质略软。口径8、腹径9.1、底径6.6、高4.5厘米（图三四，5；图版一八，2）。

盂　1件。

M6∶13，器物稍变形，泥质灰白陶。圆唇，敞口，束颈，扁鼓腹，最大腹径偏下部，平底。口径7.9～7.2、腹径10、底径5.2、高5.8厘米（图三六，5；图版一八，4）。

卮　1件。

M6∶53，器物微变形。泥质灰陶。圆唇，口微侈，微束颈，深弧腹，台足。沿下饰凹弦纹二周，上腹饰凹弦纹一周。口径13.2～12.8、底径8.8、高7.8厘米（图三四，2；图版一八，6）。

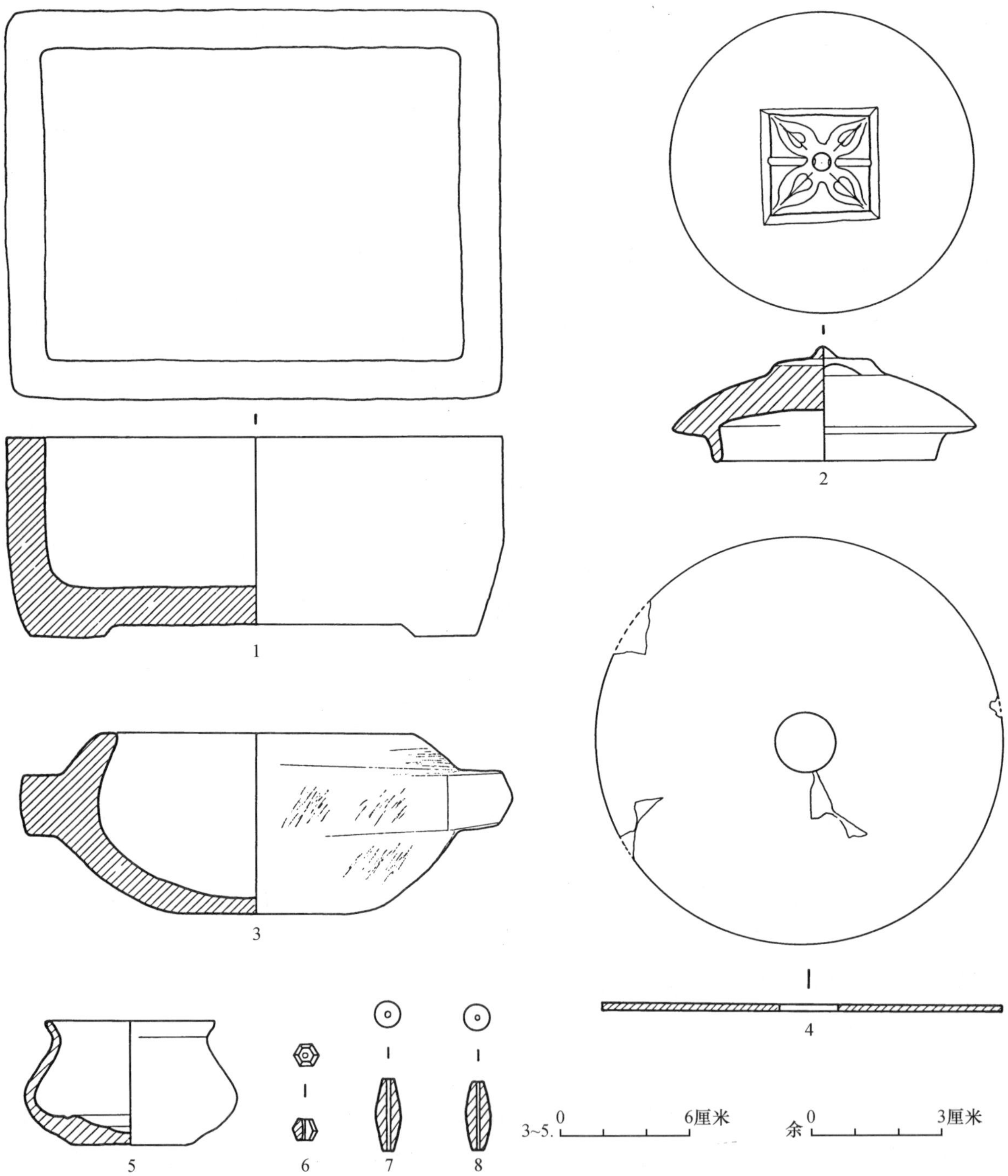

图三六 康乐中路M6出土滑石器、陶器及珠饰

1. 滑石暖炉（M6:25） 2. 陶器盖（M6:27） 3. 滑石双鋬罐（M6:24） 4. 滑石璧（M6:6） 5. 陶盂（M6:13）
6~8. 玛瑙珠饰（M6:12、M6:10、M6:11）

器盖　1件。

M6:27，泥质灰陶。圆唇，近直口，弧面，盖顶饰乳钉钮并模贴四叶纹。口径5.2、高2.7厘米（图二八，10；图三六，2）。

熏炉　1件。

M6:20，泥质灰陶，陶质硬。由盖和炉身组成。盖残，方唇，弧面，盖面饰凹弦纹三周，上部饰半圆形镂孔及叶脉纹，下部饰长方形镂孔及叶脉纹。炉身圆唇，子口，深弧腹，高圈足，外撇。口径11.7、底径7.6、残高17.2厘米（图三一，4；图版一九，1）。

灯　1件。

M6:21，泥质红陶，陶质硬。由灯盏、灯座及连接两者的圆柱组成。灯盏呈碗形，方唇，口微侈，折腹。折腹处饰凹弦纹一周。灯座呈覆碟状，方唇。口径12、底径14.8、高13厘米（图三四，3；图版一九，2）。

灶　1件。

M6:26，泥质灰陶，陶质硬。长方形灶体，有额墙，烟突作龙首形，灶身前窄后宽，灶门拱形，灶面开釜眼三个。长38.5、宽13.5、高20厘米（图三四，4；图版一九，3）。

（3）滑石器

双鋬罐　1件。

M6:24，器物有明显的刻制及打磨痕迹。白色。圆唇，敛口，弧壁，平底。肩部横置一对鋬手。口径13.2、腹径23、底径9、高8.2厘米（图三六，3；图版二〇，3）。

暖炉　1件。

M6:25，器物有明显的刻制及打磨痕迹。白色。长方形，方唇，直口，直腹，平底，底部附四个方形矮足。长11.6、宽9.1、高4.7厘米（图三六，1；图版二〇，4）。

璧　2件。

M6:6，白色。圆饼形，中间有孔。直径18.6、孔径2.9、厚0.35厘米（图三六，4；图版一九，5）。

M6:15，白色，残。

（4）其他

橄榄形珠饰　2件。玛瑙，橘红色。管状，橄榄形，中间穿孔，两端略细，中部微鼓，素面。

M6:10，长1.7、最大直径0.6厘米（图三六，7；图版一九，4左）。

M6:11，长1.6、最大直径0.6厘米（图三六，8；图版一九，4右）。

多棱形珠饰　1件。

M6:12，玛瑙，橘红色。多棱形，中间穿孔，横截面呈正六边形，素面。长0.5厘米（图三六，6；图版一九，4上）。

M7

1. 墓葬形制

M7位于T0304的北部，向北跨入T0305的东南部。

M7为长方形竖穴土坑墓，长620、宽360、残深102厘米，方向76°（图三七；图版二一，1）。

M7开口于地表，打破生土。填土为花土，以黄褐色为主，土质略硬。在接近墓底时发现大量青膏泥，较纯净，推测青膏泥原应是铺在棺之上，作封闭之用，棺腐朽后塌陷，青膏泥则不均匀地覆盖墓底。墓坑周壁垂直，平整。在墓底四角各有一个柱洞，柱洞直径约28～30、深约25～30厘米，直壁，略呈圜底，壁、底规整。墓底中部为生土棺床，棺床长300、宽220厘米，比墓底高出20厘米，较平整，在棺床前端发现一个头坑，头坑直径20、深30厘米，直壁平底，壁、底规整，坑内出土铜耳杯、陶耳杯和陶豆3件器物。在棺床的后端平面上发现铺一层薄薄的细沙。墓葬中的随葬品较丰富，盗扰严重，器物残片随处可见，器物主要集中在棺床的前面及棺床的后端一角。

2. 随葬器物

M7出土器物81件（套），分别为釉陶罐、釉陶耳杯、釉陶四耳罐、釉陶提筒、釉陶壶、釉陶鼎、釉陶簋、釉陶盆、釉陶钵、釉陶釜、釉陶灶、釉陶魁、釉陶盒、陶豆、陶釜、陶灯、陶井、陶仓、陶屋、青铜剑、铜耳杯、滑石璧、珠饰等。

（1）釉陶器

罐　5件。根据口沿、腹部的不同可分为三型。

A型　1件。尖唇，卷沿，鼓腹，最大腹径在中部。

M7:54，灰胎，胎质硬，施釉，基本剥落。短束颈，溜肩，平底。肩、腹部饰凹弦纹。口径15.2、腹径29.2、底径19.8、高22.6厘米（图三八，4；图版二一，2）。

B型　2件。口微侈，卷沿，鼓腹，最大腹径略靠上。

M7:6，灰胎，胎质硬，施釉。短直颈，平底微凹。肩、腹部各饰凹弦纹二周。口径18、腹径25.8、底径19.4、高20.8厘米（图三八，3；图版二二，1）。

M7:20，灰胎，胎质硬，施釉，已剥落。短直颈，平底微凹。肩、腹部各饰凹弦纹二周。口径18.4、腹径24.8、底径19、高19厘米（图三八，5；图版二二，2）。

C型　2件。方唇，盘口，鼓腹，最大腹径略靠下。

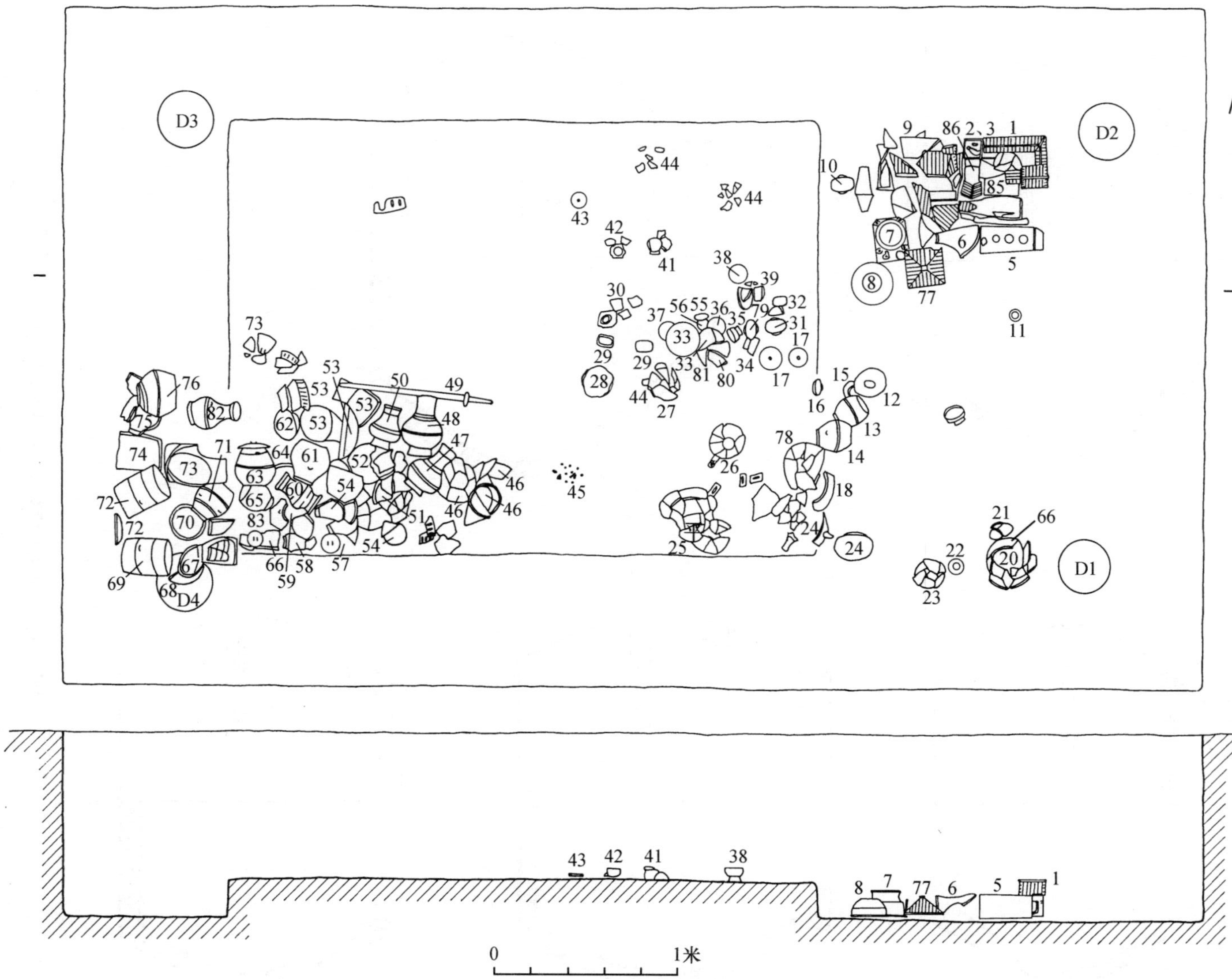

1、9. 陶屋　2、3. 陶猪　4、10、16、21、31、32、39、40、66、79、81. 陶耳杯　5. 釉陶灶　6、20、52、54、76. 釉陶罐　7. 陶井　8、12、80. 釉陶盆　11、22、77. 陶釜　13、14、18、27、51、58、59、61、63、65、71、75. 釉陶四耳罐　15、19、30、34、35、36、38、56、78. 陶豆　17. 陶灯　23、62. 釉陶钵　24、25. 釉陶鼎　26. 釉陶魁　28、55. 铜耳杯　29. 陶套盒　33. 釉陶盒　37、43、44. 滑石璧　41、42. 釉陶釜　45. 珠饰　46、53. 釉陶簋　47、48、50、60、64. 釉陶壶　49. 铜剑　57. 陶仓　67、69、70、72、74. 釉陶提筒　68、73. 釉陶器盖

图三七　康乐中路 M7 平、剖面图

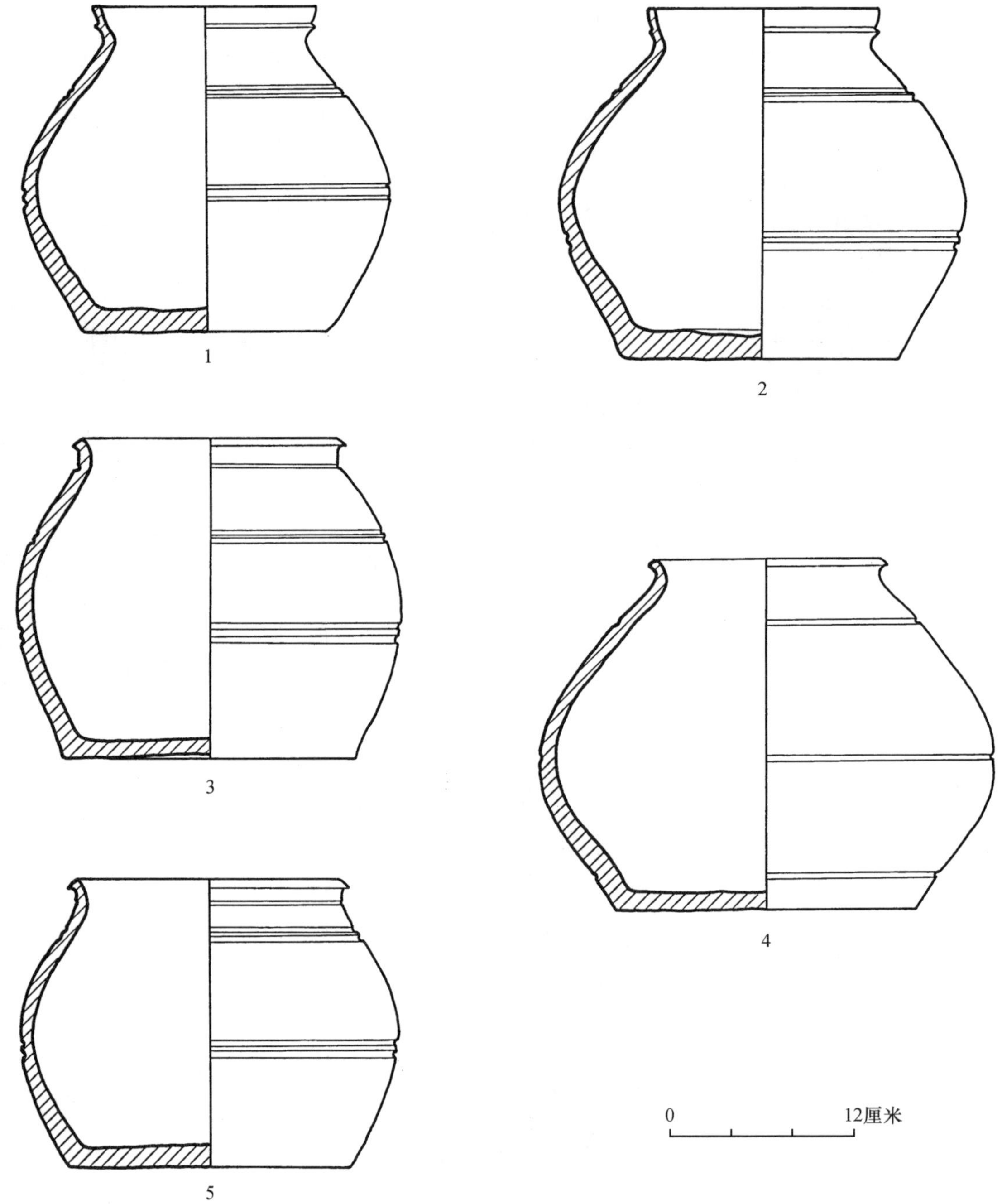

图三八　康乐中路 M7 出土釉陶罐

1、2. C 型（M7:76、M7:52）　3、5. B 型釉陶罐（M7:6、M7:20）　4. A 型釉陶罐（M7:54）

M7:52，灰胎，胎质硬，施青黄釉，大部分剥落。束颈，平底。唇下起一道凸棱，肩、腹部各饰凹弦纹二周。口径 14.8、腹径 26、底径 18、高 22.8 厘米（图三八，2；图版二二，3）。

M7:76，灰胎，胎质硬，施青黄釉，部分剥落。束颈，平底。唇下起一道凸棱，肩、腹部各饰凹弦纹二周。口径 14.6、腹径 24.4、底径 16.4、高 21.2 厘米（图三八，

1；图版二二，4）。

四耳罐　12件。皆为灰胎，胎质硬，器身及盖面施深绿釉或施酱绿釉，大部分剥落。形制大致相同，罐小口，带盖。盖口敛收，弧面，顶附“凹”字形钮。罐直口，溜肩，鼓腹，最大腹径在中部，平底或平底微凹，肩部横置对称四个条形耳。

M7:13，施深绿釉。盖面饰凹弦纹二组四周，凹弦纹间饰刻划三角形纹。罐方唇，平底。肩、腹部各饰凹弦纹二周。口径9.8、腹径22.2、底径15.4、通高20厘米（图三九，4；图版二三，1）。

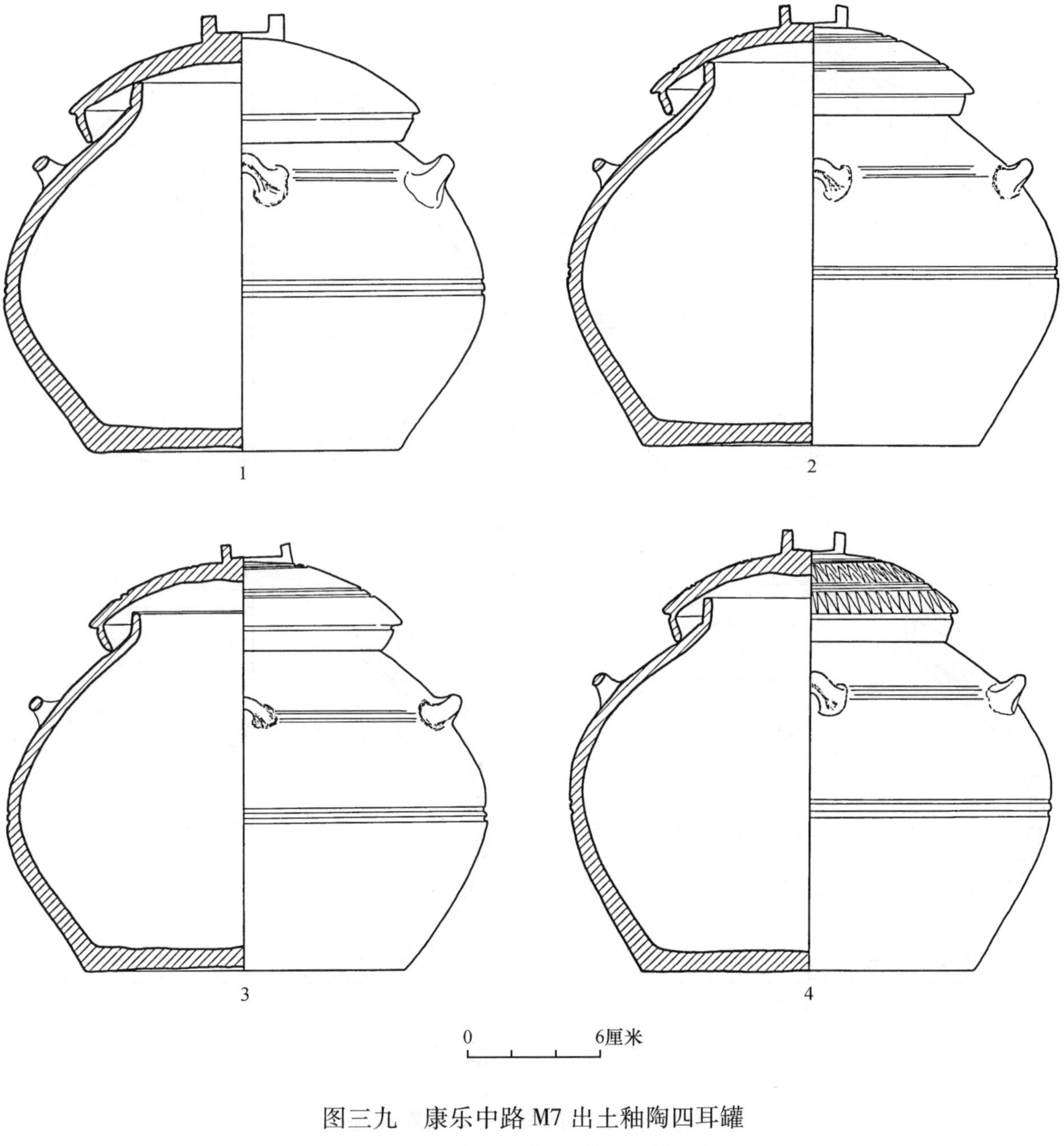

图三九　康乐中路M7出土釉陶四耳罐

1～4. M7:18、M7:27、M7:51、M7:13

M7∶14，施深绿釉。盖面饰凹弦纹二组四周。罐方唇，平底。肩、腹部各饰凹弦纹二周。口径9.2、腹径21.8、底径14.6、通高19.5厘米（图四〇，4；图版二三，2）。

M7∶18，施酱绿釉。盖素面。罐方唇，平底微凹。肩、腹部各饰凹弦纹二周。口径9.8、腹径21.8、底径14、通高19.8厘米（图三九，1；图版二三，3）。

M7∶27，施酱绿釉。盖面饰凹弦纹二组四周，凹弦纹间饰刻划三角纹。罐方唇，平底微凹。口径9.8、腹径22.6、底径14.6、通高19.4厘米（图三九，2；图版二三，4）。

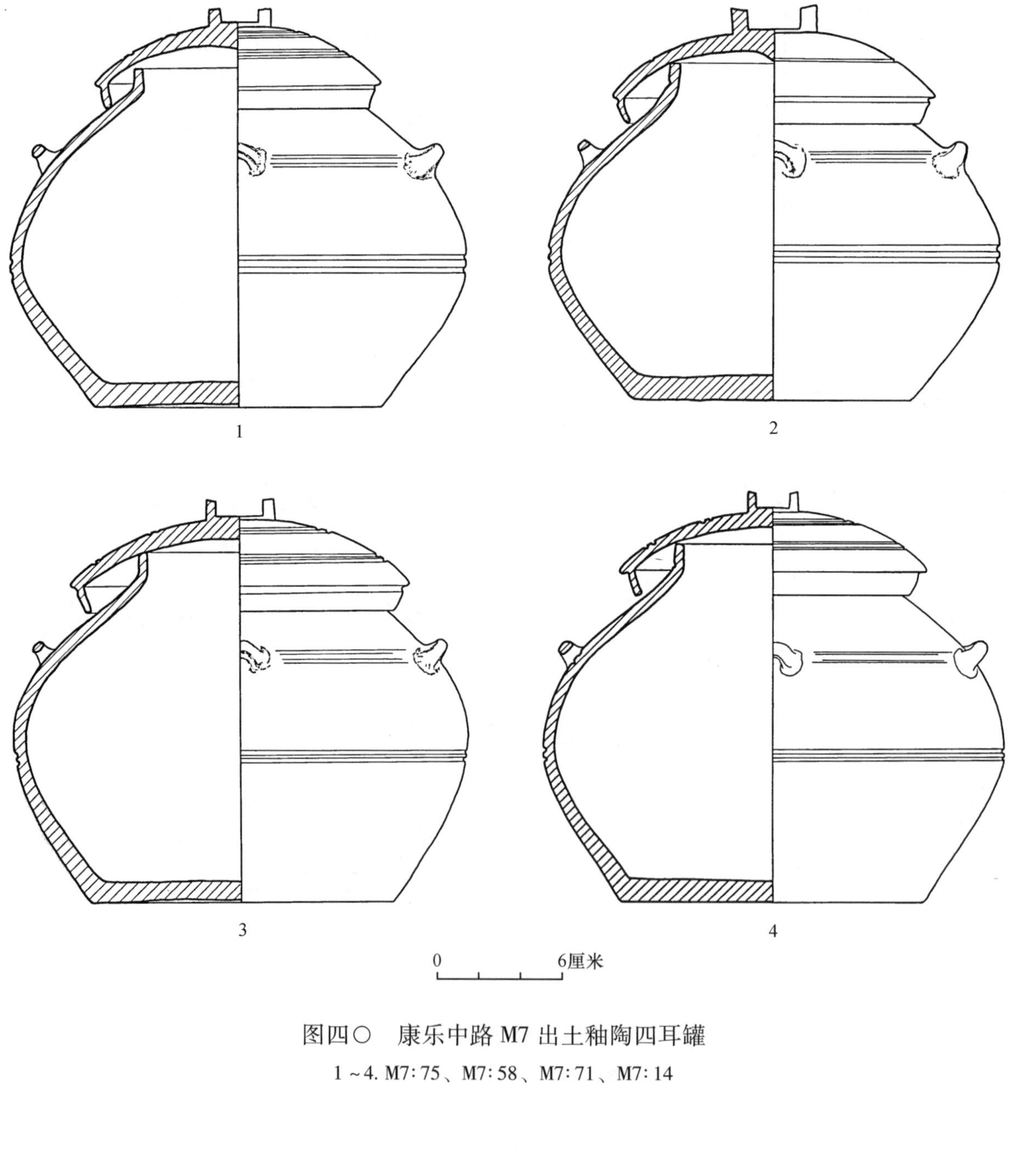

图四〇　康乐中路M7出土釉陶四耳罐

1～4. M7∶75、M7∶58、M7∶71、M7∶14

M7:51，施酱绿釉。盖顶面饰凹弦纹二组四周。罐斜方唇，平底微凹。肩、腹部各饰凹弦纹二周。口径10.2、腹径21.7、底径14.6、通高19.4厘米（图三九，3；图版二三，5）。

M7:58，施釉，剥落殆尽。盖面饰凹弦纹一周。罐方唇，平底。肩、腹部各饰凹弦纹二周。口径9.8、腹径21.4、底径13.2、通高18.6厘米（图四〇，2；图版二三，6）。

M7:59，施酱绿色釉，局部剥落。盖面饰凹弦纹二周。罐斜方唇，平底。肩、腹部各饰凹弦纹二周。口径10、腹径20.8、底径15.2、通高17厘米（图四一，1；图版二四，1）。

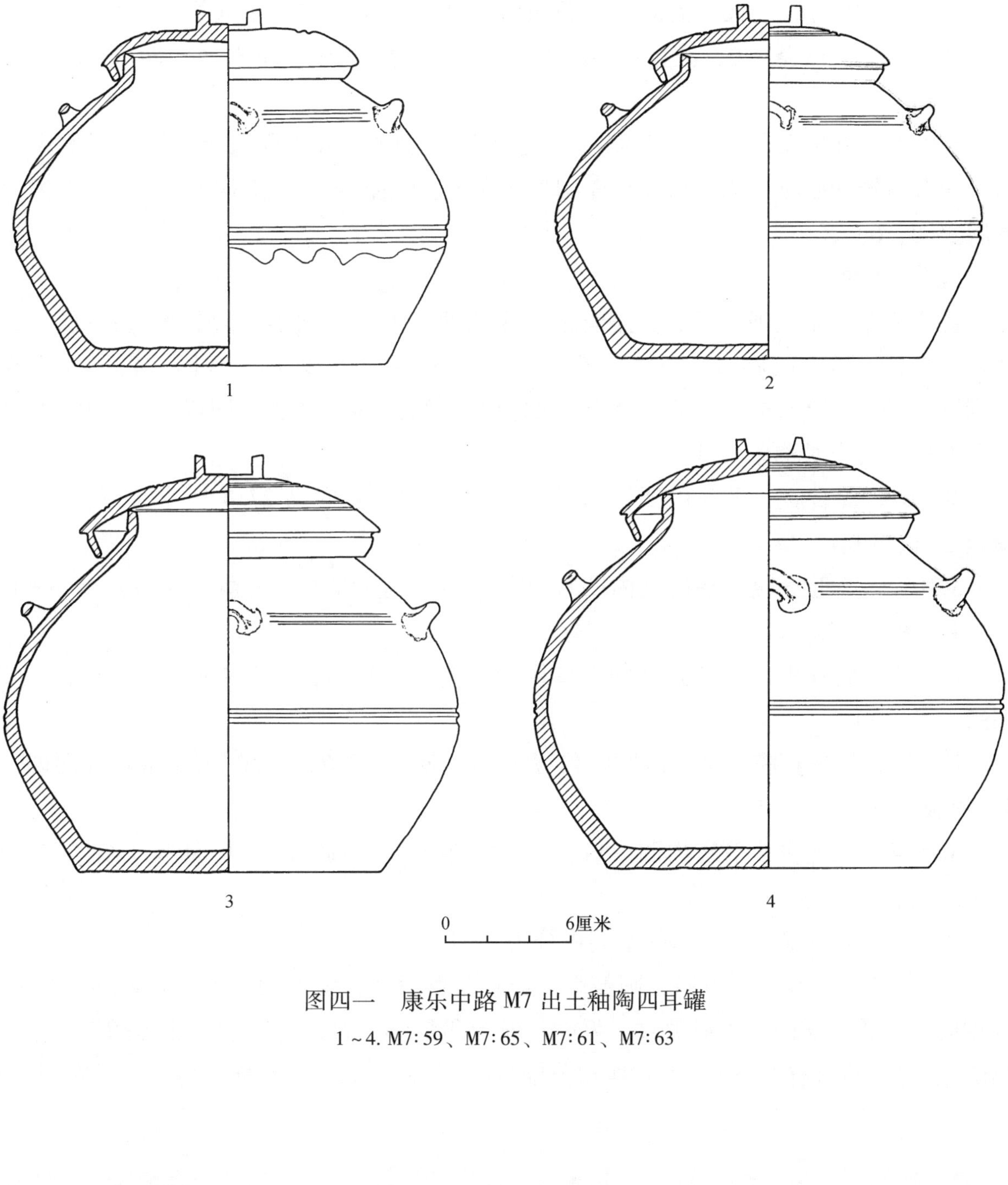

图四一 康乐中路M7出土釉陶四耳罐

1～4. M7:59、M7:65、M7:61、M7:63

M7:61，施酱绿色釉。盖面饰凹弦纹二组四周。罐斜方唇，平底。肩、腹部各饰凹弦纹二周。口径9.6、腹径21.8、底径14.8、通高19厘米（图四一，3；图版二四，2）。

M7:63，施酱绿色釉，大部分剥落。盖面饰凹弦纹二组四周。罐方唇，平底。肩、腹部各饰凹弦纹二周。口径10、腹径22.4、底径15.4、通高20.6厘米（图四一，4；图版二四，3）。

M7:65，施深绿色釉，部分剥落。盖面饰凹弦纹二周。罐斜方唇，平底。肩、腹部各饰凹弦纹二周。口径8.4、腹径20.4、底径14.8、通高17厘米（图四一，2；图版二四，4）。

M7:71，施酱绿色釉。盖面饰凹弦纹二组四周。罐方唇，平底微凹。肩、腹部各饰凹弦纹二周。口径9.6、腹径21.8、底径14.6、通高19.4厘米（图四〇，3；图版二四，5）。

M7:75，施酱绿色釉，局部剥落。盖面饰凹弦纹二组四周。罐方唇，平底微凹。肩、腹部各饰凹弦纹二周。口径9.8、腹径21.6、底径14、通高19厘米（图四〇，1；图版二四，6）。

提筒　5件。

皆为灰胎，胎质硬，器身及盖面施酱绿色釉，大部分剥落。形制大致相同，器身修长，带盖。盖方圆唇，口内敛，弧面，面饰凹弦纹二组四周，顶附“凹”字形钮。筒圆唇，子口，直腹或近直腹，腹部饰凹弦纹二组四周，平底内凹或平底微内凹。腹壁上部横置两个对称条形耳。

M7:67，筒直腹，平底内凹。口径18、底径18.6、通高27.4厘米（图四二，1；图版二五，1）。

M7:69，筒近直腹，平底微内凹。口径17.6、底径17.6、通高27.7厘米（图四二，4；图版二五，2）。

M7:70，筒直腹，平底微内凹。口径18、底径20、通高27.4厘米（图四二，2；图版二五，3）。

M7:72，筒近直腹，平底内凹。口径17.7、底径17.6、通高27.6厘米（图四二，5；图版二五，4）。

M7:74，筒直腹，平底内凹。口径17.9、底径18、通高27.6厘米（图四二，3；图版二六，1）。

壶　5件。根据口、腹部的不同可分为二型。

A型　2件。盘口，方唇，圆鼓腹。器身及盖面施酱绿色釉，大部分剥落。形制大致相同，带盖，盖圆唇，口敛收，弧面，面饰凹弦纹二周，附“凹”字形钮。壶束颈，高圈足。肩部对称横置两个条形耳和兽铺首衔环各一对，腹部饰凹弦纹二组四周，圈

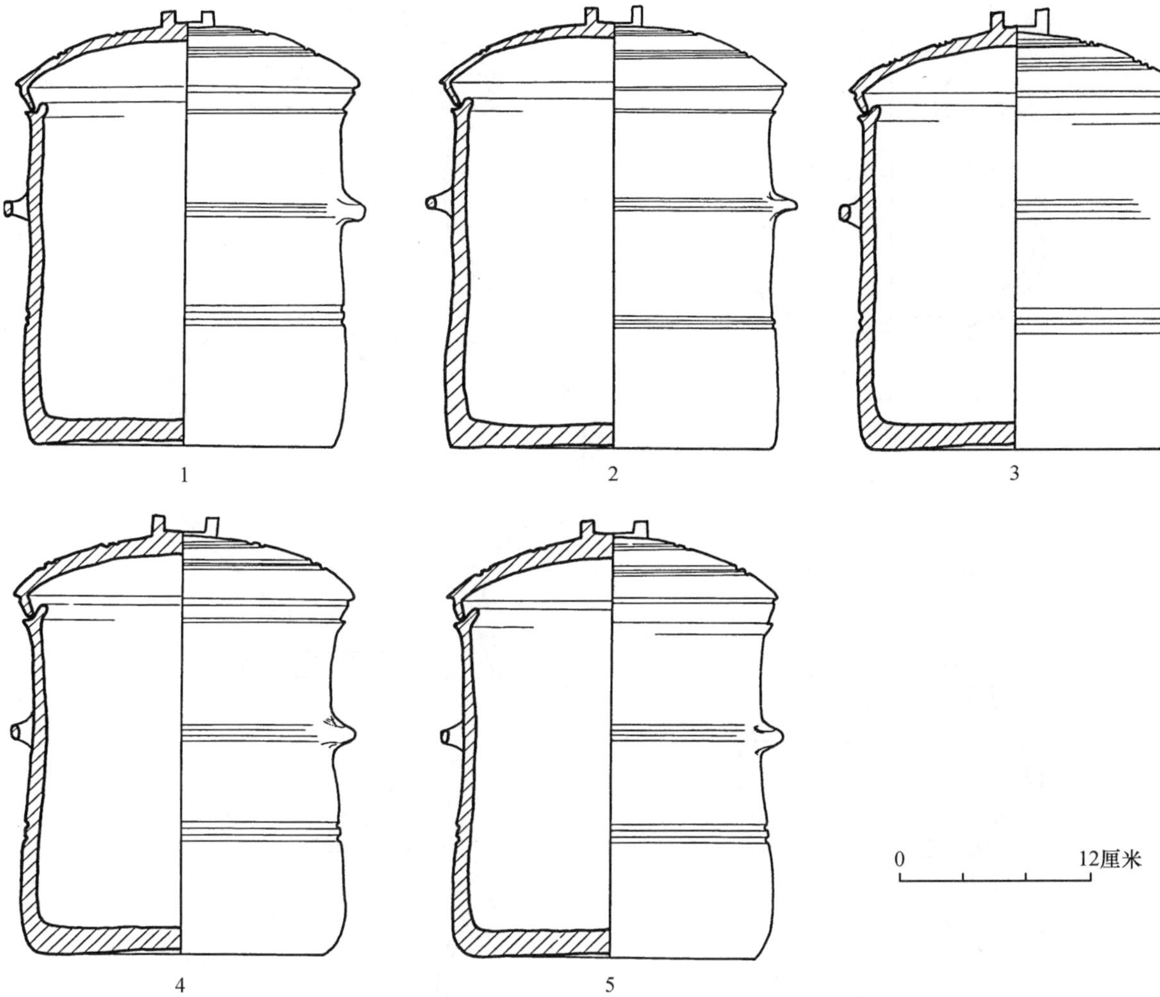

图四二　康乐中路 M7 出土釉陶提筒
1～5. M7∶67、M7∶70、M7∶74、M7∶69、M7∶72

足上部起二道凸棱，偏下饰凹弦纹一周，与耳对应处穿两个圆孔。

M7∶47，灰白胎，胎质硬。颈与肩部饰叶脉纹，颈部饰凹弦纹一周。口径 16、腹径 28、底径 17.4、通高 41.6 厘米（图四三，5；图版二六，2）。

M7∶48，灰胎，胎质硬。口径 16、腹径 27.9、底径 17.2、通高 41.9 厘米（图四三，4；图版二六，3）。

B 型　3 件。盘口，斜方唇，唇下起二道凸棱，扁圆腹。

器身施酱绿釉，大部分剥落。形制大致相同，无盖，束颈，高圈足，圈足微起凸棱。颈、肩、腹部各饰凹弦纹一周，肩部对称横置两个条形耳，圈足与耳对应处穿两个圆孔。

M7∶50，灰白胎，胎质硬。口径 10、腹径 19.2、底径 12.8、高 23 厘米（图四三，1；图版二六，4）。

图四三　康乐中路 M7 出土釉陶壶

1～3. B 型（M7∶50、M7∶60、M7∶64）　4、5. A 型（M7∶48、M7∶47）

M7∶60，灰胎，胎质硬。口径 11、腹径 19.4、底径 12.2、高 23 厘米（图四三，2；图版二七，1）。

M7∶64，灰胎，胎质硬。口径 11.4、腹径 19.6、底径 13.4、高 23.6 厘米（图四三，3；图版二七，2）。

鼎　2 件。

M7∶24，灰白胎，胎质硬，施釉，基本全部剥落。由盖和鼎身组成。盖敞口，方唇，弧面，顶饰三个圆环，环上有乳突。盖面饰凹弦纹三组各二周。鼎身圆唇，子口，折腹，平底微内凹，下附三兽形足。上腹部直立对称长方形耳一对，耳饰长方形镂孔及刻划叶脉纹，折腹处饰凹弦纹一周。口径 19.6、腹径 25.2、底径 15.2、通高 24 厘米（图四四，1；图版二七，3）。

M7∶25，灰胎，胎质硬，器身及盖面施酱绿釉，施釉不均匀，大部分剥落。由盖

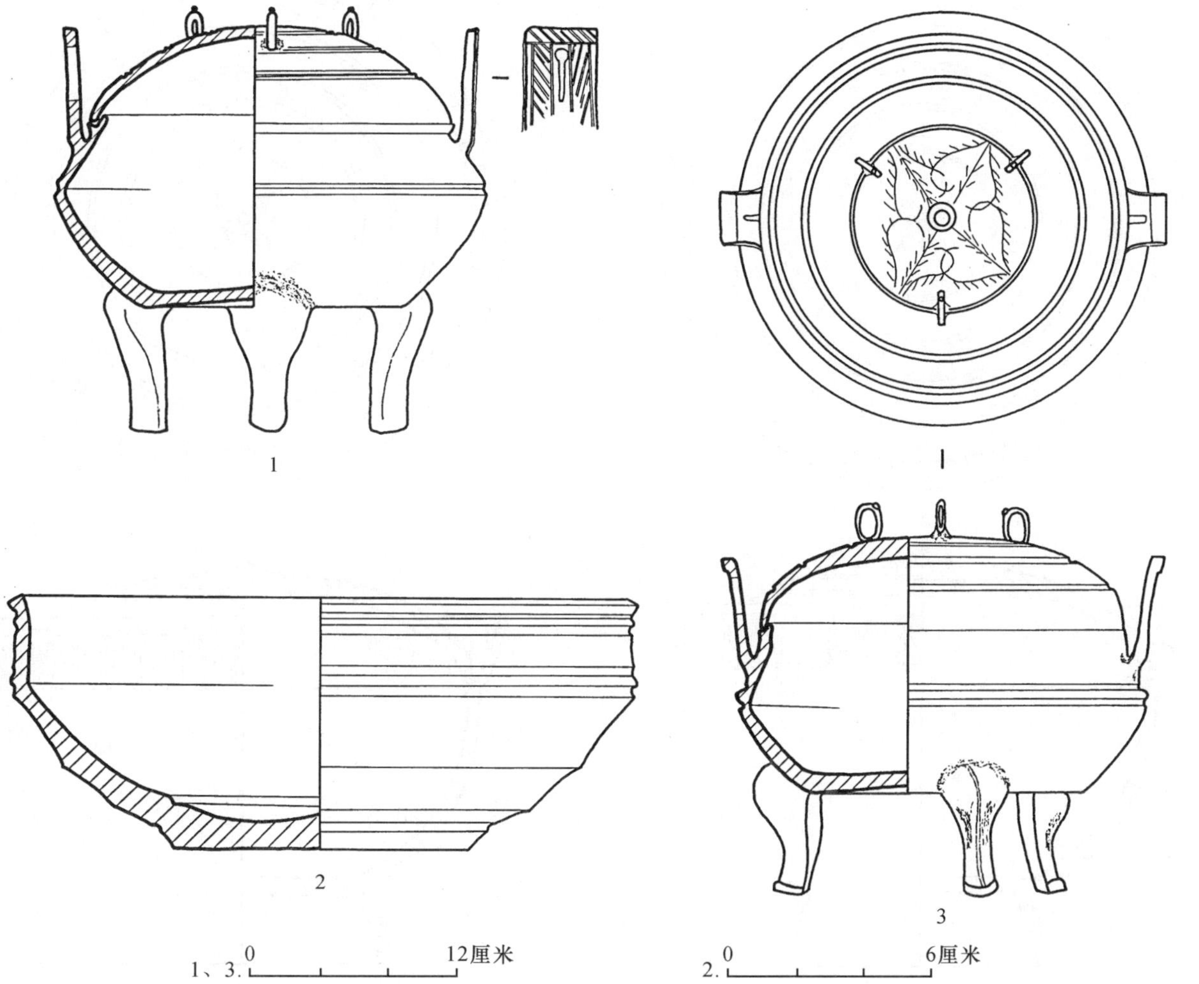

图四四　康乐中路 M7 出土釉陶鼎、盆

1、3. 釉陶鼎（M7∶24、M7∶25）　2. 釉陶盆（M7∶12）

和鼎身组成。盖敞口，方唇，弧面。盖顶刻划四叶纹及饰凹弦纹三周和三个圆环，环上有乳突。鼎身圆唇，子口，折腹，平底微内凹，下附三兽形足，略外撇。上腹部直立对称长方形耳一对，耳饰长方形镂孔，折腹处饰凹弦纹二周。口径20.8、腹径24.6、底径16.7、通高23.1厘米（图四四，3；图版二七，4）。

簋　2件。

M7:46，灰白胎，胎质硬，施釉，基本全部剥落。盖方唇，盖面呈弧形，顶有小圆孔一对。盖顶中央有乳突一个，乳突周围模印四叶纹。盖面饰凹弦纹四周。簋广口内敛，高唇，深弧腹，高圈足，圈足微起凸棱。唇间饰长方形镂孔，外饰叶脉纹及凹弦纹四周。口径27.6、底径15.2、通高24.8厘米（图四五，1；图四六，3、6；图版二八，1）。

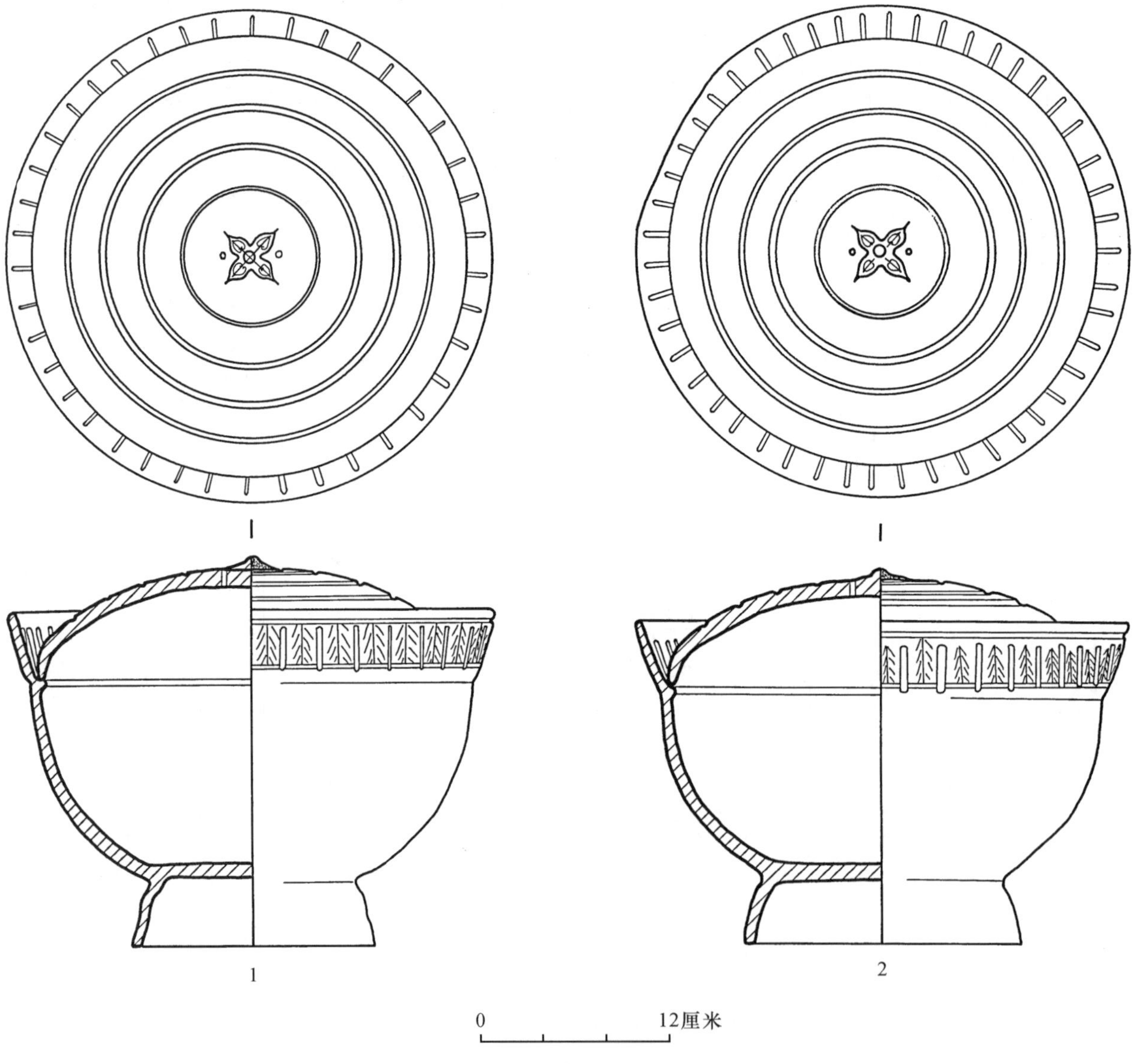

图四五　康乐中路M7出土釉陶簋

1. M7:46　2. M7:53

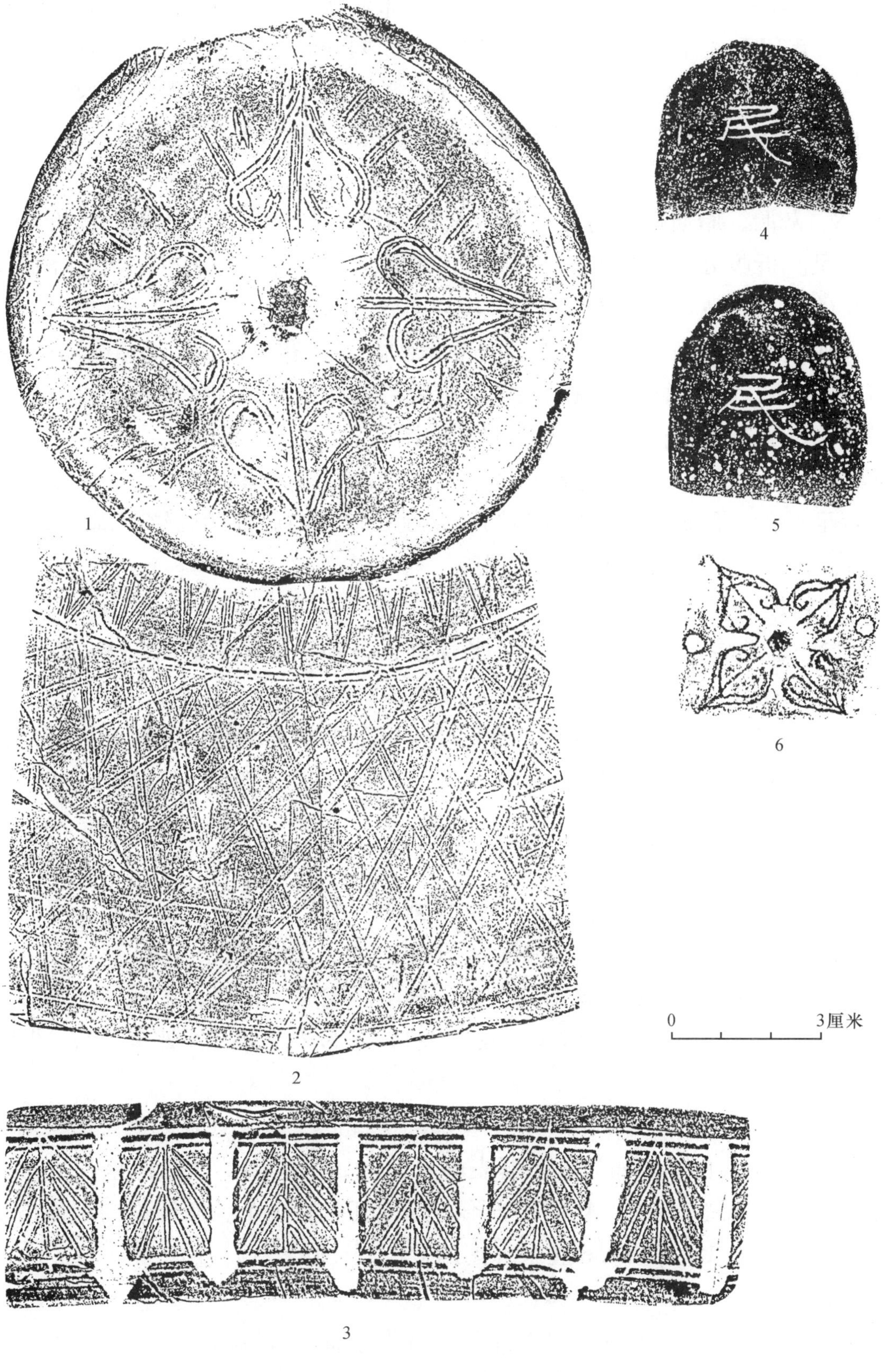

图四六　康乐中路 M7 出土器物纹饰拓片

1、2. M7∶33　3、6. M7∶46　4. M7∶40　5. M7∶32

M7∶53，灰白胎，胎质硬，施釉，基本全部剥落。盖方唇，盖面呈弧形，顶有小圆孔一对。盖顶中央有乳突一个，乳突周围模印四叶纹。盖面饰凹弦纹四周。簋广口内敛，高唇，深弧腹，高圈足。唇间饰长方形镂孔，外饰叶脉纹及凹弦纹二周。口径26.4、底径17.6、通高24厘米（图四五，2；图版二八，2）。

盆 3件。

M7∶8，灰胎，胎质硬，施釉，基本全部剥落。尖圆唇，口微侈，宽折沿、单折腹。假圈足。折腹处饰凹弦纹二周，腹部饰篦点纹，外下腹有12个支烧痕。口径23.6、底径12.4、高8厘米（图四七，10；图版二八，3）。

M7∶80，灰胎，胎质硬。器物局部施青绿釉，器内有积釉。口部微变形，尖圆唇，口微侈，宽折沿、单折腹。平底微内凹。折腹处饰凹弦纹二周，内折腹处及底各饰凹弦纹一周。口径22、底径11.2、高7厘米（图四七，8；图版二八，4）。

M7∶12，灰胎，胎质硬，施釉，基本全部剥落。斜方唇，口微侈，沿下内束，双折腹，台足平底。沿下及上折腹处各饰凹弦纹二周，内底饰凹弦纹一周。口径18.1、底径8.6、高7.4厘米（图四四，2；图版二八，5）。

钵 2件。

M7∶23，器物轮制痕明显。灰胎，胎质硬，施釉，基本剥落。方唇，深弧腹，平底微内凹。口径16.8、底径7.7、高7.4厘米（图四七，11；图版二八，6）。

M7∶62，器物稍变形。灰白胎，胎质硬，施釉，基本剥落。圆唇，口微敛，深弧腹，圜底。外沿下饰凹弦纹四周。口径16～17.7、高7.8厘米（图四七，9；图版二九，1）。

釜 2件。

M7∶41，泥质灰白胎，施酱黄釉，基本剥落。方唇，盘口，扁鼓腹，平底。口径6.3、腹径7.6、底径3.4、高4.4厘米（图四七，2；图版二九，2）。

M7∶42，泥质灰胎，施酱黄釉，大部分剥落。尖唇，侈口，束颈，扁鼓腹，下腹微内收，平底。口径5.8、腹径7.6、底径4.1、高5.2厘米（图四七，7；图版二九，3）。

灶 1件。

M7∶5，泥质灰白胎，陶质硬。器表施青黄釉，基本剥落。灶体呈长方形，有额墙，烟突残，灶身前窄后宽，灶门长方形，灶面开釜眼3个，额墙饰刻划菱格加短线纹。通长36.6、宽12、高20.6厘米（图四七，3；图版三〇，1）。

魁 1件。

M7∶26，灰白胎，胎质硬，器表部分施黄褐色釉。方圆唇，弧腹，假圈足。把手呈龙首形。口径16、底径9.6、高8.2厘米（图四七，1；图版二九，5）。

盒 1件。

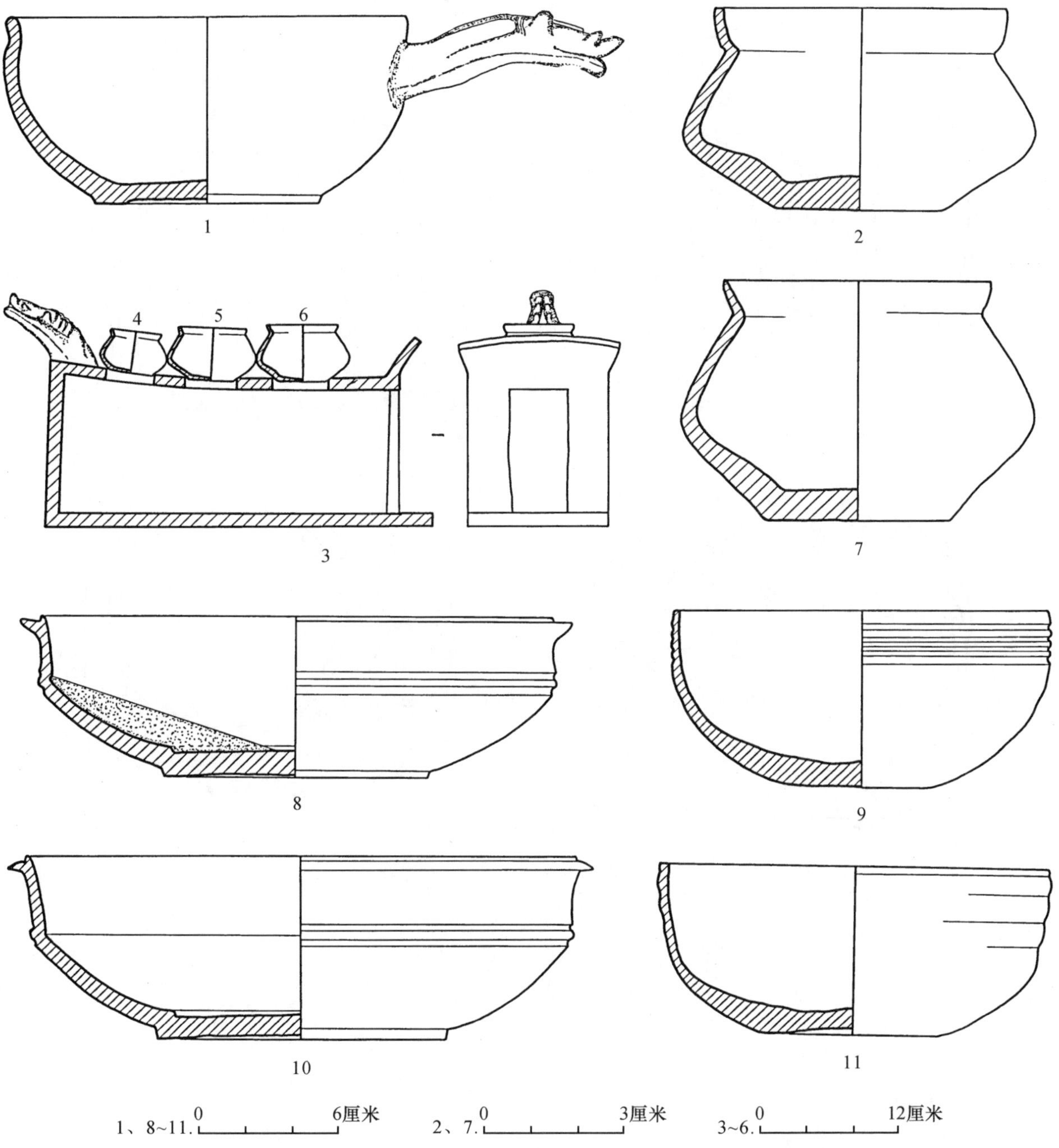

图四七　康乐中路 M7 出土釉陶魁、釜、钵、盆、灶及陶釜

1. 釉陶魁（M7∶26）　2、7. 釉陶釜（M7∶41、M7∶42）　3. 釉陶灶（M7∶5）　4 ~ 6. 陶釜（M7∶11、M7∶77、M7∶22）　8、10. 釉陶盆（M7∶80、M7∶8）　9、11. 釉陶钵（M7∶62、M7∶23）

M7∶33，灰白胎，胎质硬，施釉，全部剥落。盖斜方唇，弧面平顶，中立乳钉，钉周刻划四叶纹，边缘饰一周凸棱，凸棱外分卧三只羊及刻划双线曲折纹。盖面饰双线菱格纹，菱格内刻划短双线。盒身子口，深弧腹，圈足外撇。器腹饰双线菱格纹，在菱格纹上下各饰凹弦纹一周。口径 23. 2、底径 15. 6、通高 22 厘米（图四六，1、2；图四八，1；图版二九，4）。

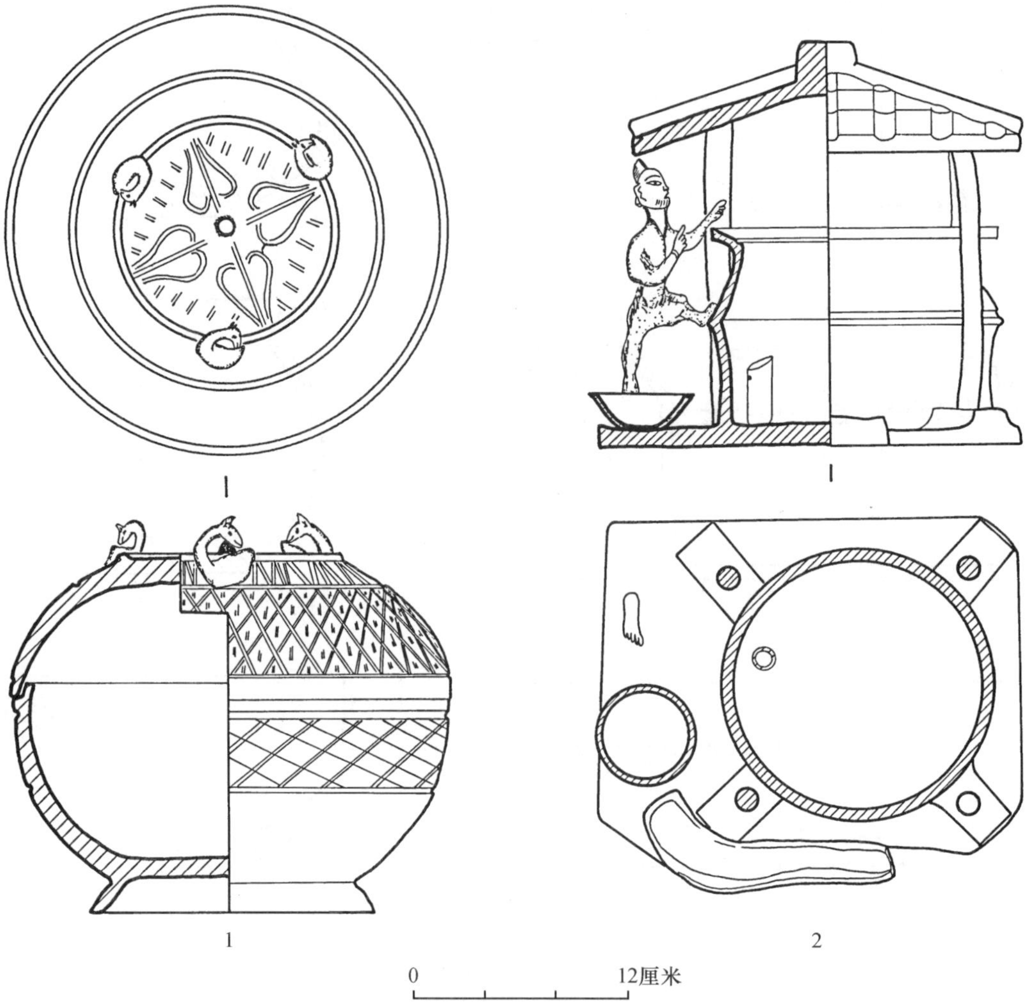

图四八　康乐中路 M7 出土釉陶盒、井

1. 釉陶盒（M7∶33）　2. 陶井（M7∶7）

（2）陶器

釜　3 件。位于釉陶灶上。形制基本相同。圆唇，侈口，短束颈，扁垂腹，平底。

M7∶22，泥质橙红陶，陶质硬。口径 6、腹径 7.8、底径 4、高 4.9 厘米（图四七，6；图版三四，5）。

M7∶77，泥质红陶，陶质硬。口径 5.7、腹径 7.6、底径 3.8、高 3.5 厘米（图四七，5；图版三四，3）。

M7∶11，泥质橙黄陶，陶质硬。口径 4.4、腹径 5.7、底径 3.8、高 3.5 厘米（图四七，4；图版三四，4）。

豆　9 件。根据口沿和腹部的不同可分二型。

A 型　7 件。圆唇，侈口，垂折腹。7 件皆为泥质橙黄陶，施黑衣朱红彩，部分剥落。折腹处饰凹弦纹一周，高圈足外撇，内底下凹或内底微下凹。

M7∶15，内底下凹。口径 10.4、底径 5.6、通高 5.6 厘米（图四九，1；图版三一，1）。

M7∶30，内底微下凹。口径 10.2、底径 6.6、高 5.6 厘米（图四九，2；图版三一，2）。

M7∶34，内底微下凹。口径 10.4、底径 6.4、高 5.8 厘米（图四九，3；图版三一，3）。

M7∶35，器物略变形，内底下凹。口径 10.4、底径 6.4、高 5.6 ~ 5.8 厘米（图四九，4；图版三一，4）。

M7∶36，内底下凹。口径 10.2、底径 6.4、高 5.5 厘米（图四九，5；图版三一，5）。

M7∶38，内底微下凹。口径 10、底径 6.2、通高 5.5 厘米（图四九，6；图版三一，6）。

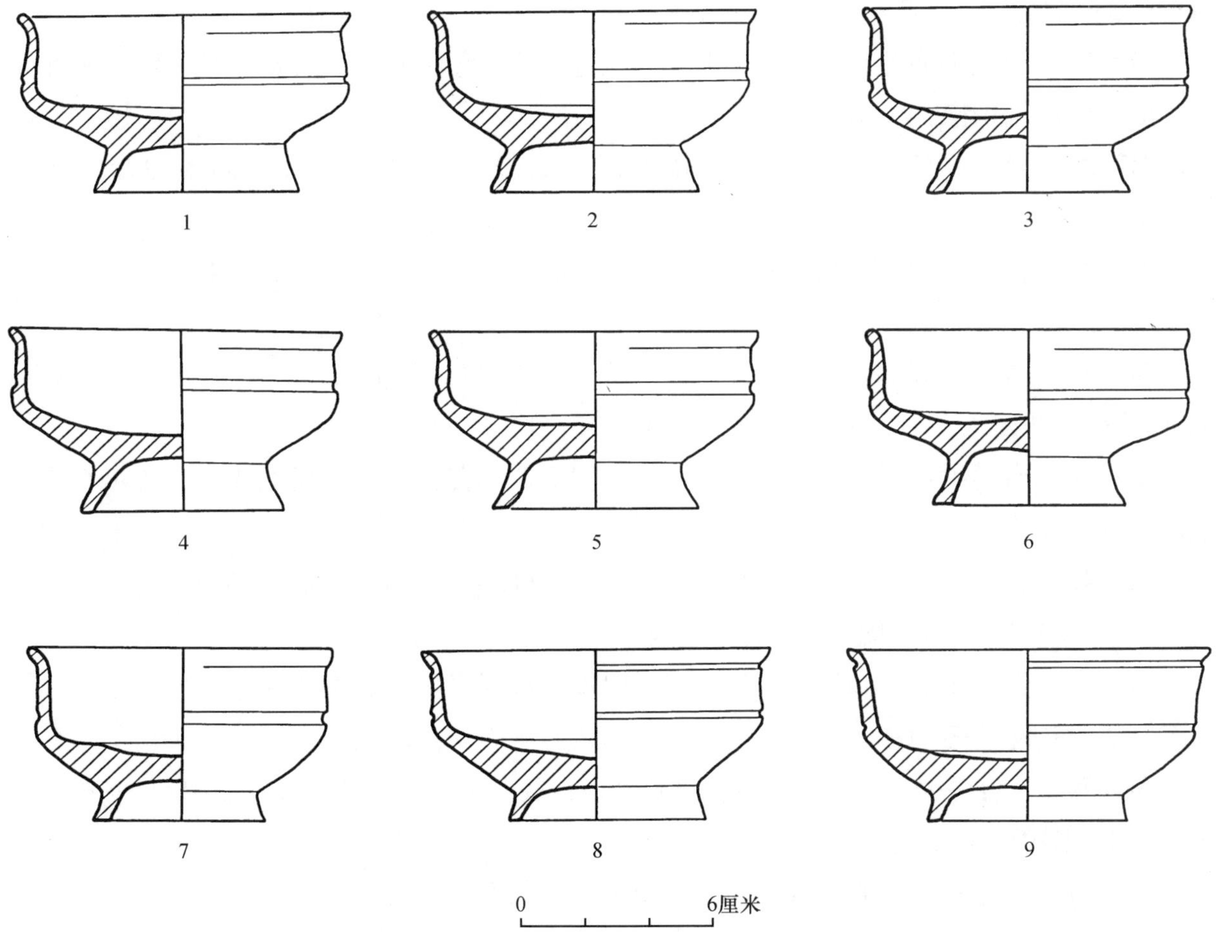

图四九　康乐中路 M7 出土陶豆

1 ~ 7. A 型陶豆（M7∶15、M7∶30、M7∶34、M7∶35、M7∶36、M7∶38、M7∶56）　8、9. B 型陶豆（M7∶19、M7∶78）

M7∶56，内底微下凹。口径9.6、底径5.2、高5.4厘米（图四九，7；图版三二，1）。

B型　2件。尖唇，敞口，折腹。皆为泥质橙黄陶，施黑衣朱红彩，部分剥落，矮圈足外撇。沿下及折腹处各饰凹弦纹一周。

M7∶19，豆盘略变形，内底微下凹。口径11～11.6、底径6.2、高5.4厘米（图四九，8；图版三二，2）。

M7∶78，内底微凹。口径11.4、底径6.3、高5.4厘米（图四九，9；图版三二，3）。

耳杯　11件。形制大致相同。皆为泥质红褐陶，陶质硬，器身施朱红色陶衣，大部分已剥落。椭圆形，敞口，两侧弯月形耳，耳内侧低于杯口，外侧高于杯口，台足平底或台足平底微凹。其中2件底部有刻划符号。

M7∶4，台足平底。口长14.4、口宽10.8、底长7.8、底宽4.4、高5.2厘米（图五〇，1；图版三二，4）。

M7∶10，台足平底。口长16.6、口宽10.8、底长9.7、底宽6、高5.6厘米（图五〇，3；图版三二，5）。

M7∶16，台足平底微凹。口长11.4、口宽7.4、底长6.8、底宽4.7、高4.4厘米（图五一，3；图版三二，6）。

M7∶21，台足平底。口长14、口宽10.2、底长7.8、底宽4.3、高5厘米（图五〇，4；图版三三，1）。

M7∶31，台足平底微凹。口长11.4、口宽7.4、底长6.5、底宽4、高4.6厘米（图五一，2；图版三三，2）。

M7∶32，台足平底。器底刻划符号“尾”。口长11、口宽6.8、底长6.6、底宽4、高4厘米（图四六，5；图五一，6；图版三三，3）。

M7∶39，台足平底微凹。口长10.4、口宽7.2、底长6.5、底宽4.4、高4.4厘米（图五一，4；图版三三，4）。

M7∶40，台足平底。器底刻划“尾”。口长11.4、宽6.8、底长6.5、宽4.3、高4.3厘米（图四六，4；图五一，5；图版三三，5）。

M7∶66，台足平底。口长14.2、口宽10.2、底长7.8、底宽4.4、高5.4厘米（图五〇，2；图版三三，6）。

M7∶79，台足平底。口长11.6、口宽7.6、底长6.7、底宽4.3、高4.4厘米（图五一，1；图版三四，1）。

M7∶81，台足平底。口长14、口宽10.4、底长7.8、底宽4.4、高5.2厘米（图五〇，5；图版三四，2）。

井　1件。

M7∶7，由亭和井组成。亭为泥质橙红陶，陶质软。亭顶近方形，四阿式庑殿顶，正中有脊，坡上有瓦垄。井为泥质灰胎，陶质硬。圆形井栏，长方形地台，地台四角

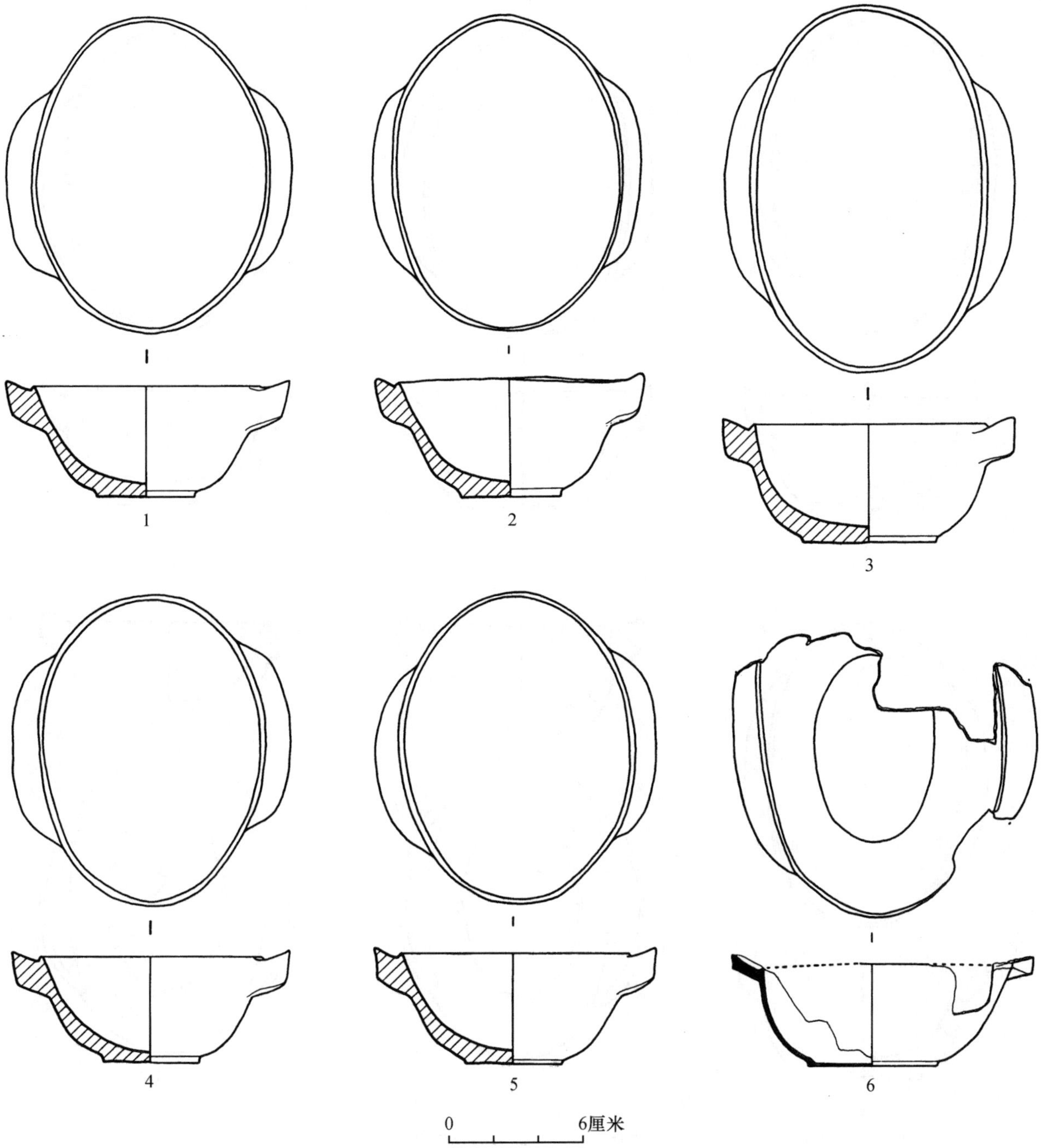

图五〇　康乐中路M7出土陶耳杯及铜耳杯
1～5. 陶耳杯（M7:4、M7:66、M7:10、M7:21、M7:81）　6. 铜耳杯（M7:55）

有方形柱础，中有圆孔，孔内插亭柱。井边站立一人，大耳朵，高鼻梁，大眼突凸，头挽高髻，右脚立于地台上，左脚踏在井栏上，双手伸出作取水状。井内有一小水桶，桶斜口，直腹，底微凹，桶壁上部穿两个小圆孔。人前放置一水盆，盆靠近井旁的排水槽。井口径16、井高11、通高22.4厘米，地台长23.4、宽20.8厘米（图四八，2；图版三五，1）。

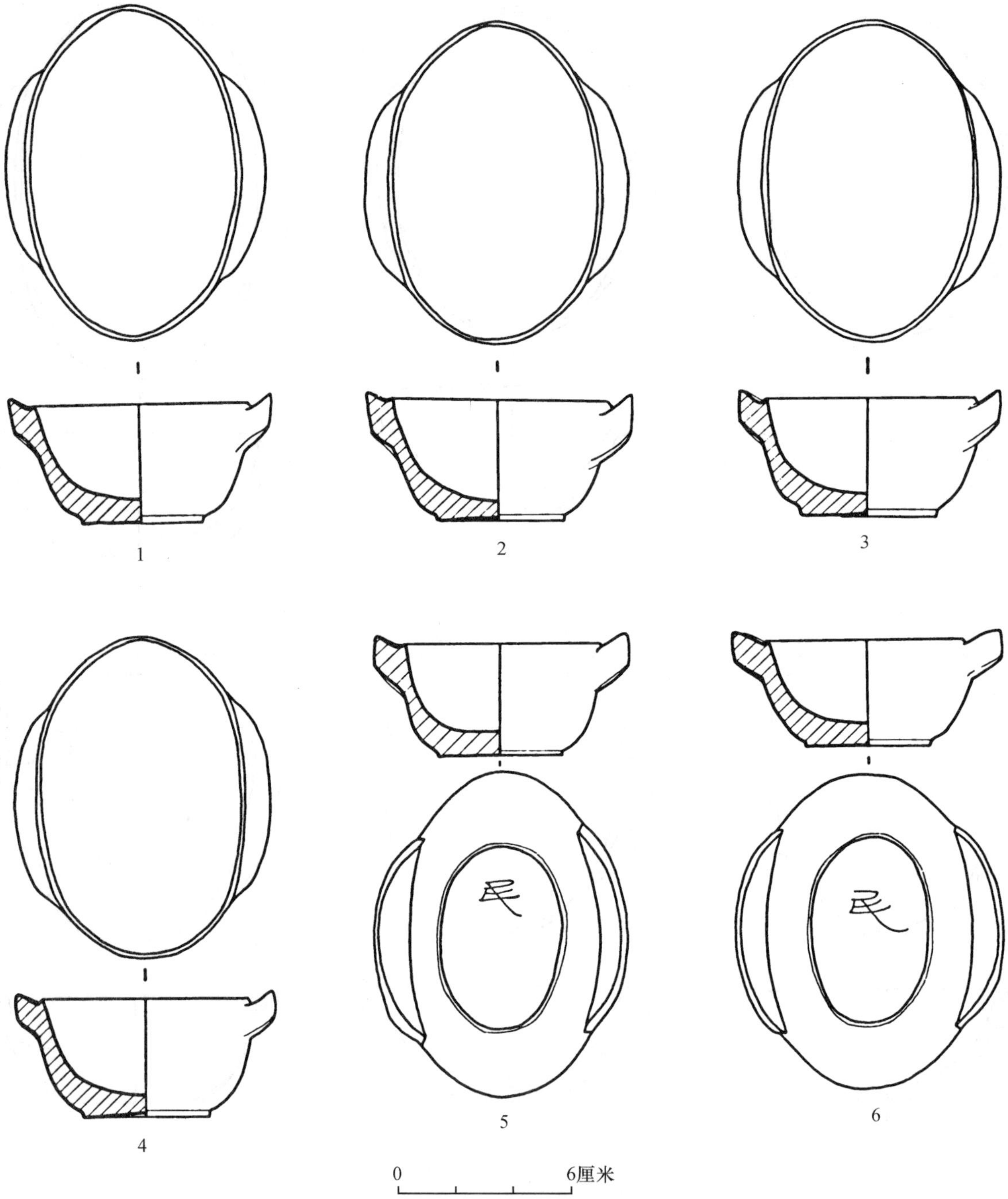

图五一　康乐中路 M7 出土陶耳杯

1. M7∶79　2. M7∶31　3. M7∶16　4. M7∶39　5. M7∶40　6. M7∶32

仓　1 件。

M7∶57，泥质橙红陶，陶质硬。平面作长方形，底有四孔，干栏式。前为横廊，后为仓室。正面中间开长方形门口，两侧为菱形镂孔方窗。隔墙正中设门，两扇门上各饰门环，横廊两端置棂条窗。悬山式两坡屋顶，瓦垄上刻划线条以示铺板瓦。两侧

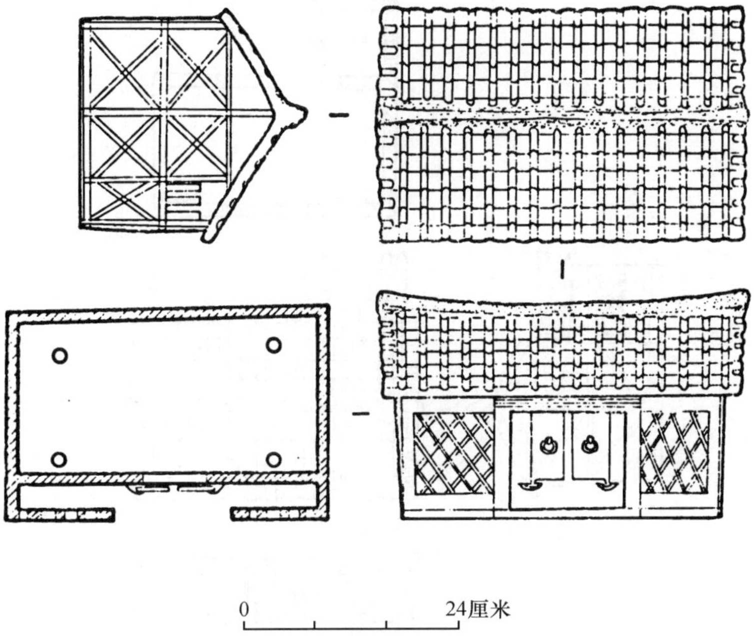

图五二　康乐中路 M7 出土陶仓（M7∶57）

山墙及后墙刻划横、直、斜线纹，表示柱枋梁架。长 36、宽 24、高 25.7 厘米（图五二；图版三六）。

屋　2 件。

M7∶1，泥质红褐陶，陶质硬，平面作长方形。分前、后两部分，前为房屋与庭院，后为回廊与猪舍。房屋的正中设单开门，在门的中部饰兽铺首衔环。门的左侧为直棂窗，窗棂间饰叶脉纹，窗下为一墙洞。门右上方为双气孔，下面墙体饰网状菱格纹。悬山式两坡屋顶，上面刻划线条以示铺板瓦。两侧山墙划横、直、斜线纹，表示柱枋梁架。屋的左边为庭院，围墙上刻划横、竖直线纹，表示砖柱。屋的后面为回廊，回廊的地面戳压不规则圆点，以示为铺地板，墙体上为悬山式两坡瓦垄，瓦垄上刻划线条表示铺瓦。在回廊的地面上放置一灶台模型。回廊的左面为猪舍，内卧一头母猪（M7∶2）及一头小猪仔（M7∶3），造型生动。长 40、宽 24、高 22 厘米（图五三，2；图版三七）。

M7∶9，泥质红褐陶，陶质硬。平面呈曲尺形，分前、后两部分，前为正屋，后为厕所。正屋两边各设长方形单开门，在门上饰兽铺首衔环。正屋的前墙中间为直棂窗，窗棂上刻划叶脉纹，窗下刻划横、直、斜线纹。悬山式两坡屋顶，排列瓦垄，瓦垄上刻划线条以示铺板瓦。在两侧山墙上刻划横、直、斜线纹，表示柱枋梁架。在山墙的顶部开两个三角形气孔。正屋的后面为厕所，厕所明显低于正屋，在厕所正中为厕坑，两边墙体开直棂窗，窗棂上饰叶脉纹，屋顶与正屋相同，也为悬山式两坡屋顶，瓦垄上刻划线条，以示铺瓦。长 27、宽 24、高 22 厘米（图五三，1；图版三八）。

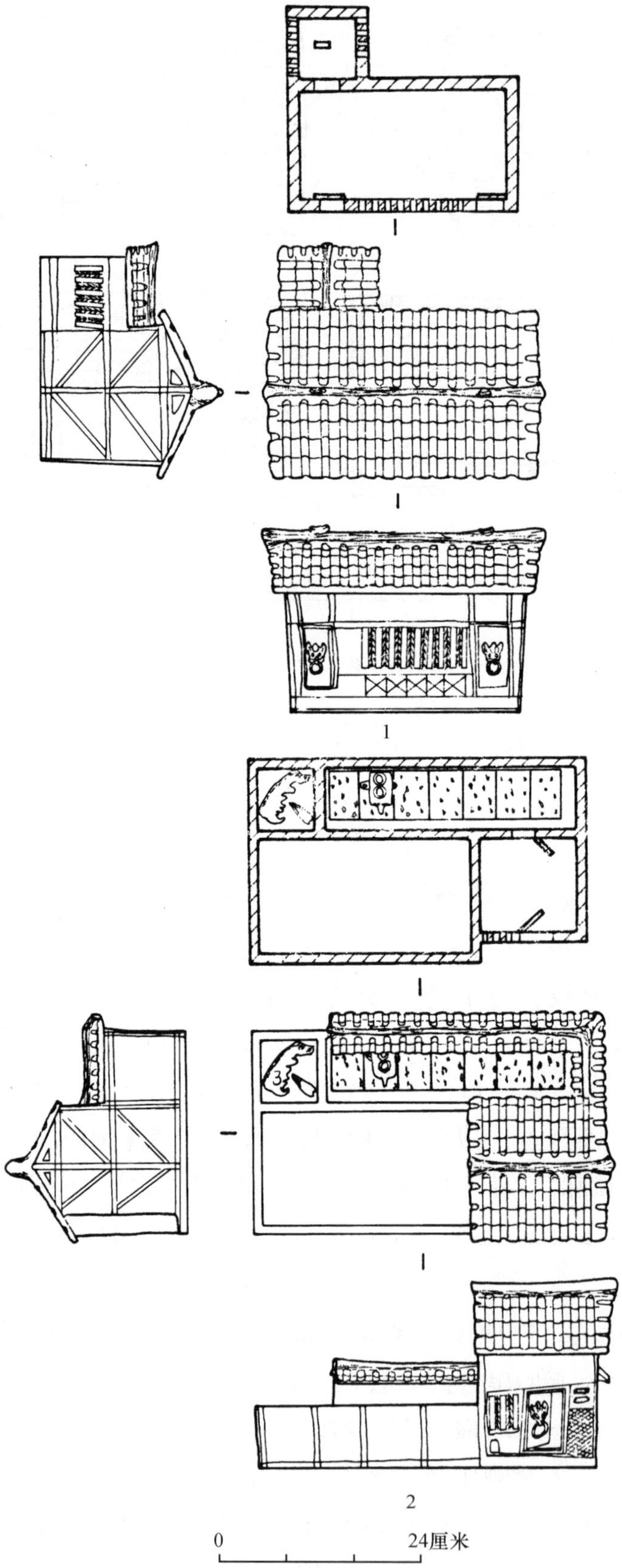

图五三　康乐中路 M7 出土陶屋

1. M7∶9　2. M7∶1

灯　1件。

M7:17，泥质红陶，陶质硬。由灯盏、灯座及连接两者的灯柱组成。灯盏呈碗形，方唇，斜直腹。灯座呈覆碟形，方圆唇。灯盏沿下及下腹部各饰凹弦纹一周。通高12.2、口径9.8、底径11.4厘米（图五四，4；图版三〇，3）。

套盒　1件。

M7:29，泥质浅灰褐陶。器物呈圆角长方形，有盖。盖方唇，直口，直腹，弧顶，顶面及腹部饰不规则刻划菱格纹。盒方唇，直口，直腹，平底。盖口径9.2~5.9、盒口径7.9~5、底径9.4~6.3、通高6.3厘米（图五四，3；图版三〇，2）。

（3）铜器

耳杯　2件。

M7:28，残。

M7:55，椭圆形，敞口，弧腹，平底，口沿处附两耳。口径10.8~12.8、底径5.5~8.4厘米（图五〇，6；图版三四，6）。

剑　1件。

M7:49，带鞘，剑身与剑鞘锈连在一起，鞘为木质，已朽。剑柄仅存一段朽木，中间有铜芯与剑身相穿。剑身狭长，截面椭圆形。剑长85.6、最宽3.5厘米（图五四，6；图版三五，2）。

（4）滑石器

璧　3件。

M7:44，残。部分残片上有墨线图案。

M7:37，残，灰白色。圆形，中穿孔。一面平素、略粗糙；一面涂朱，光滑平整。缘边隐约饰三周墨线，其内饰墨线菱格纹和模糊的几何纹。直径16.8、厚0.3~0.6厘米（图五四，2）。

M7:43，残，灰白色。圆形，中穿孔。一面平素，略粗糙；一面涂朱，光滑平整。平面隐约饰三周墨线，其内饰墨线菱格纹和几何纹。直径7.2、厚0.8~0.9厘米（图五四，1）。

（5）其他

珠饰　多件。

M7:45，穿孔。以质地和颜色大致分为四种（图五四，5；图版三五，3）。

玛瑙珠　1粒，长1.7、直径0.6厘米。

绿色料珠　7粒，扁圆形。

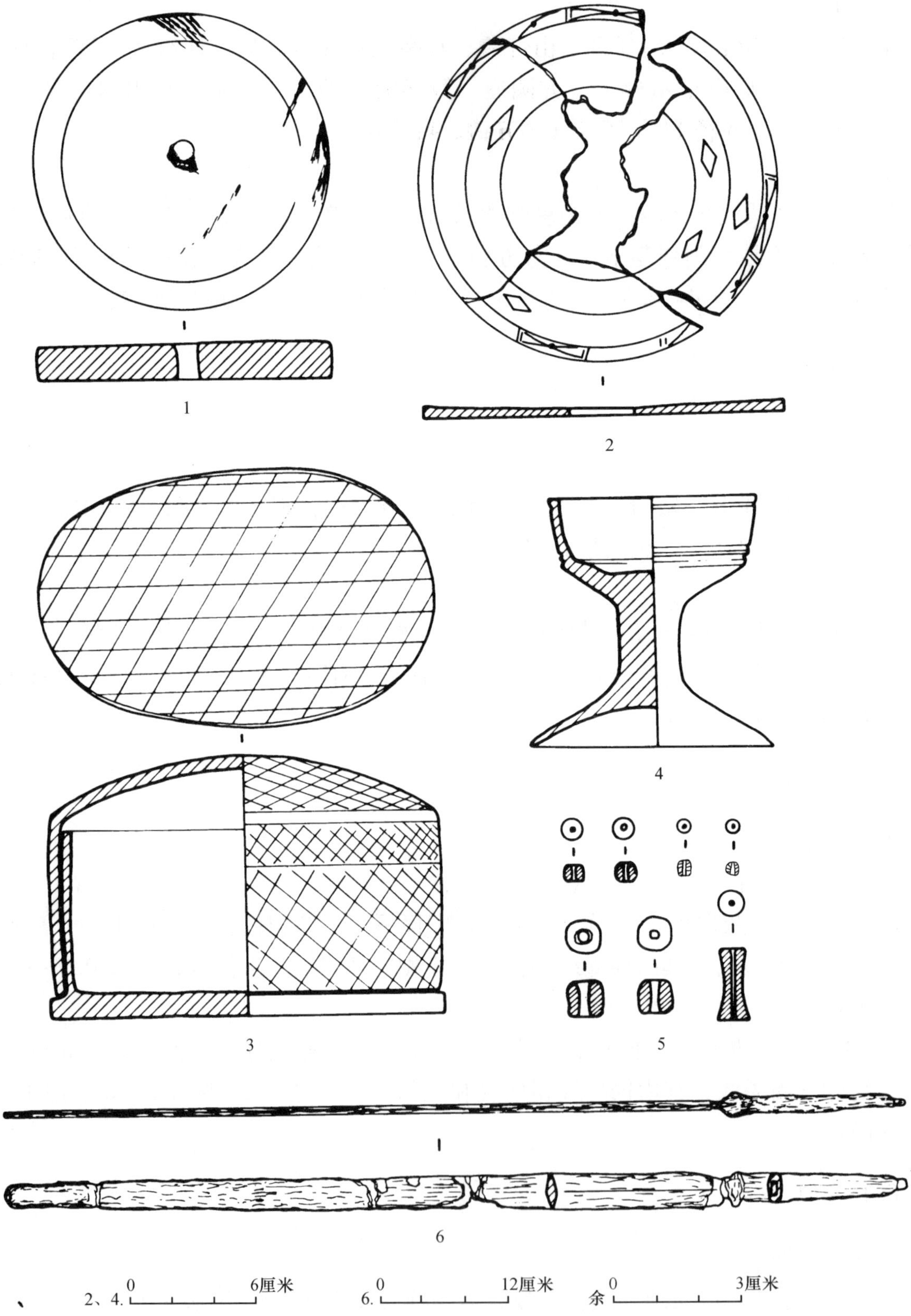

图五四　康乐中路M7出土陶灯、陶套盒、滑石璧及铜剑

1、2. 滑石璧（M7:43、M7:37）　3. 陶套盒（M7:29）　4. 陶灯（M7:17）　5. 珠饰（M7:45）　6. 铜剑（M7:49）

浅蓝色珠 2粒，扁圆形。

蓝色料珠最多，分大、小两种，共369粒，扁圆形，不甚规整，最小者直径为0.3厘米。

M9

1. 墓葬形制

M9位于T0402的西北角，向西跨入T0302的东北角、向北跨入T0403的西南角和T0303东南角。

M9为“亚”字形竖穴土坑墓，长610、宽350厘米，残深40厘米，方向72°（图五五；图版三九，1）。

M9开口于地表，填土为花土，以黄褐色为主，土质略硬。墓坑周壁垂直、平整。在墓底两端及中部各有横向的一条垫木沟槽，长度与墓圹相同，两端沟槽各宽50厘

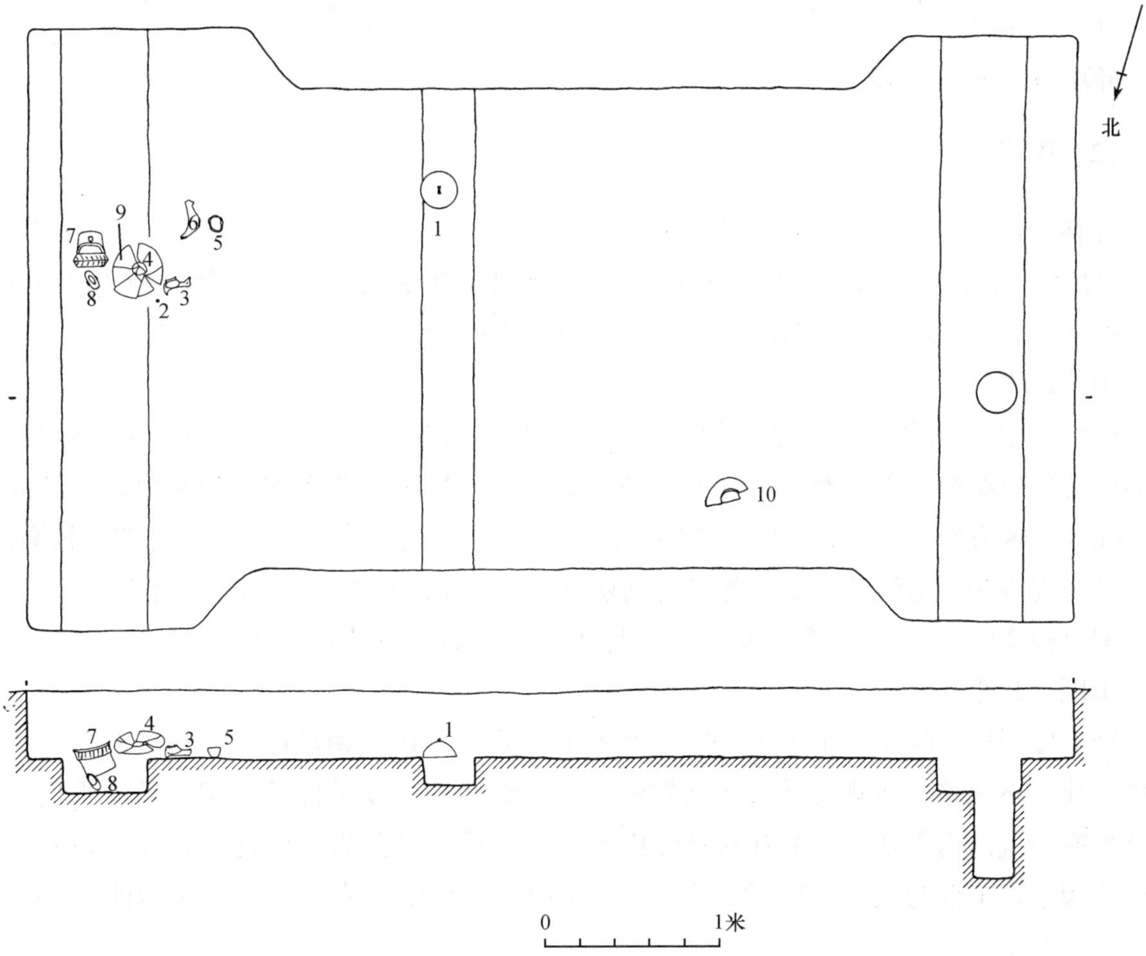

图五五 康乐中路M9平、剖面图

1. 陶囷 2. 珠饰 3、6. 陶鸭 4. 釉陶器盖 5、10. 釉陶罐（残） 7. 陶羊圈 8. 陶耳杯 9. 陶船

米、深20厘米，中部沟槽宽30厘米，深16厘米。在后端沟槽中间有一圆洞，直径24厘米，深50厘米，直壁圜底，壁面规整。

器物主要集中在墓室前端。未发现葬具及人骨。

2. 随葬器物

M9出土器物10件，分别为釉陶器盖、釉陶罐、陶耳杯、陶鸭、陶船、陶囷、陶羊圈、珠饰等。

（1）釉陶器

器盖　1件。

M9:4，灰胎，胎质硬，面施青黄釉，釉色莹润，部分剥落。子口，圆唇，斜面，平顶，顶立桥形钮，盖面饰刻划纹。口径9.6、高5厘米（图五六，4；图版三九，2）。

罐　2件。

M9:5，残。

M9:10，残。

（2）陶器

耳杯　1件。

M9:8，泥质橙黄陶，陶质软。椭圆形，敞口，两侧弯月形耳，耳内侧低于杯口，台足平底。口长11.5、口宽6.6、高3.2厘米（图五六，1；图版三九，3）。

囷　1件。

M9:1，泥质红褐陶，陶质略软。囷盖为伞形，大敞口，平顶，顶中有突起的攒尖，攒尖外有圆形突棱一圈，圈上附三条泥条连接中心的攒尖。盖面饰二周弦纹，弦纹间刻划双线纹。囷方唇，直口，直腹，平底，圆形地台。开长方形门，门框、门楣均较突出。在囷身一周饰刻划双线菱格纹，菱格内刻划双线纹以示囷壁的搭建结构。盖口径27.4厘米、囷口径20.7、底径22.8、通高18.8厘米（图五六，3；图版四〇，5）。

羊圈　1件。

M9:7，泥质红褐陶，陶质略软。平面呈长方形。悬山式两坡屋顶，排列瓦垄，瓦垄排列较疏，不规整。两侧及后山墙刻划横、直、斜线纹，以示柱枋梁架。长方形门，门半开半掩，进门为平地，地上有两只卧伏的陶羊，后墙壁前为一台地，台地上也有三只卧伏的陶羊，羊皆为低首。长20、宽16.7、高17.1厘米（图五六，2；图版四〇，6）。

鸭　2件。

M9:3，泥质红褐陶，陶质软。鸭俯卧，翘尾，双翅合拢于腹，曲颈转首。长14.9、宽6.6、高7.6厘米（图五七，1；图版四〇，1）。

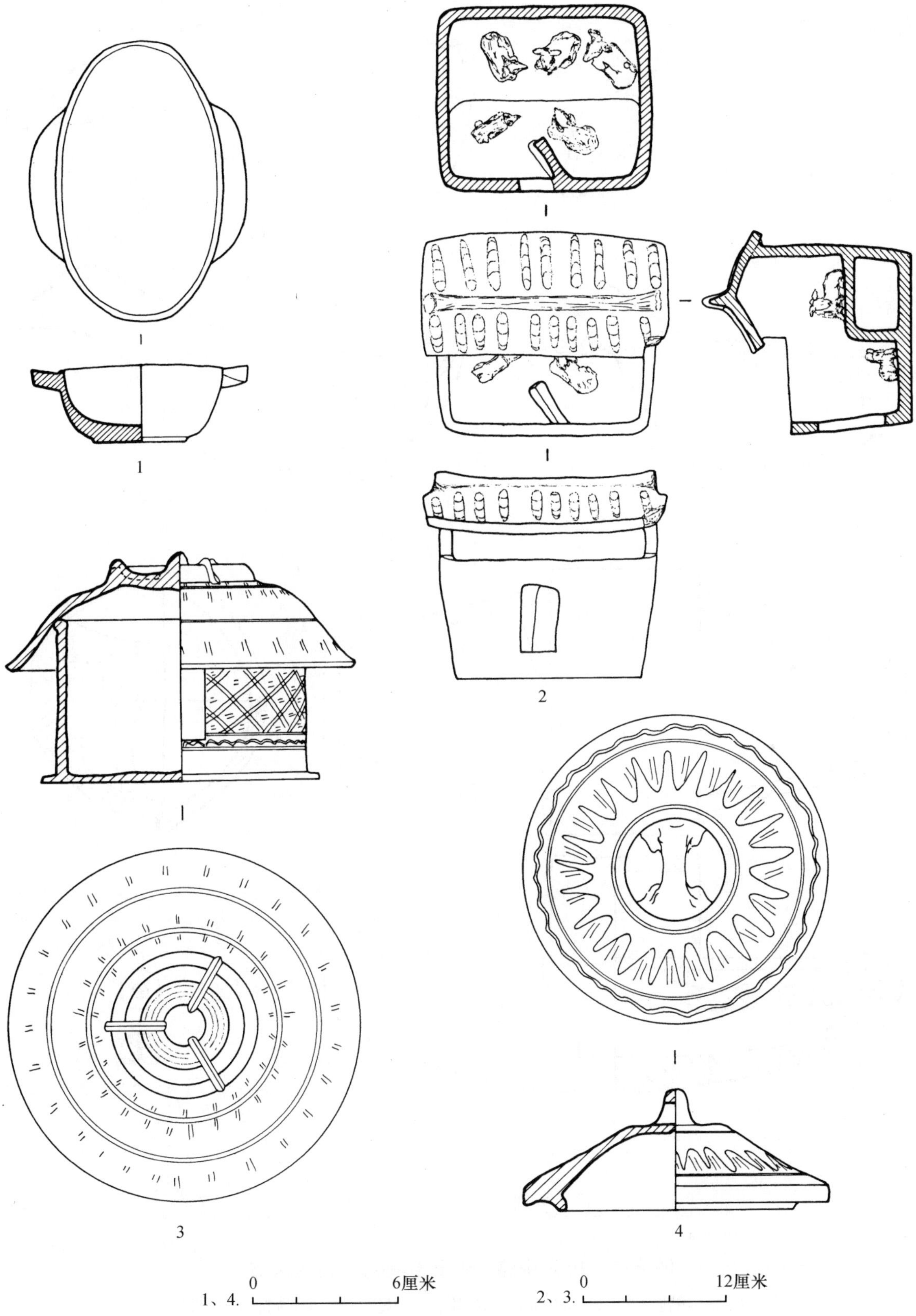

图五六　康乐中路M9出土陶耳杯、羊圈、囷及釉陶器盖

1. 陶耳杯（M9∶8）　2. 陶羊圈（M9∶7）　3. 陶囷（M9∶1）　4. 釉陶器盖（M9∶4）

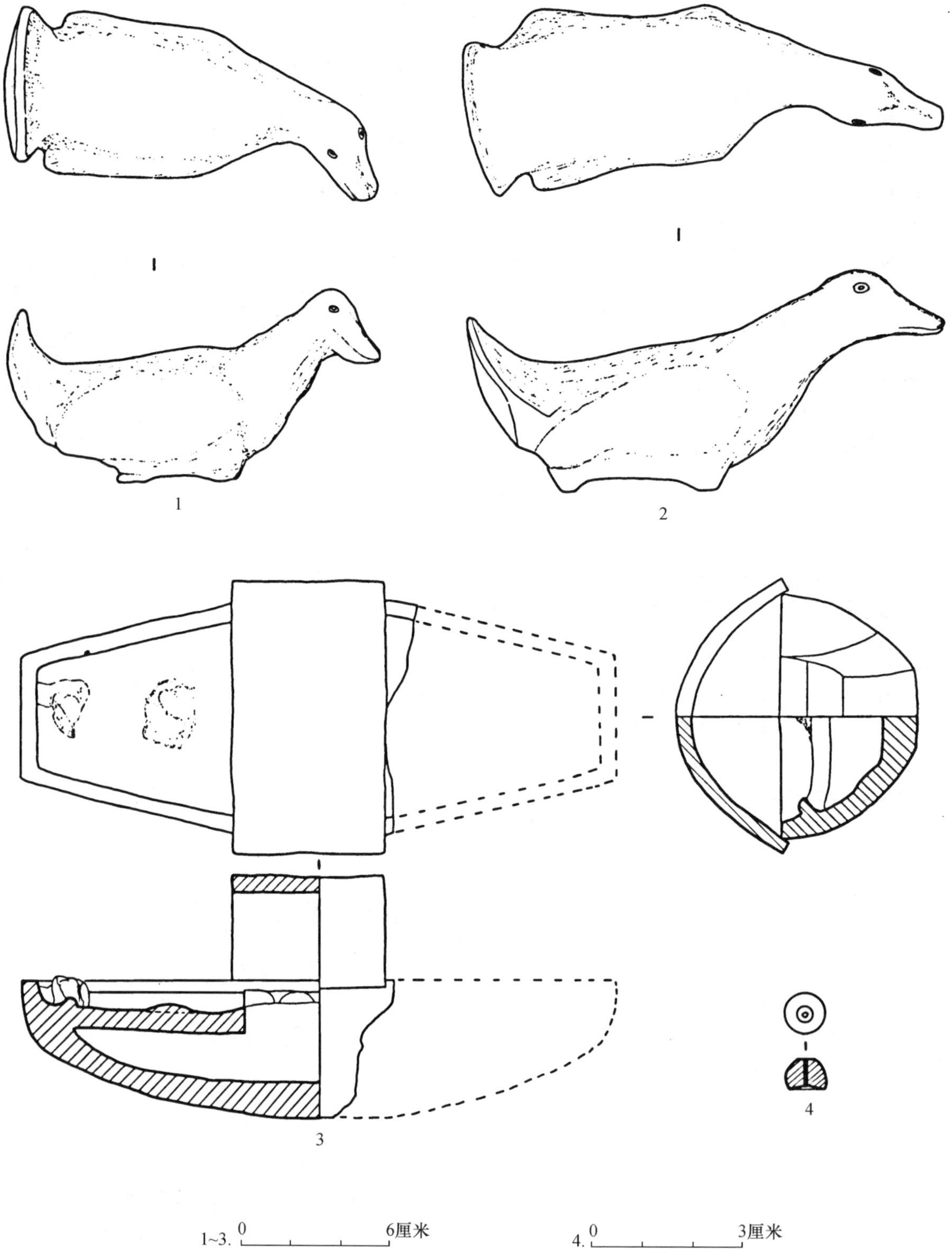

图五七　康乐中路 M9 出土陶鸭、船及珠饰

1、2. 陶鸭（M9∶3、M9∶6）　3. 陶船（M9∶9）　4. 珠饰（M9∶2）

M9:6，泥质橙黄陶，陶质软。鸭俯卧，翘尾，双翅合拢于腹，伸长颈，作探首觅食状。长19、宽7.1、高8.7厘米（图五七，2；图版四〇，2）。

船　1件。

M9:9，残，泥质橙黄陶，陶质软，残。船体呈长条形，船舱低矮，蓬顶作拱形。残长16、宽11、高9.7厘米（图五七，3；图版四〇，3）。

（3）其他

珠饰　1件。

M9:2，橘红色，素面。半圆形，下部微内凹，中穿孔。直径0.8、高0.6厘米（图五七，4；图版四〇，4）。

二、东晋墓葬

该时期墓葬本次发掘仅见一座，编号为M8。该墓葬保存情况一般。M8中出土的器物以青瓷器为主，器物胎体厚重，胎釉结合较好。器类丰富，有四耳罐、碗、盆、分格盒、唾壶、盂、托盘、勺、耳杯等。

M8

1. 墓葬形制

M8位于T0301的西北角，跨入T0201东北角及T0202东南角。

M8为长方形砖室墓，长436、宽130厘米，残高56厘米，方向144°（图五八；图版四一，1）。

该墓封门砌于墓室侧壁内，由长方形砖和刀形砖垒砌。侧壁、后壁用长方形砖错缝平铺叠砌。后壁砌于侧壁内。墓底用长方形砖纵向平铺，铺底用砖不太讲究，砖的尺寸、厚薄大部分不同。墓室内发现铁质棺钉9枚，未见棺木及人骨架。

墓砖为青灰色，胎质坚硬。长方形砖常见规格长35、宽14、厚4厘米；刀形砖常见规格长35、宽15、厚3～5厘米。墓砖平面常饰大、小网格纹，方格纹，侧面常饰对三角纹、叶脉纹等（图五九；图版四一，3）。

2. 随葬器物

M8共出土随葬器物20件，主要摆放在靠近封门处，有青瓷器、银器、铜器等种类，其中以青瓷器为大宗（图版四一，2）。

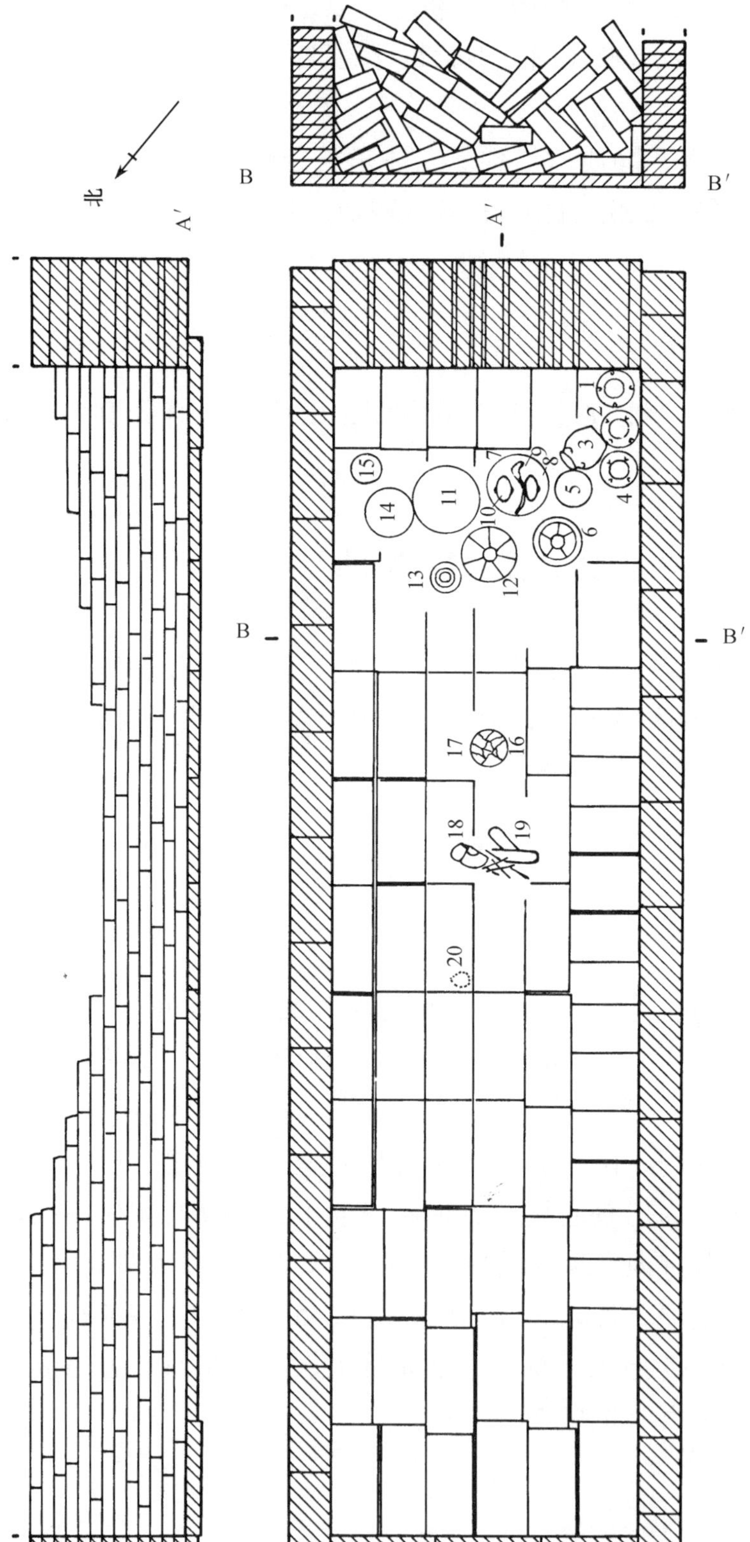

图五八　康乐中路M8平、剖面图

1～4. 青瓷四耳罐　5、14、15、18. 青瓷碗　6、12. 青瓷分格盒　7. 青瓷托盘　8、10. 青瓷耳杯　11. 青瓷盆　13. 青瓷唾壶　16. 铜镜　17. 青瓷盂　19. 银钗　20. 铜钱

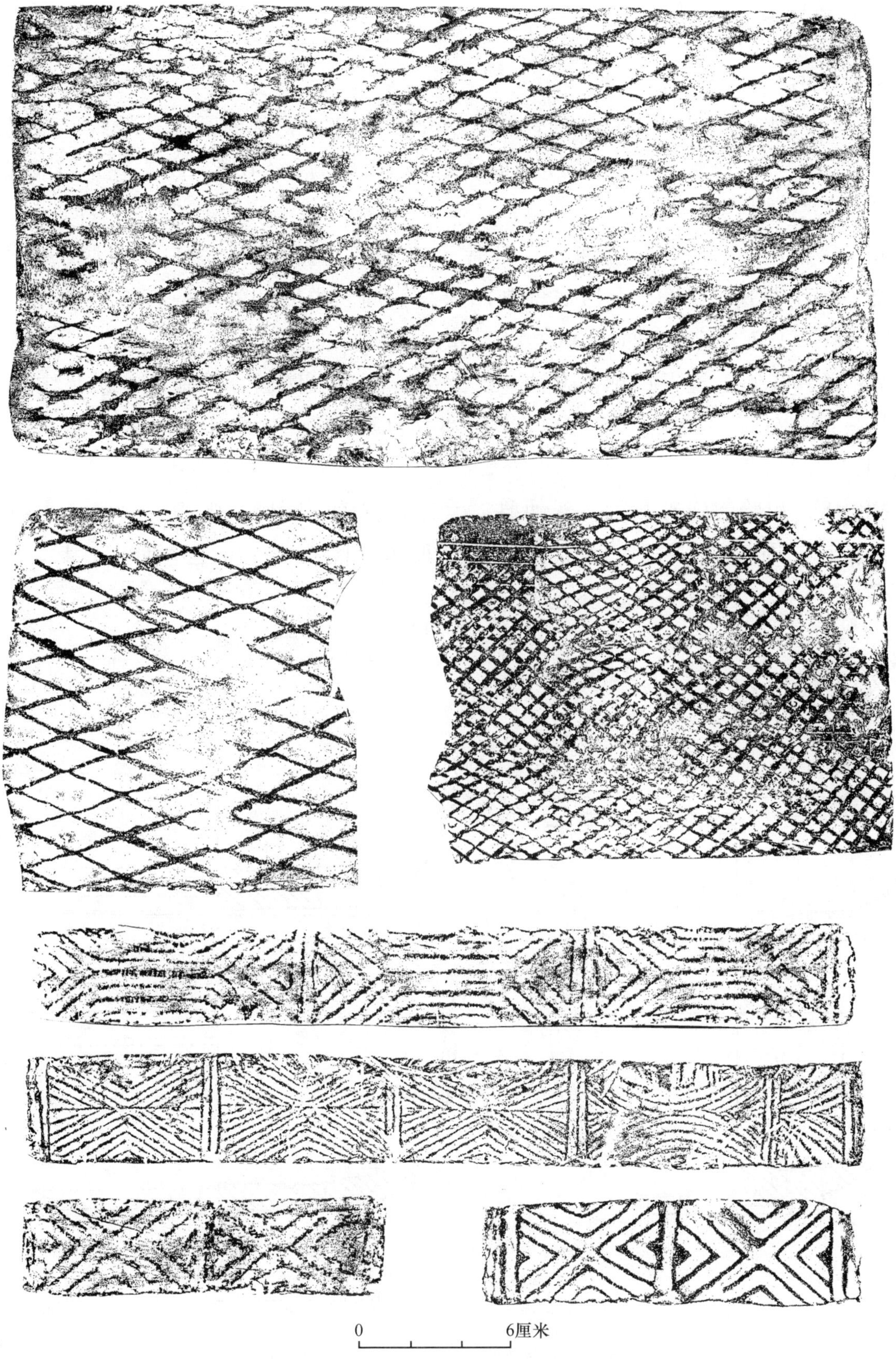

图五九　康乐中路 M8 出土墓砖纹饰拓片

（1）青瓷器

碗　4件。

M8∶5，器物微变形。灰胎，通体施青黄釉，大部分剥落。圆唇，敞口，弧腹，假圈足，内底下压。下腹饰细凹弦纹一周。口径10.6、底径6.6、高4厘米（图六○，5；图版四二，1）。

M8∶14，灰胎，通体施青黄釉，开片，玻化好。尖圆唇，敞口，弧腹，假圈足。沿下饰一周粗凹弦纹，圈足及腹底各饰凹弦纹一周。内底和外底各有5个垫烧痕。口径17、底径11.7、高6.3厘米（图六○，2；图版四二，2）。

M8∶15，灰胎，施青黄釉，着釉差，大部分剥落。圆唇，深弧腹，饼足内凹，内底下压一圈。外沿下饰细弦纹一周。口径8.1、底径3.8、高4.4厘米（图六○，3；图版四二，3）。

M8∶18，灰胎，施青黄釉，着釉差，大部分剥落。圆唇，弧腹，平底。内腹饰不规整凹弦纹二周。口径8.2、底径4.6、高3厘米（图六○，1；图版四二，4）。

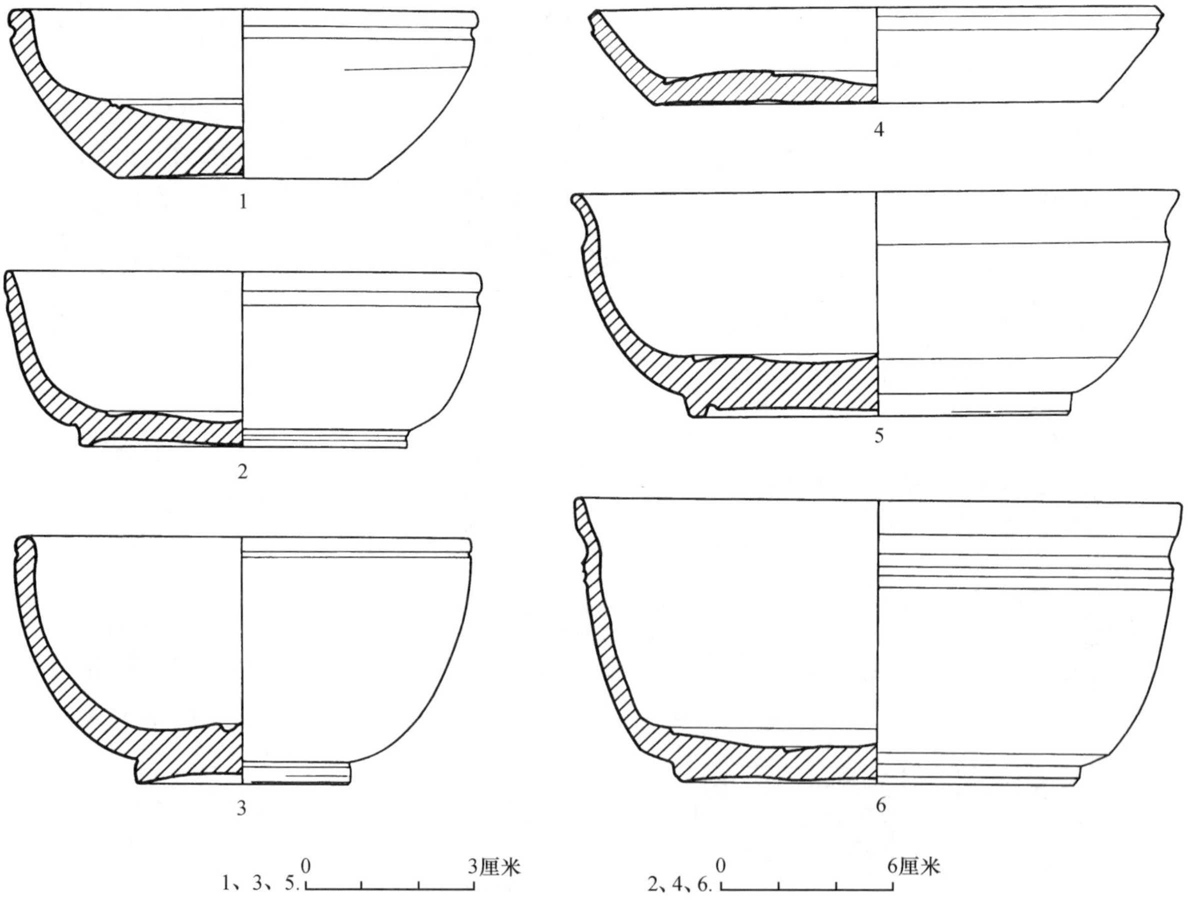

图六○　康乐中路M8出土青瓷碗、托盘、盆

1～3、5. 青瓷碗（M8∶18、M8∶14、M8∶15、M8∶5）　4. 青瓷托盘（M8∶7）　6. 青瓷盆（M8∶11）

盆　1件。

M8:11，灰胎，通体施青黄釉，开片，玻化好。圆唇，敞口，上弧腹，下腹折收，饼足微凹，内底下压一圈。腹部饰深、浅凹弦纹三周。内底有5个垫烧痕，外底有10个垫烧痕。口径21.2、底径13.6、高10.1厘米（图六○，6；图版四二，5）。

托盘　1件。

M8:7，灰胎，施青黄釉，大部分剥落。斜方唇，斜直腹，浅盘，平底，内底中部下压，周围微鼓。外沿下饰凹弦纹一周。口径19.6、底径15.8、高3.4厘米（图六○，4；图版四五，5）。

四耳罐　4件。

M8:1，灰胎，通体施青黄釉，着釉差，部分剥落。圆唇，敞口，溜肩，上鼓腹，下腹弧收，平底。肩部横置对称条形耳4个。唇下和肩部各饰凹弦纹一周。口径8.6、腹径14、底径9、高12.6厘米（图六一，5；图版四三，1）。

M8:2，灰胎，通体施青黄釉，部分剥落。圆唇，敞口，溜肩，上鼓腹，下腹弧收，平底微内凹。肩部横置对称条形耳4个。唇下饰凹弦纹一周，肩部饰凹弦纹二周，外底有4个支烧痕。口径8.4、腹径13.4、底径8.5、高11.8厘米（图六一，4；图版四三，2）。

M8:3，灰胎，通体施青黄釉，大部分剥落。圆唇，敞口，溜肩，上鼓腹，下腹弧收，平底。肩部横置对称条形耳4个。唇下饰凹弦纹一周，肩部饰凹弦纹二周。口径8、腹径13.6、底径8.4、高12.1厘米（图六二，4；图版四三，3）。

M8:4，灰胎，通体施青黄釉，着釉差，部分剥落。圆唇，口微侈，溜肩，鼓腹，平底。肩部横置对称条形耳4个。底部有4个支烧痕。唇下饰凹弦纹二周，肩部饰弦纹一周。口径7.6、腹径12.4、底径8.2、高10.6厘米（图六一，2；图版四三，4）。

分格盒　2件。

M8:6，灰胎，通体施青黄釉，部分剥落。平面呈同心圆，小圆居中，大圆与小圆间近等分5个小格，折腹，圈足。口径14.2、底径15、高4.2厘米（图六一，3；图版四四，1）。

M8:12，灰胎，通体施青绿釉，着釉差，大部分剥落。平面呈同心圆，小圆居中，高于大圆，两圆间近等分7个小格，折腹，圈足。口径21、底径22、外圆高4.3、内圆高5厘米（图六一，6；图版四四，2）。

唾壶　1件。

M8:13，灰白胎，施青黄釉，大部分剥落。圆唇，盘口，细颈，扁圆腹，高饼足微内凹。颈部饰凹弦纹一周，腹部饰细弦纹一周。口径6.8、腹径10、底径7、高9厘米（图六一，1；图版四四，4）。

小盂　1件。

M8:17，灰胎，施青黄釉，着釉不均匀，内壁局部露胎。圆唇，直口，鼓腹，平底。下腹有5个支烧痕。口径4.6、腹径6.7、底径4、高3.9厘米（图六二，3；图版四四，3）。

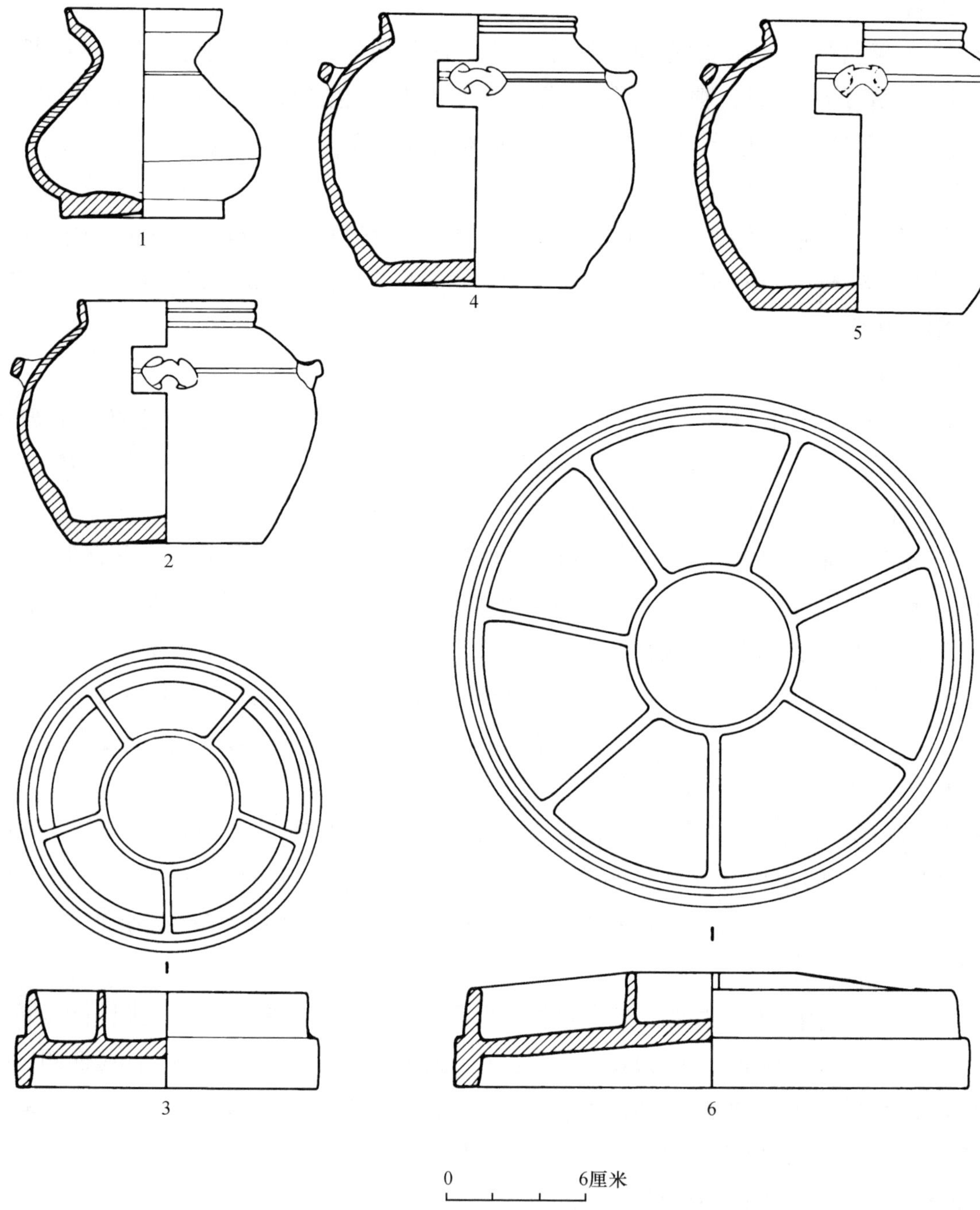

图六一　康乐中路 M8 出土青瓷唾壶、四耳罐、分格盒

1. 青瓷唾壶（M8∶13）　2、4、5. 青瓷四耳罐（M8∶4、M8∶2、M8∶1）　3、6. 青瓷分格盒（M8∶6、M8∶12）

勺　1 件。

M8∶9，灰胎，施青黄釉，着釉差，大部分剥落。勺体呈椭圆形，弧形柄，柄的横截面呈八角形。勺体长 6.1、宽 4.6、高 3、通长 16.4 厘米（图六二，1；图版四五，4）。

耳杯　2 件。形制相同。

M8∶8，灰胎，器物施青黄釉，着釉差，大部分剥落。椭圆形，敞口，两侧弯月形

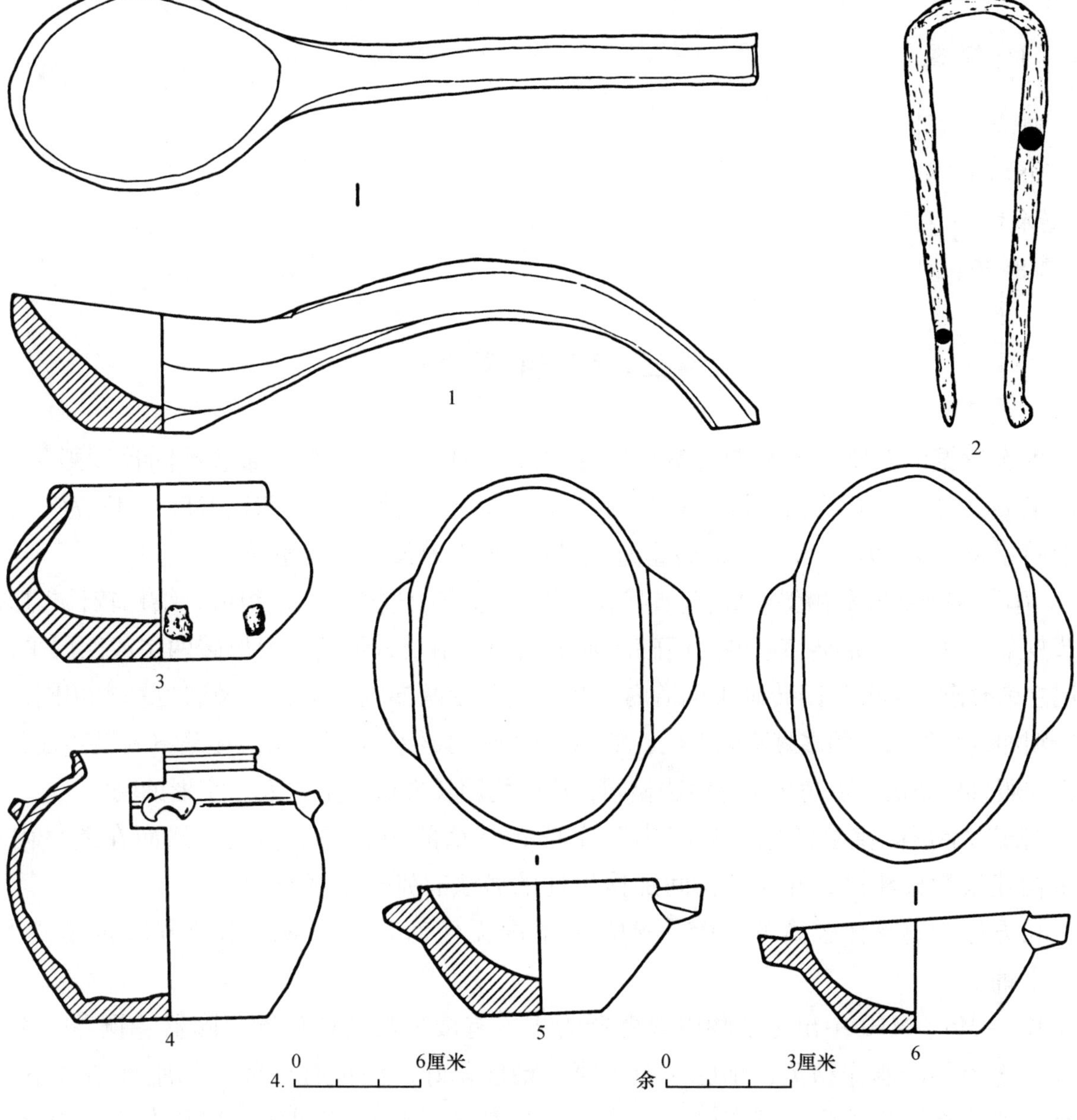

图六二　康乐中路 M8 出土青瓷勺、小盂、四耳罐、耳杯及银钗

1. 青瓷勺（M8:9）　2. 银钗（M8:19）　3. 青瓷小盂（M8:17）　4. 青瓷四耳罐（M8:3）
5、6. 青瓷耳杯（M8:8、M8:10）

耳低于杯口，平底。口长 8.1、口宽 5.2、高 2.9 厘米（图六二，5；图版四五，1）。

M8:10，器物略变形。灰胎，器物施青黄釉，大部分剥落。椭圆形，敞口，两侧弯月形耳低于杯口，平底。口长 8.7、口宽 5.4、高 2.4～2.7 厘米（图六二，6；图版四五，2）。

（2）银器

银钗　1 件。

M8:19，锈蚀严重。呈“几”字形，钗顶部截面呈扁圆形，钗体截面为圆形。长

9.6 厘米（图六二，2；图版四五，3）。

（3）铜器

铜镜　1 件。

M8∶16，残。

铜钱　1 枚。

M8∶20，残。

三、南 朝 墓 葬

本次发掘的 6 座南朝晚期砖室墓保存情况一般，除 M3 外全部遭不同程度毁坏。6 座砖室墓又分为“串”字形、“凸”字形和长方形三种，其中 M1、M2、M3 为“串”字形砖室墓，M4 为“凸”字形砖室墓，M5、M10 为长方形砖室墓。

“串”字形砖室墓由斜坡墓道、封门、甬道、前室、过道、后室组成，结构较长方形砖室墓复杂。“串”字形砖室墓的封门砌法基本相同，由长方形砖、刀形砖两层或四层平铺、一层立铺叠砌，部分封门砖砌于甬道内。在墓室前后两端砌置承券的做法也基本相同，只是个别加砌承券层数的多寡不同而已，如 M3 加砌的承券多达至六层。在墓室内设砖柱、门闸，饰假直棂条窗、菱角牙子等做法相同，墓底均用长方形砖作“人”字形铺砌。

“凸”字形砖室墓的做法与“串”字形砖室墓的做法基本相同，然而在墓室内饰仿木构建筑梁架斗拱，斗拱结构间加拴拱柱的做法有别于上述墓葬。

长方形砖室墓比较简单，M5、M10 墓室内无任何装饰，墓底用长方形砖作“人”字形平铺。

M1 ~ M5、M10 中出土器物以青瓷器为主，有极少数的釉陶器、陶器、铜器、滑石器等。青瓷器的制作精美，釉层一般较薄，釉玻化好，但也有少数器物胎釉结合不好。器类大致为青瓷鸡首壶、青瓷灯、青瓷碗、青瓷罐、青瓷三足炉、釉陶凭几、陶帷帐座、陶四耳罐、铜镜、滑石猪等。

M1

1. 墓葬形制

M1 主要位于 T0307 东北角，东跨 T0407，墓道延伸至 T0308 内。

该墓为“串”字形砖室墓，由墓道、封门、甬道、前室、过道、后室几部分组成。残长 1494、墓室长 814、宽 260 厘米，方向 344°（图六三；图版四六，1）。

墓道平面呈长方形，近南北方向，侧壁垂直、平整。墓道前端已毁，残长 680、宽 120 厘米。墓道底部平整，北高南低呈斜坡状，坡度 12°。

封门下部遭盗扰者破坏，仅上部残留少许。残留部分由长方形砖、刀形砖2～4层平铺、一层立铺叠砌，部分封门砌于甬道内。

甬道平面呈长方形，室内长146、宽114、高172厘米（图版四六，3）。甬道券顶用长方形砖、刀形砖夹砌起券，起券高度110厘米。券顶前端加砌两重券，每层券之间用长方形砖平铺相隔。后端置于前室承券内。甬道侧壁为双隅长方形砖错缝平铺叠砌，与前室相接处留有宽18、高95厘米的长方形空隙。

在甬道的底部砌长110、宽78、深30厘米的长方形池，其后壁中部用特制砖构筑菱角牙子，底部用长方形砖铺砌成“人”字形。池内散乱放置9件器物。

在甬道前端重券上筑有挡土墙，挡土墙的最外一层用长方形砖竖直立砌紧贴墓壁，相邻的用长方形砖错位平铺叠砌，最里面紧贴重券平铺叠砌，挡土墙的宽度与重券宽度相同，宽260厘米，墙体宽36厘米，现残存高度与重券高度相同。

前室平面近正方形，室内长192、宽188厘米。前室券顶因盗洞被毁，从残留的起券部分观察，券顶采用长方形砖、楔形砖相间弧形起券，起券高度120厘米，前室残高255厘米，高度高于甬道及后室（图版四六，2）。前室前端筑三层承券，墓壁为双隅长方形砖错缝平铺叠砌，墓壁中部用特制砖饰假直棂条窗、菱角牙子（图六三，AA′）。墓室四角各筑一个砖柱，高100厘米。前室底用长方形砖铺成“人”字形。近过道处设一长方形祭台，长120、宽112、高5厘米，祭台前、后用长方形砖横向平铺，左、右及中部用长方形砖顺铺，大部分随葬品集中在该处。前室与过道相接处铺设三层台阶，每层台阶由一层长方形砖平铺而成。

过道平面呈长方形，室内长86、宽94厘米，过道的高分为两部分，前面高200厘米，后面高182厘米。因过道前端券顶较后端高出18厘米，故起券高度也不同，前端为95厘米处起券，后端为100厘米处起券，券顶采用长方形砖、刀形砖相间起券，后端券顶置于后室券顶内。过道中部设一道门闸，闸口宽6厘米，高80厘米。底作“人”字形铺砌。

后室平面呈长方形，室内长356、宽152、高200厘米。后室券顶采用长方形砖、楔形砖相间起券，起券高度110厘米。后端在券顶下置双重承券，承券采用长方形砖、刀形砖起券。墓壁为双隅长方形砖错缝平铺叠砌，墓壁两侧各饰对称两个长方形壁龛。四角各砌一个砖柱，前面的两个砖柱高85厘米，后面的两个砖柱者高95厘米。墓室后壁置于承券内，局部为双隅长方形砖错缝平铺叠砌，上部设有长方形壁龛，下部用特制砖构筑菱角牙子、矮枋、梁柱、人字形斗拱（图六三，BB′；图版四六，4）。后室底作“人”字形铺砌，中部铺底砖残缺。后室发现铁质棺钉11枚，锈蚀严重。未见棺木及人骨架。

墓砖为深红色，有长方形砖、刀形砖、楔形砖和特制砖等几种，长方形砖常见规格为长36、宽18、厚5厘米；刀形砖常见规格为长36、宽18、厚3～5厘米；楔形砖常见规格为长36、宽18、厚3～5厘米；特制砖规格为长19.5、宽7、厚5厘米。除个别长方形砖饰网状菱格纹外，其余各类砖均为素面。

2. 随葬器物

共出土随葬器物25件，有青瓷器、釉陶器、铜器及滑石器等，其中以青瓷器为大宗。

（1）青瓷器

碗　12件。

M1:1，灰白胎，施青绿釉，内满釉，外施釉不及底。尖圆唇，弧腹，饼足内凹。口径7.2、底径3、高3.9厘米（图六四，2；图版四七，1）。

M1:5，灰白胎，施青绿釉，内满釉，外施釉不及底。圆唇，弧腹，饼足内凹，内底心下压一圆圈。口径7.5、底径3.2、高3.7厘米（图六四，6；图版四七，2）。

M1:11，器物变形。灰白胎，施青黄釉，着釉差，剥落严重。尖圆唇，弧腹，饼足内凹，内底心下压一圆圈。口径8、底径2.9、高3.6～4.2厘米（图六四，8；图版四七，3）。

M1:12，器物变形。灰胎，施青绿釉，着釉差，剥落严重。尖圆唇，弧腹，饼足微内凹，外底有划痕，内底心下压圆圈。口径7.8、底径3、高3.7～4.2厘米（图六五，1；图版四七，4）。

M1:14，灰白胎，施青绿釉，内满釉，外底无釉。圆唇，深弧腹，饼足，外底旋削一圈，内底心下压一圆圈。外沿下饰弦纹一周。口径10.4、底径3.8、高5.6厘米（图六五，3；图版四七，5）。

M1:16，灰白胎，施青绿釉，内满釉，外底无釉。圆唇，深弧腹，饼足内凹，外底旋削一圈，内底心下压一圆圈。外沿饰弦纹一周。口径9.2、底径3.4、高4.7厘米（图六五，2；图版四七，6）。

M1:18，灰白胎，施青绿釉，内满釉，外底无釉。尖圆唇，深弧腹，饼足微内凹，外底旋削一圈，内底心下压一圆圈。口径6.6、底径2.8、高3.7厘米（图六四，3；图版四八，1）。

M1:19，灰白胎，施青绿釉，内满釉，外底无釉。方圆唇，深弧腹，饼足，外底旋削一圈。外沿及下腹各饰弦纹二周。口径13.2、底径4.8、高7.2厘米（图六四，5；图版四八，2）。

M1:20，器物变形。灰胎，施青绿釉，局部剥落，内满釉，外底无釉。圆唇，深弧腹，饼足内凹，外底旋削一圈。外沿及下腹各饰弦纹二周。口径11.4、底径4.4、高5.6～6.4厘米（图六五，4；图版四八，3）。

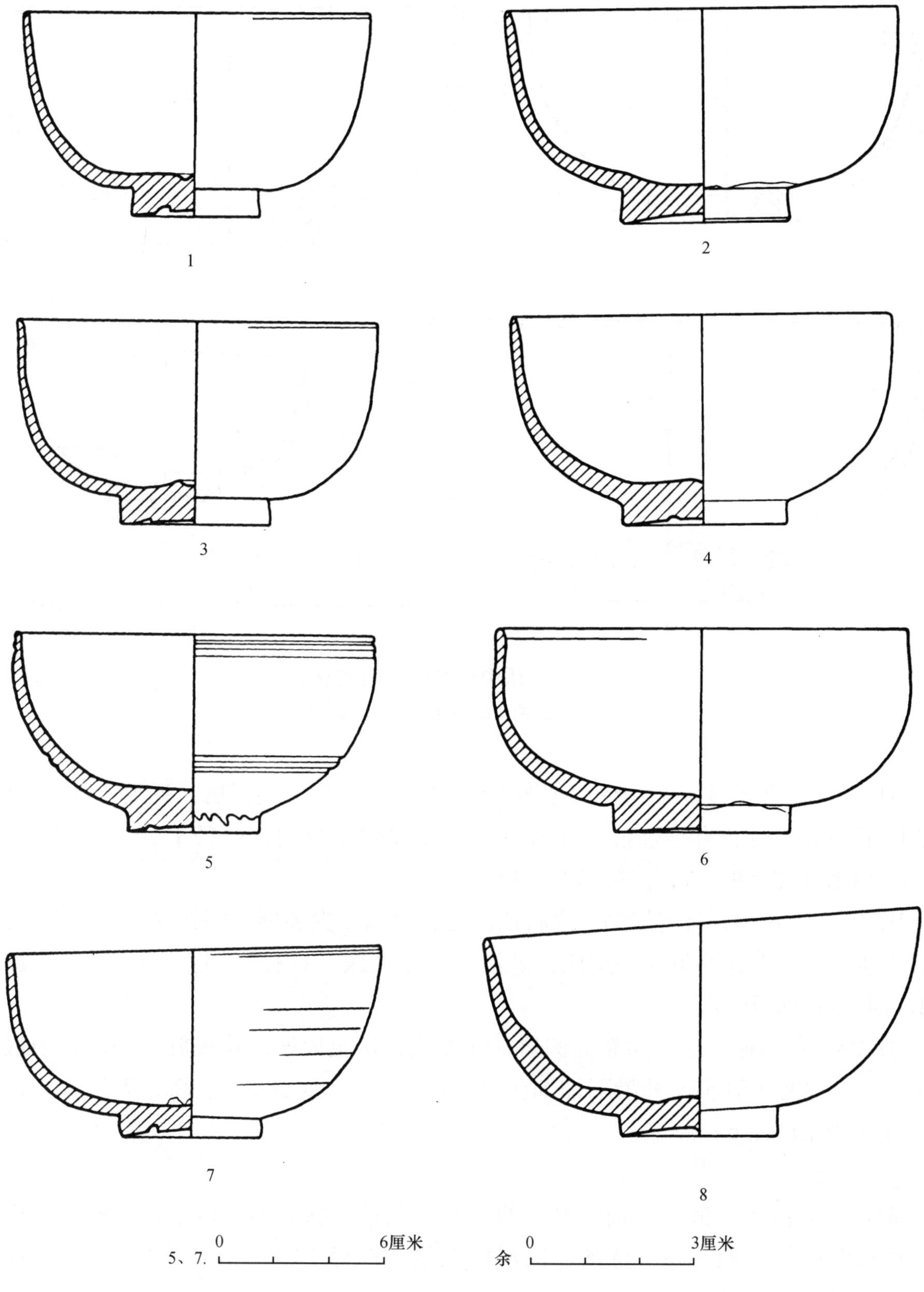

图六四　康乐中路M1出土青瓷碗

1. M1∶23　2. M1∶1　3. M1∶18　4. M1∶22　5. M1∶19　6. M1∶5　7. M1∶21　8. M1∶11

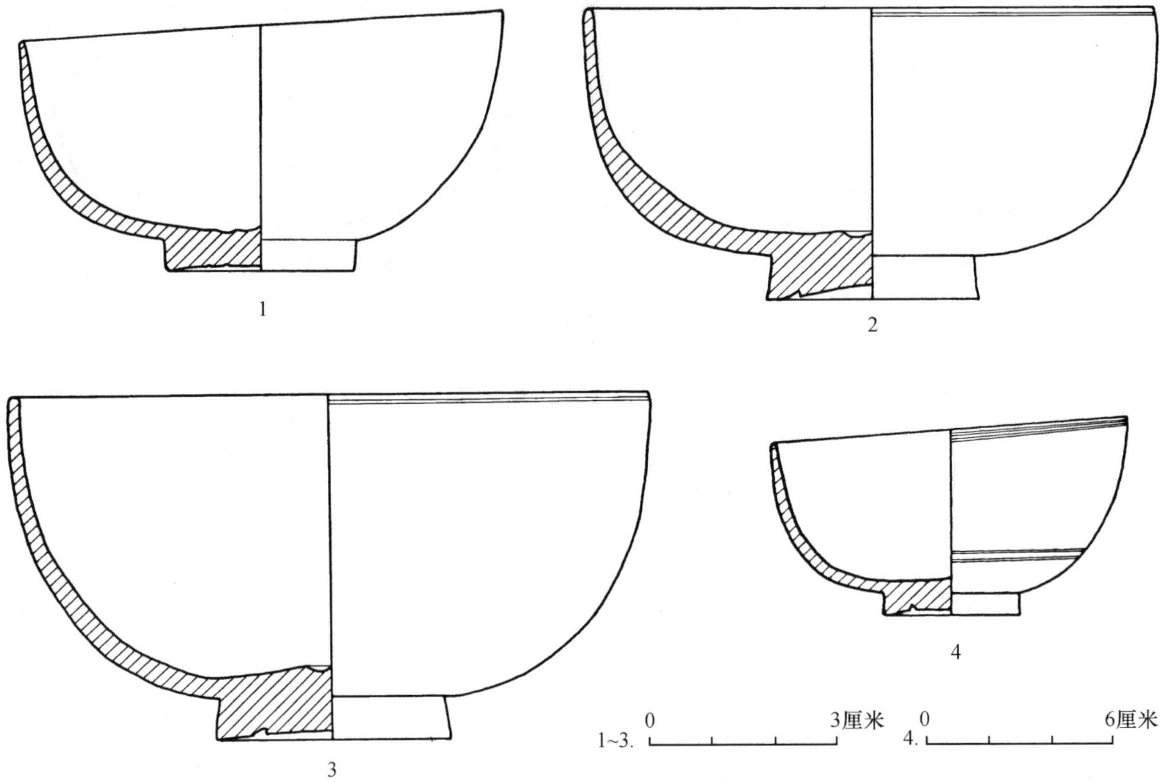

图六五　康乐中路 M1 出土青瓷碗

1. M1∶12　2. M1∶16　3. M1∶14　4. M1∶20

M1∶21，器物变形。灰白胎，施青绿釉，厚薄不均匀。尖圆唇，弧腹，饼足内凹，外底旋削一圈，内底有垫烧痕。外沿下及腹部饰弦纹数周。口径 13.4、底径 5、高 6.6～7 厘米（图六四，7；图版四八，4）。

M1∶22，灰白胎，施青绿釉，内满釉，外底无釉。尖圆唇，深弧腹，饼足微内凹，外底旋削一圈，内底心下压一圆圈。外沿下饰细弦纹。口径 7、底径 3、高 3.8 厘米（图六四，4；图版四八，5）。

M1∶23，灰白胎，施青黄釉。圆唇，深弧腹，饼足内凹，外底旋削一圈，内底心下压一圈，中有小乳突。外沿下饰细弦纹。口径 6.4、底径 2.4、高 3.7 厘米（图六四，1；图版四八，6）。

碟　5 件。

M1∶6，灰白胎，施青绿釉，内满釉，外底无釉。斜方唇，浅盘，平底，内底隆起。内沿饰弦纹一周，外底旋削一圈成凹弦纹。口径 12.8、底径 5.8、高 1.3 厘米（图六六，1）。

M1∶7，灰白胎，施青绿釉，内满釉，外底无釉。斜方唇，浅盘，平底，内底隆起，底心下压一圈。内沿饰弦纹一周，外底旋削一圈成凹弦纹。口径 24.4、底径 10、高2.9厘米（图六六，2；图版四九，3）。

M1∶8，器物稍变形。灰白胎，施青绿釉，内满釉，外底无釉。斜方唇，浅盘，平底，内底微隆起。内沿饰弦纹一周，外底旋削一圈成凹弦纹。口径12.7、底径5.8、高1.4厘米（图六六，3；图版四九，2）。

M1∶9，灰白胎，施青绿釉，内满釉，外底无釉。斜方唇，浅盘，平底微内凹，内底微隆起。外底旋削一圈成凹弦纹。口径13、底径8、高1.3厘米（图六六，4；图版四九，1）。

M1∶24，器物稍变形。灰白胎，施青绿釉，内满釉，外底无釉。斜方唇，浅盘，平底，内底微隆起。内沿饰弦纹一周，外底旋削一圈成凹弦纹。口径12.9、底径6、高1.2厘米（图六六，5；图版四九，4）。

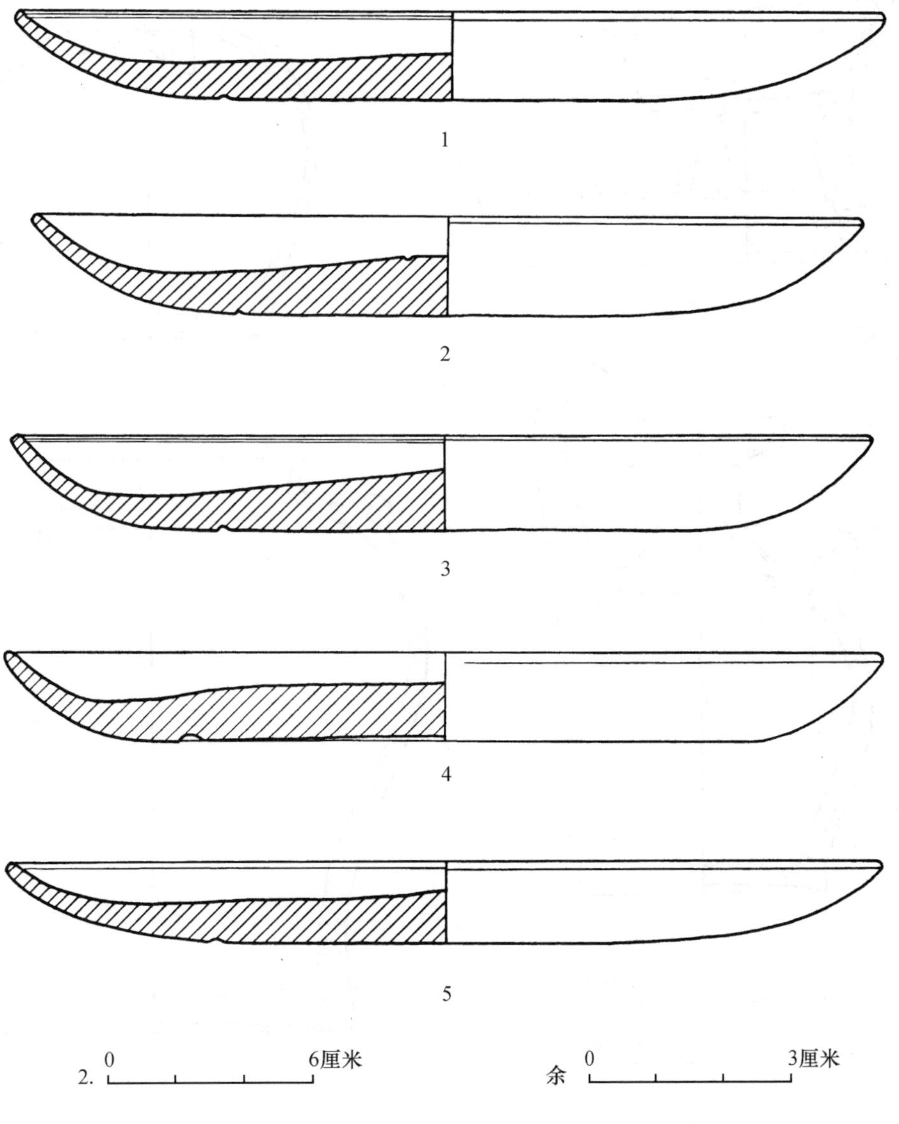

图六六　康乐中路M1出土青瓷碟

1. M1∶6　2. M1∶7　3. M1∶8　4. M1∶9　5. M1∶24

三足炉　1件。

M1∶3，灰白胎，施青绿釉，玻化好，由三足炉和盘组成。炉尖圆唇，宽沿，侈口，浅折腹，下腹饰弦纹三周，三兽蹄形足。盘尖圆唇，宽沿，浅盘，平底微内凹。盘沿面及内底饰弦纹，外底饰凹弦纹一周。炉口径9.3厘米；盘口径16.9、底径15.2、通高8.4厘米（图六七，1；图版五〇，1）。

鸡首壶　1件。

M1∶4，灰白胎，施青绿釉，器表施釉不及底，局部有积釉。盘口，束颈，溜肩，鼓腹，平底内凹。流作鸡首状。弧形把手连接于口与肩部，把手高于盘口。肩部横置对称桥形耳。颈下及肩部饰弦纹三周。口径5.2、腹径10.6、底径7.6、壶身高14.7厘米（图六七，3；图版五〇，2）。

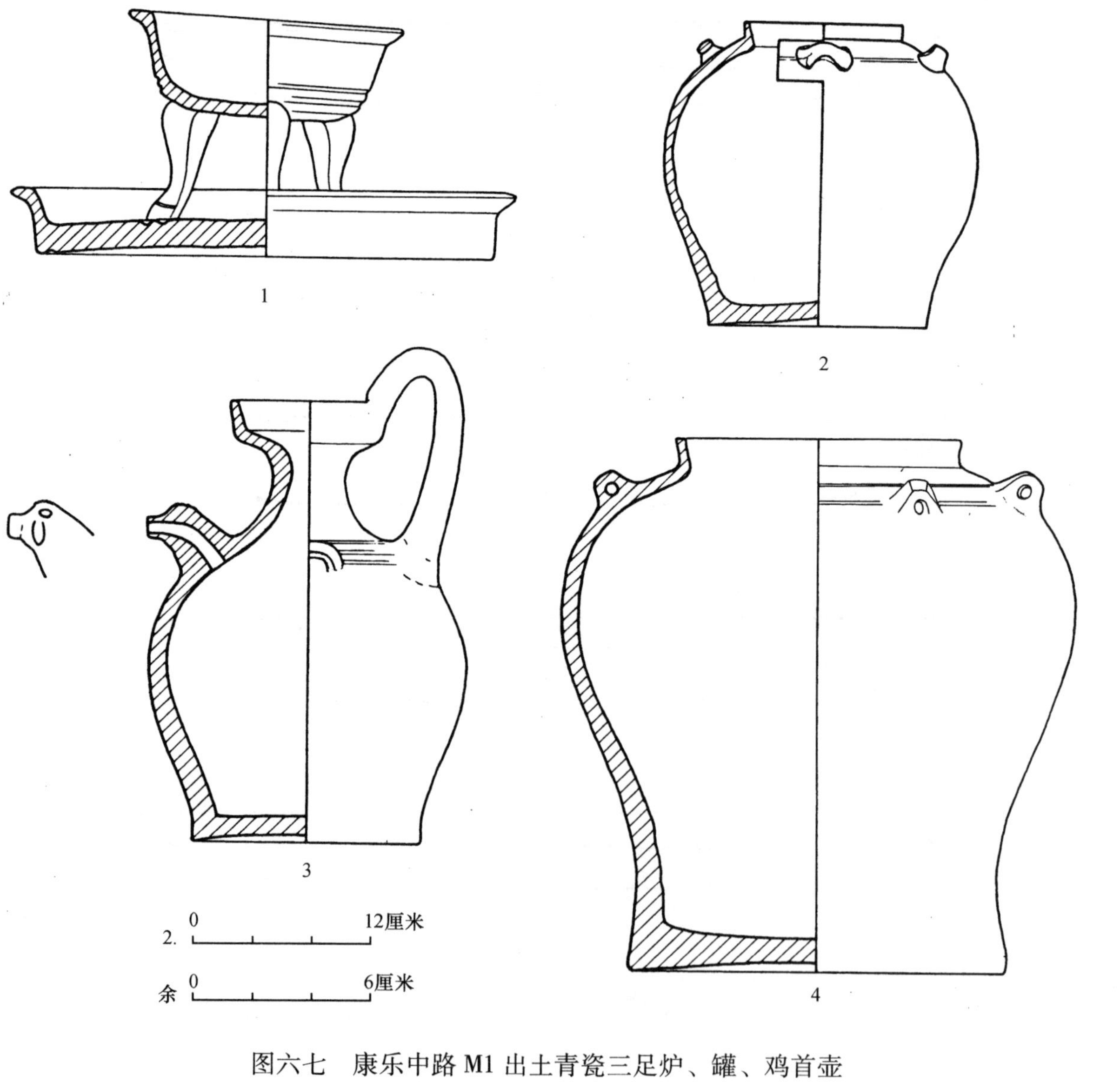

图六七　康乐中路M1出土青瓷三足炉、罐、鸡首壶

1. 三足炉（M1∶3）　2. 四耳罐（M1∶17）　3. 鸡首壶（M1∶4）　4. 六耳罐（M1∶25）

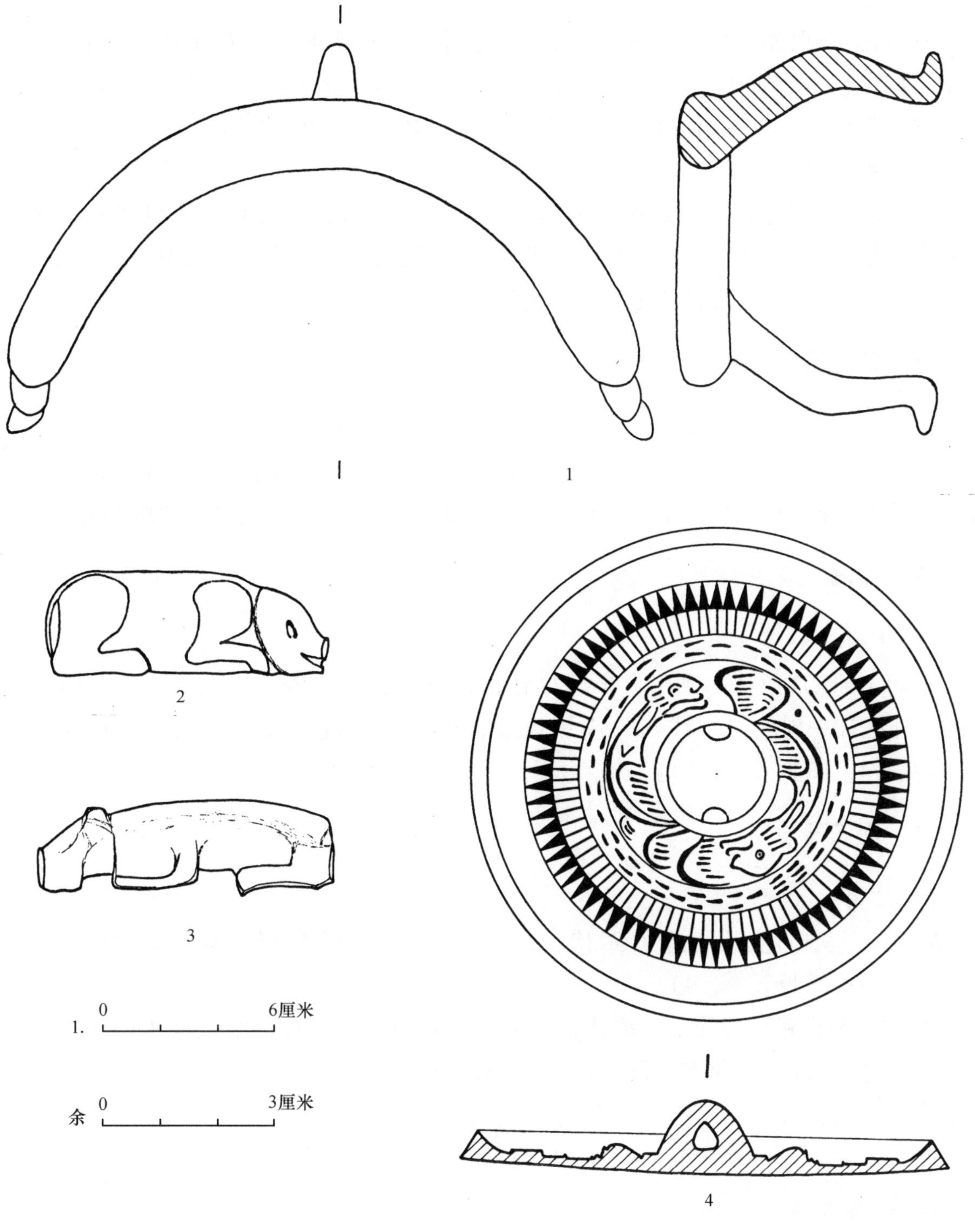

图六八　康乐中路 M1 出土釉陶凭几、滑石猪及铜镜

1. 釉陶凭几（M1∶15）　2、3. 滑石猪（M1∶2、M1∶10）　4. 铜镜（M1∶13）

四耳罐　1件。

M1∶17，灰白胎，施青绿釉，大部分已剥落。内满釉，外底无釉。圆唇，直口，溜肩，上鼓腹，下腹内收，大平底内凹。肩部横置4个条形耳，耳间饰一周弦纹。口径10.3、腹径20.9、底径14.4、高20.3厘米（图六七，2；图版五一，1）。

六耳罐　1件。

M1∶25，灰白胎，施青绿釉。方唇，近直口，溜肩，上鼓腹，下腹弧收至底，平底内凹。肩部饰4个横置、2个竖置桥形耳，耳间饰弦纹二周。口径9.2、腹径17.2、底径12.5、高18厘米（图六七，4；图版五一，2）。

（2）釉陶器

凭几　1件。

M1∶15，泥质灰褐陶，几面下施不均匀青绿釉，部分已剥落。几面呈弧形，截面为椭圆形，几面下饰兽蹄形三足。弦长22.2、高9.3厘米（图六八，1；图版四九，5）。

（3）铜器

镜　1件。

M1∶13，双虎纹镜。圆形，半球形钮，钮穿孔，以系绶带，高缘，主区分内、外两区。外区饰一周放射短线与一周锯齿纹；内区饰二虎纹及短线纹。直径8.6厘米（图六八，4；图版五一，3）。

（4）滑石器

猪　2件。

M1∶10，灰白色，石质软。蹲伏状，突吻，立耳。长5.15、宽1.6、高1.65厘米（图六八，3；图版五一，4）。

M1∶2，灰白色，石质软。蹲伏状，突吻，扁圆眼，丰身，细长尾垂贴于后臀。长4.9、宽1.65、高1.9厘米（图六八，2；图版五一，5）。

M2

1. 墓葬形制

M2主要位于T0407，后室部分向南跨T0406探方。

该墓为“串”字形砖室墓，由封门、甬道、前室、过道、后室几部分组成。长740、宽146厘米，方向342°（图六九；图版五二，1）。

封门上部毁坏，仅残留下部。残留部分由长方形砖、刀形砖二层平铺，一层立铺叠砌，部分封门砖砌于甬道内。

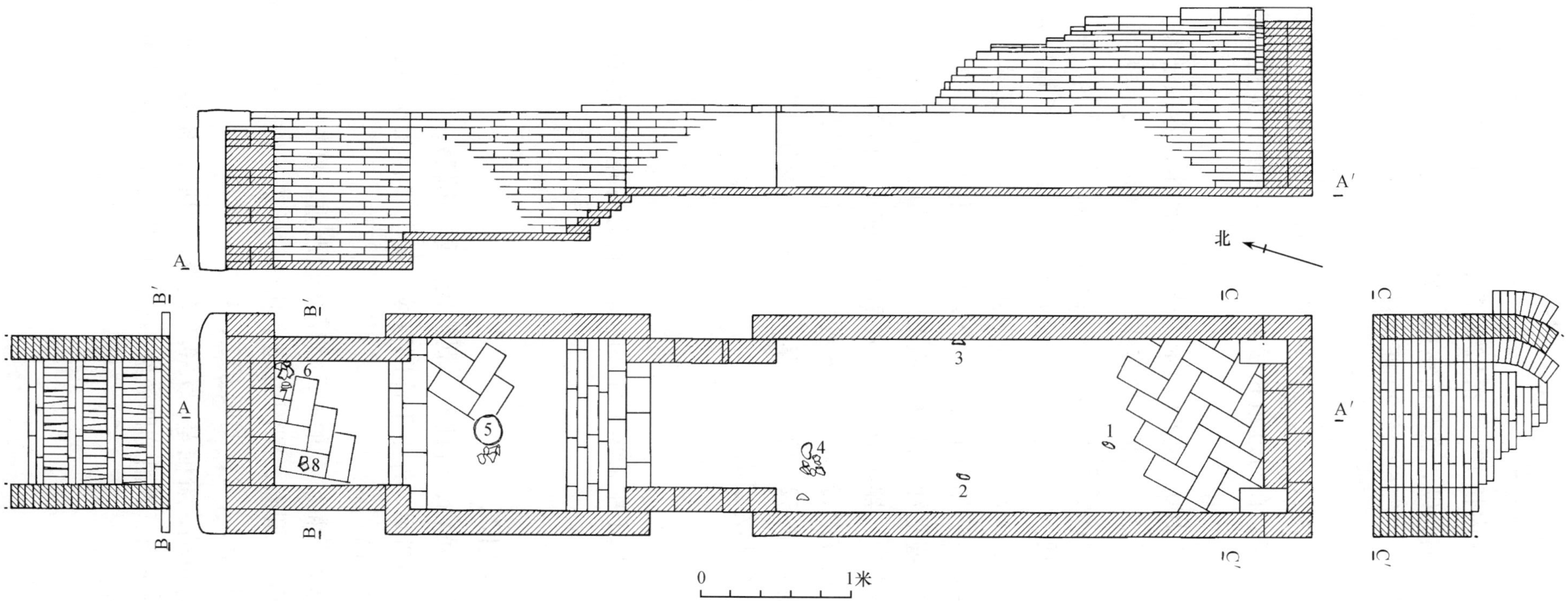

图六九　康乐中路 M2 平、剖面图

1～3. 滑石猪　4、6～8. 青瓷碗　5. 青瓷六耳罐

甬道平面呈长方形，室内长106、宽82厘米，残高100厘米。券顶被毁。甬道侧壁为单隅长方形砖错缝平铺叠砌，在与前室相接处铺设一层台阶。

在甬道的底部砌长82、宽76、深20厘米的长方形池，其底部用长方形砖铺砌成“人”字形（图版五二，2）。

前室平面呈长方形，室内长144、宽114厘米，残高80厘米，券顶已毁。墓壁为单隅长方形砖错缝平铺叠砌，在与过道相接处铺设5层台阶。前室底部用长方形砖铺成“人”字形。

过道平面呈长方形，长100、宽82厘米，残高55厘米，券顶已毁。墓壁为单隅长方形砖错缝平铺叠砌。过道底部用长方形砖作“人”字形铺砌，与后室铺底相通。

后室平面呈长方形，室内长324、宽114厘米，残高123厘米，券顶部分已毁，从残留的起券部分观察，券顶为双重券，采用长方形砖、刀形砖相间起券，起券高度90厘米。后端在券顶下置承券，承券采用长方形砖、刀形砖相间起券。墓壁为单隅长方形砖错缝平铺叠砌。在墓室后端两角各砌一个砖柱，砖柱高75厘米。墓室后壁置于承券内，为双隅长方形砖错缝平铺叠砌（图版五二，3）。后室底作“人”字形铺砌。未见棺木及人骨架。因被盗扰，器物散碎分布在后室、前室、甬道的池内。

墓砖为深红色，有长方形砖、刀形砖两种，长方形砖常见规格为长32、宽16、厚5厘米。刀形砖常见规格为长32、宽16、厚3～5厘米。少数长方形墓砖平面压印网状菱格纹（图七〇，1），余者为素面。

2. 随葬器物

残存随葬器物8件，填土中采集1件。随葬器物分青瓷器和滑石器两种。

（1）青瓷器

碗　4件。形制基本相同。

M2:4，灰白胎，施青黄釉，着釉差，剥落较严重。圆唇，弧腹，饼足内凹，外底旋削一圈，内底心下压一圆圈。外沿下饰凹弦纹一周。口径8.6、底径3、高4.2厘米（图七一，1；图版五三，1）。

M2:6，灰白胎，施青黄釉，着釉差，剥落比较严重。圆唇，弧腹，饼足内凹，外底旋削一圈，内底心下压一圆圈，圆圈内起小乳突。外沿下饰凹弦纹一周。口径8.6、底径3.1、高4厘米（图七一，2；图版五三，4）。

M2:7，灰胎，施青黄釉，着釉差，大部分剥落。圆唇，弧腹，饼足微内凹，外底旋削一圈，内底下压一圆圈。外沿饰凹弦纹一周。口径8.5、底径2.9、高4厘米（图七一，3；图版五三，2）。

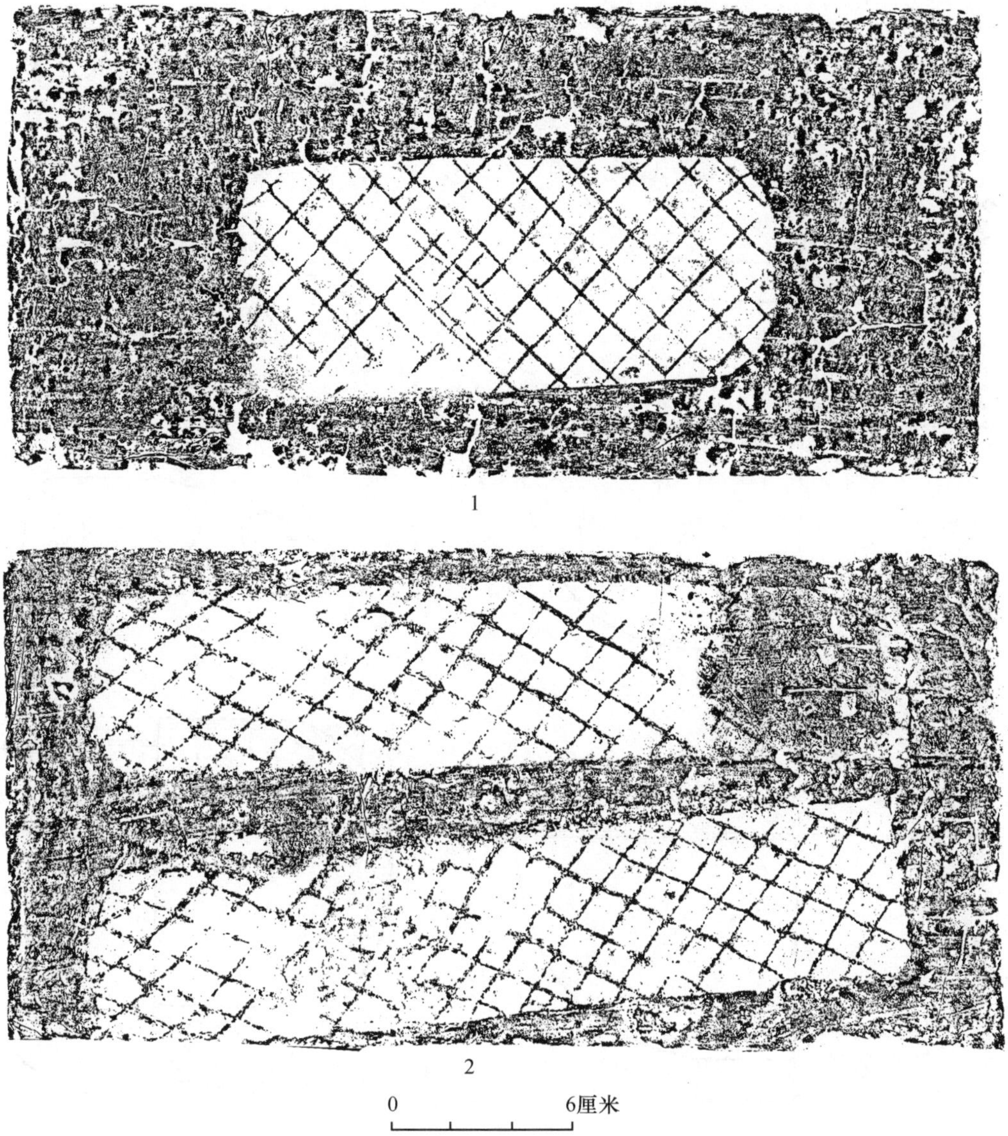

图七〇　康乐中路 M2、M10 墓砖纹饰拓片

1. M2 墓砖纹饰　2. M10 墓砖纹饰

M2∶8，残。

六耳罐　1 件。

M2∶5，灰白胎，施青绿釉，内满釉，外施釉不及底，近底部有积釉。釉开片均匀，玻化好，有光泽。敛口，口沿内凹，溜肩，上鼓腹，下腹斜收，小平底内凹，肩部附 6 个桥形耳，4 个横置、2 个竖置。肩部饰凹弦纹一周。口径 8、腹径 14.2、底径 6.1、高 11.3 厘米（图七一，7；图版五三，3）。

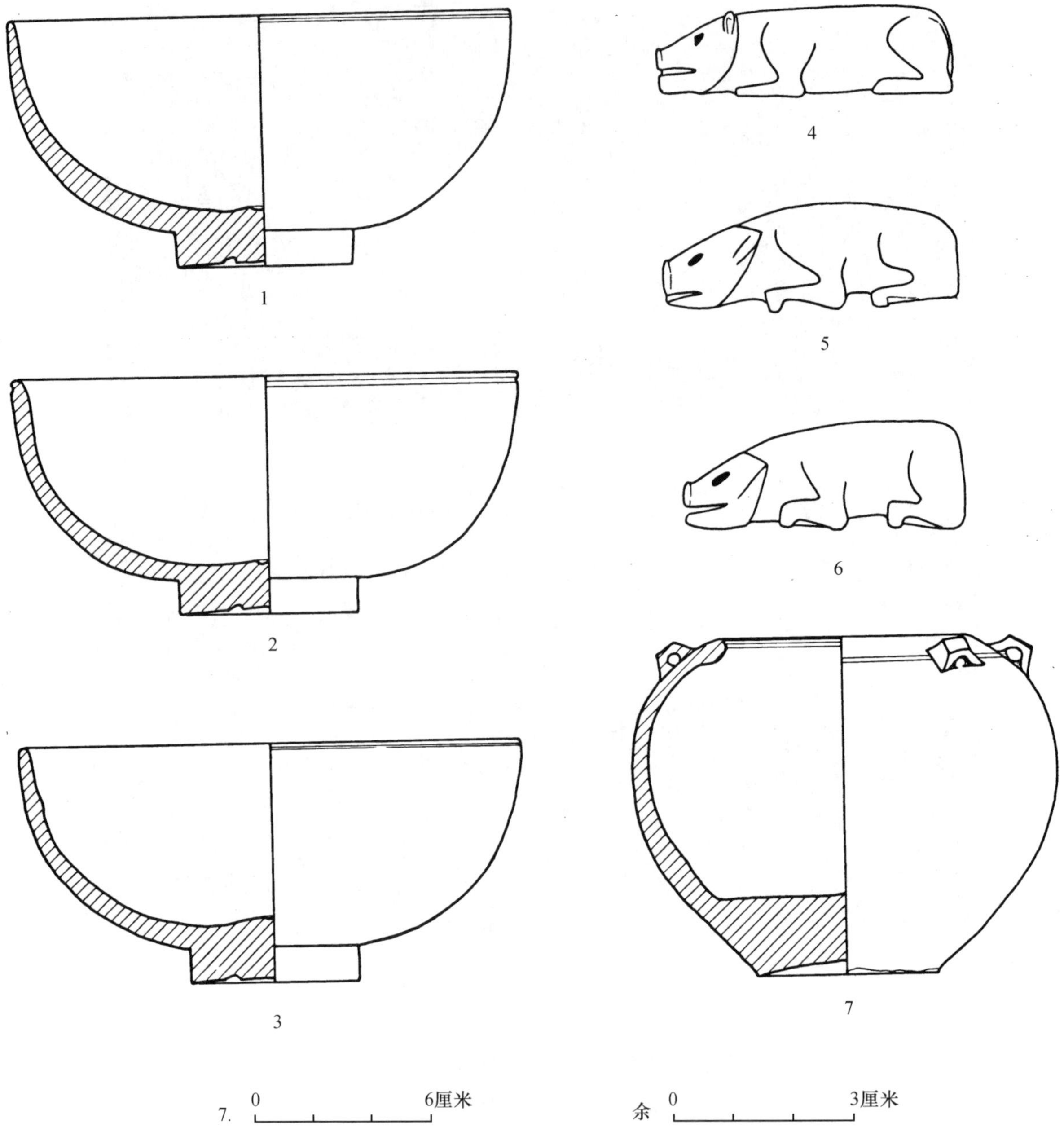

图七一　康乐中路 M2 出土青瓷碗、六耳罐及滑石猪

1～3. 青瓷碗（M2:4、M2:6、M2:7）　4～6. 滑石猪（M2:1、M2:2、M2:3）　7. 青瓷六耳罐（M2:5）

（2）滑石器

猪　3 件。

M2:1，灰白色，石质软。猪作蹲伏状。突吻，三角眼，立耳，丰身，细长尾垂贴于后臀。长 4.9、宽 1.2、高 1.5 厘米（图七一，4；图版五三，5）。

M2∶2，灰白色，石质软，猪作蹲伏状。突吻，长眼，大耳，丰身，粗短尾垂贴于后臀。长4.75、宽1.7、高1.8厘米（图七一，5；图版五三，6）。

M2∶3，灰白色，石质软。猪作蹲伏状。突吻，长眼，大耳，丰身，粗长尾垂贴于后臀。长4.6、宽1.6、高1.85厘米（图七一，6；图版五三，7）。

M3

1. 墓葬形制

M3主要位于T0207的偏东部，部分墓道向南跨入T0208，墓室部分分别跨入T0307西南角、T0206东北角和T0208西北角。

该墓为“串”字形砖室墓，由墓道、封门、甬道、前室、过道、后室几部分组成。残长1626厘米，墓室长876、宽258厘米。方向330°（图七二；图版五四，1）。

墓道平面呈长方形，西北—东南向，侧壁垂直、平整。墓道前端已毁，残长750、宽142厘米。墓道底部平整，北高南低呈斜坡状，坡度11°。

封门宽于甬道，两端用长方形砖平铺叠砌，中间下部为长方形砖、刀形砖二层平铺、一层立铺叠砌，上部为长方形砖错缝平铺叠砌，最上部用残砖平铺叠砌。最上部部分封门砖砌于甬道的承券内（图版五四，2）。

甬道平面呈长方形，室内长126、宽78、高147厘米。甬道券顶用长方形砖、刀形砖夹砌起券，起券高度105厘米。券顶的前端加砌二重券，每层券之间用长方形砖错位平铺相隔。后端券顶置于前室承券内。甬道侧壁为双隅长方形砖错缝平铺叠砌。甬道中部设二道门闸。门闸宽6、高160厘米。

在甬道底部砌长108、宽78、深25厘米的长方形池，其侧壁为长方形砖错缝平铺叠砌，底部用长方形砖铺砌成“人”字形。

在甬道前端的双重券上用长方形砖筑起一道挡土墙，宽度与重券相同，宽234、高180厘米，墙体宽36厘米。挡土墙上下饰菱角牙子，正中饰矮假直棂窗。

前室平面呈长方形，室内长186、宽168厘米。前室券顶采用长方形砖、楔形砖相间起券，起券高度135厘米。室内高240厘米，高于甬道及后室。前室前端筑二层承券，第1层承券上平铺一层长方形砖与第2层相隔，第2层承券上平铺三层长方形砖与券顶相隔。后端筑一层承券且在过道的券顶之上。前室墓壁为双隅长方形砖错缝平铺叠砌，中部用特制砖饰假直棂窗、菱角牙子（图七二，AA′；图版五四，3）。墓室四角各筑砖柱一个，前面两个高95厘米，后面两个高100厘米。前室底部用长方形砖铺砌成“人”字形。前室与过道相接处铺设四层台阶，每层台阶由一层长方形砖平铺而成。

前室前端券顶外侧筑挡土墙，挡土墙的最外一层用长方形砖竖直立砌紧贴墓壁，相邻的用长方形砖和特制砖平铺叠砌。

过道平面呈长方形，室内长98、宽84、高165厘米。券顶用长方形砖、刀形砖相间起券，起券高度120厘米。前端券顶置于前室承券内，后端置于后室券顶内，两侧壁为双隅长方形砖错缝平铺叠砌。中部设一道门闸，宽6、高183厘米。底与后室相通，长方形砖作“人”字形铺砌。

后室平面呈长方形，室内长390、宽150、高200厘米。后室券顶采用长方形砖、楔形砖相间起券，起券高度115厘米。后端在券顶下置双重承券，承券用长方形砖、刀形砖起券。墓壁为双隅长方形砖错缝平铺叠砌，侧壁各饰对称两个长方形壁龛。四角各砌砖柱一个，分别高95厘米。墓室后壁置于承券内，局部为双隅长方形砖错缝平铺叠砌。后壁内侧上部用特制砖砌成塔状壁龛。下部用特制砖构筑二层菱角牙子和矮假直棂窗（图七二，BB′；图版五五，1）。后室底用长方形砖作“人”字形铺砌。在前、后和中间各平放两块长方形砖，从其摆放的位置观察，其应为垫棺所用。后室发现铁质棺钉15枚，锈蚀严重。未见棺木及人骨架。

墓砖为深红色，有长方形砖、刀形砖、楔形砖和特制砖等几种。长方形砖常见规格长36、宽18、厚5厘米；刀形砖常见规格长36、宽18、厚3~5厘米；楔形砖常见规格长36、宽18、厚3~5厘米；特制砖常见规格长19.5、宽7、厚5厘米。少数长方形墓砖平面压印网状菱格纹，余者为素面。

2. 随葬器物

共出土随葬器物14件。有青瓷、酱釉瓷、釉陶、陶器、滑石器等。以青瓷器为大宗（图版五五，2、3）。

（1）青瓷器

碗　4件。

M3:1，灰白胎，施青黄釉，剥落严重。圆唇，弧腹，饼足内凹，外底旋削一圈，内底心突起，底心下压一圈。外沿下饰间断弦纹。口径7.2、底径3.2、高3.8厘米（图七三，4；图版五六，1）。

M3:2，器物变形。灰白胎，施青绿釉，着釉厚薄不均，剥落较严重。尖圆唇，弧腹，饼足微凹，内底隆起，底心下压一圆圈，内底有三处垫烧痕。口径9.9、底径4.2、高4.5~5.8厘米（图七三，8；图版五六，2）。

M3:3，器物略变形。灰白胎，施青黄釉，着釉差，基本全部剥落。圆唇，弧腹，平底。内底下凹。外沿饰粗凹弦纹。口径9.3、底径5、高3.1~3.3厘米（图七四，1；图版五六，3）。

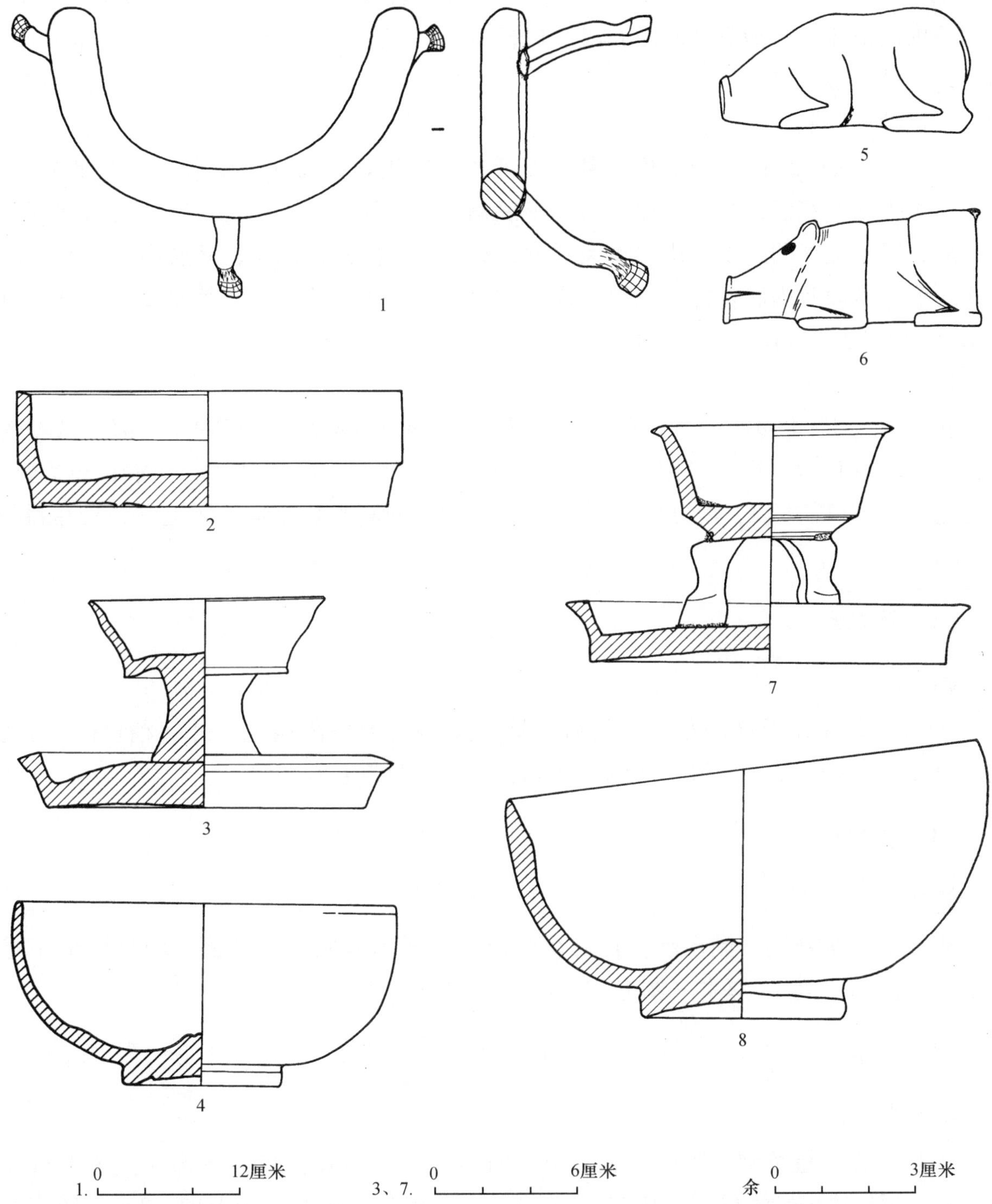

图七三　康乐中路M3出土釉陶凭几、瓷碟、滑石猪及青瓷灯、碗、三足炉

1. 釉陶凭几（M3:8）　2. 瓷碟（M3:7）　3. 青瓷灯（M3:14）　4、8. 青瓷碗（M3:1、M3:2）　5、6. 滑石猪（M3:6、M3:5）　7. 青瓷三足炉（M3:13）

M3∶4，器物略变形。灰胎，施青黄釉，着釉差，剥落严重。圆唇，弧腹，饼足微内凹，内底下压。外沿下饰间断弦纹。口径 10.6、底径 5.1、高 4.7 ~ 4.9 厘米（图七四，2；图版五六，4）。

三足炉　1 件。

M3∶13，灰白胎，通体施青绿釉，有开片，玻化好。局部有积釉。由三足炉和盘组成。炉尖唇，宽沿，敞口，深折腹，平底微内凹，下附兽蹄形三足。折腹处饰凹弦纹一周，蹄足上饰凹弦纹一周。盘尖圆唇，宽沿，口微侈，浅盘，平底内凹，外底有 5 处支烧痕。沿面及内底各饰凹弦纹一周。炉口径 9、盘口径 16.8、底径 14.8、通高 10 厘米（图七三，7；图版五七，1）。

灯　1 件。

M3∶14，器物略变形。灰白胎，施青绿釉，外底局部无釉，着釉差，部分已剥落。灯柱连接灯盏和盘。灯盏尖圆唇，敞口，近斜腹，凹底。盘尖圆唇，宽沿，浅盘，内底隆起。灯盏口径 9.8、盘口径 13.9、底径 13.2、通高 8.8 厘米（图七三，3；图版五七，2）。

（2）酱釉瓷

碟　1 件。

M3∶7，灰胎，通体施釉，玻化好，器表及器内釉呈酱褐色，外底釉色略呈青黄色。口径 8、底径 7.3、高 2.4 厘米（图七三，2；图版五六，5）。

（3）釉陶器

凭几　1 件。

M3∶8，泥质灰陶，胎质硬。几面呈弧形，截面为椭圆形，几面下附兽蹄形三足，外撇。弦长 31、高 14 厘米（图七三，1；图版五七，3）。

（4）陶器

帷帐座　4 件。

M3∶9，泥质橙黄陶，胎质略软。上下对接，上部为圆台形，下部为正方形台座，中间有一圆孔以插帷帐杆。边长 18、高 11.2、孔径 2.5 厘米（图七四，3；图版五八，1）。

M3∶10，泥质橙黄陶，胎质略软。上下对接，上部为圆台形，下部为近正方形台座，中间有一圆孔以插帷帐杆。长边 18.4、短边 18、高 11.6、孔径 2.3 厘米（图七四，4；图版五八，2）。

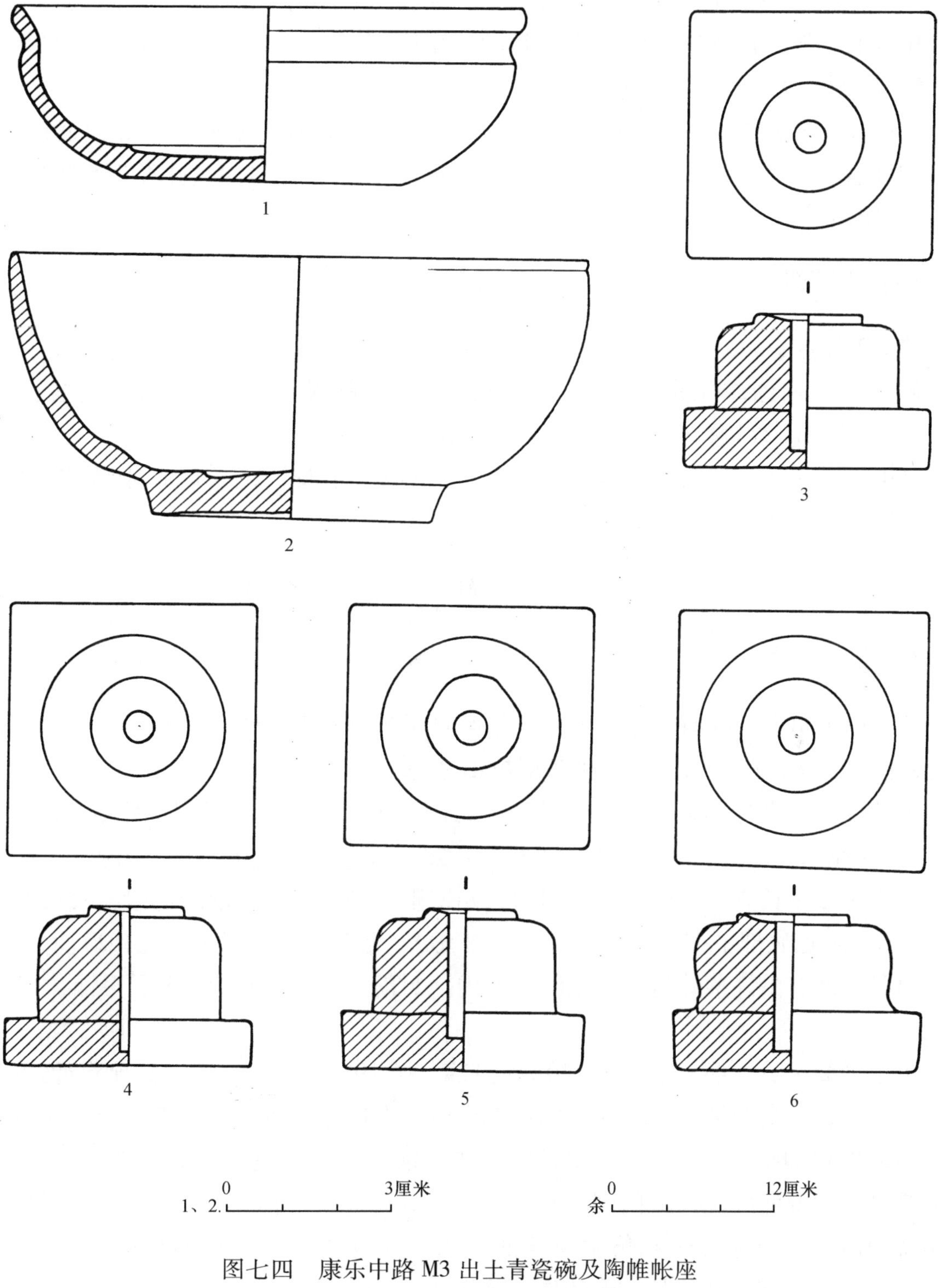

图七四　康乐中路M3出土青瓷碗及陶帷帐座

1、2. 青瓷碗（M3∶3、M3∶4）　3～6. 陶帷帐座（M3∶9、M3∶10、M3∶11、M3∶12）

M3∶11，泥质橙黄陶，胎质略软。上下对接，上部为圆台形，下部为近正方形台座，中间有一圆孔以插帷帐杆。长边17.8、短边17.5、高11.8、孔径2.5厘米（图七四，5；图版五八，3）。

M3∶12，泥质橙黄陶，胎质略软。上下对接，上部为圆台形，下部为近正方形台座，中间有一圆孔以插帷帐杆。长边18.8、短边18.4、高11.4、孔径2.5厘米（图七四，6；图版五八，4）。

（5）滑石器

猪　2件。

M3∶5，灰白色，石质软。猪作蹲伏状，突吻，圆眼，立耳，丰身，短尾上翘。长5.3、宽1.6、高2.4厘米（图七三，6；图版五八，5）。

M3∶6，灰白色，石质软。猪作蹲伏状，突吻，丰身，粗长尾垂于后臀。长5.3、宽1.9、高2.6厘米（图七三，5；图版五八，6）。

M4

1. 墓葬形制

M4位于T0307的西半部。小部分墓道向西北跨入T0208、大部分墓道及部分墓室向北跨入T0308，墓室的前部左侧墓壁被J1打破。

该墓为“凸”字形砖室墓，由墓道、封门、甬道、前室、过道、后室几部分组成。残长1118厘米，墓室长974、宽272厘米，方向324°（图七五；图版五九，1）。

墓道平面呈长方形，西北—东南向，侧壁垂直平整，墓道前端已毁，残长144、宽134厘米。墓道底部平整，北高南低，呈斜坡状，坡度13°（图版五九，2）。

封门上部有少许墓砖封于甬道的承券内。封门由长方形砖2～3层平铺、1层立铺叠砌。

甬道平面呈长方形，室内长240、宽124、高194厘米。甬道的券顶除近封门处残留一部分外，其余全被毁坏。券顶用长方形砖、刀形砖夹砌起券，起券高度150厘米。券顶前端加砌重券，每层券之间用长方形砖平铺相隔。甬道墓壁为单隅长方形砖错缝平铺叠砌。侧壁前部设二道门闸（图七五，AA′），闸口宽8、高126厘米。侧壁的后端用特制砖构筑菱角牙子和仿木建筑的“人”字斗拱，在斗拱间加拴拱柱（图版六〇，1）。甬道底部后端用长方形砖作“人”字形铺砌。

甬道底部前端砌长90、宽88、深20厘米的长方形池，其侧壁用长方形砖错缝平铺叠砌，底部用长方形砖铺砌成“人”字形。

前室平面为长方形，室内长196、宽136厘米，残高230厘米。前室券顶已毁，从残留的起券部分观察，券顶采用长方形砖、楔形砖相间起券，起券高度186厘米。前室墓壁为双隅长方形砖错缝平铺叠砌，墓壁中部用特制砖上下构筑菱角牙子，菱角牙子中间饰对开假直棂窗（图七五，AA′；图版六〇，2）。底部用长方形砖铺砌成“人”字形。前室与过道相接处铺设四层台阶，前三层台阶每层由一层长方形砖平铺而成，最后一层台阶由三层长方形砖平铺而成。

过道与后室相通，过道平面呈长方形，室内长104、宽72厘米。在过道中部设一门闸，闸口宽8、高112厘米。底部用长方形砖铺砌成“人”字形（图版五九，3）。

后室平面呈长方形，室内长396、宽176厘米，残高202厘米。后室的券顶也被破坏，从残留的起券部分观察，券顶采用长方形砖、楔形砖相间起券，起券高度150厘米。墓壁为双隅长方形砖错缝平铺叠砌，墓壁各饰两个长方形壁龛。墓室四角各砌砖柱一个，高106厘米。墓室后壁置于券顶内，为双隅长方形砖错缝平铺叠砌。上部用特制砖构筑菱角牙子及仿木建筑的“人”字斗拱，在斗拱间加拴拱柱，下部用特制砖构筑假直棂窗及菱角牙子（图七三，BB′；图版六〇，3）。后壁外侧从中部向上用特制砖叠砌花墙，以加固后壁。墓底用长方形砖作“人”字形铺砌。未发现棺木及人骨架。

墓葬破坏较为严重，仅在墓道、前室、后室内各发现一件瓷碗。

墓砖为深红色，有长方形砖、刀形砖、楔形砖和特制砖等几种。长方形砖常见规格长38、宽18、厚6厘米；刀形砖常见规格长38、宽18、厚4～6厘米；楔形砖常见规格长38、宽18、厚4～6厘米。少数长方形墓砖平面压印网状菱格纹，余者为素面。

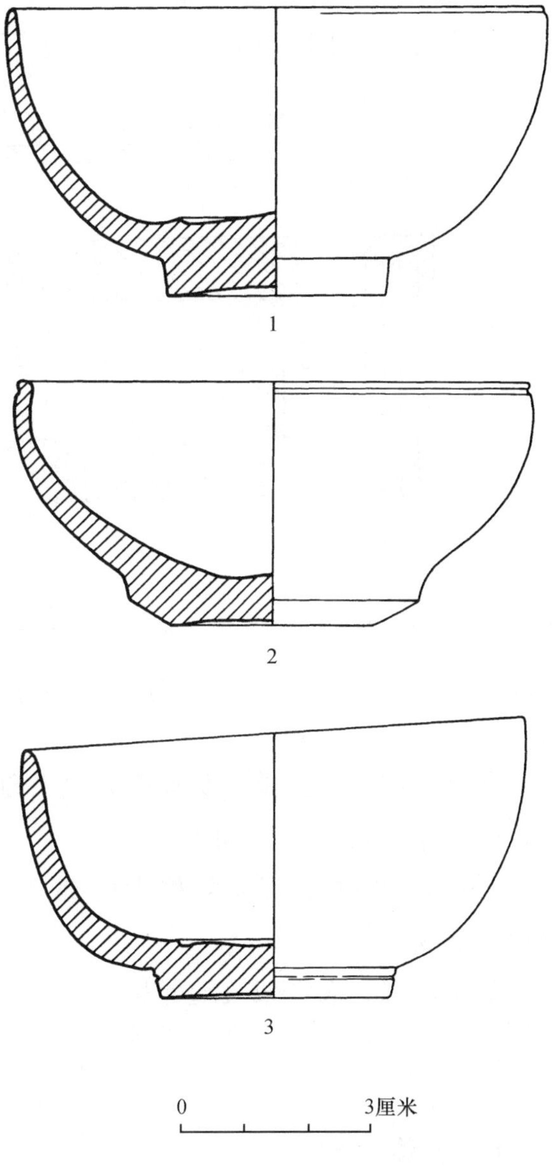

图七六　康乐中路M4出土青瓷碗

1. M4∶1　2. M4∶2　3. M4∶3

2. 随葬器物

共出土3件器物，皆为青瓷器。

青瓷碗　3件。

M4∶1，灰胎，施青黄釉，着釉差，剥落严重。圆唇，弧腹，饼足微内凹，内底下压。外沿下饰细弦纹一周。口径8.5、底径3.4、高4.5厘米（图七六，1；图版六一，1）。

M4:2，灰胎，胎釉结合差，釉基本全部剥落。圆唇，弧腹，饼足微内凹。外沿下饰细弦纹一周。口径8、底径3.2、高3.8厘米（图七六，2；图版六一，2）。

M4:3，器物变形。灰胎，胎釉结合差，釉基本全部剥落。尖圆唇，弧腹，饼足微内凹，内底下压。口径7.9、底径3.5、高3.9～4.4厘米（图七六，3；图版六一，3）。

M5

墓葬形制

M5位于T0206的中部偏西。

该墓为长方形砖室墓，长200、宽76厘米，残高20厘米。方向334°（图七七）。

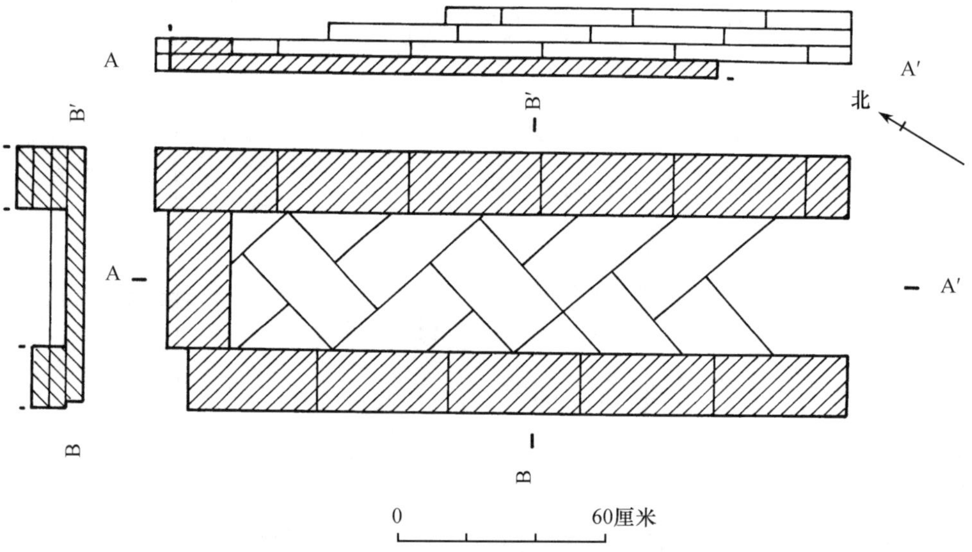

图七七　康乐中路M5平、剖面图

该墓毁坏严重，仅残留墓底及部分侧壁。侧壁由长方形砖错缝平铺叠砌，墓底用长方形砖作“人”字形铺砌。

墓砖为深红色，常见规格为长38、宽18～19、厚5厘米。在部分墓砖的一面压印网状菱格纹。

未见棺木、人骨架及随葬品。

M10

1. 墓葬形制

M10位于T0306的西部偏南，封门部分向西北跨入T0206。

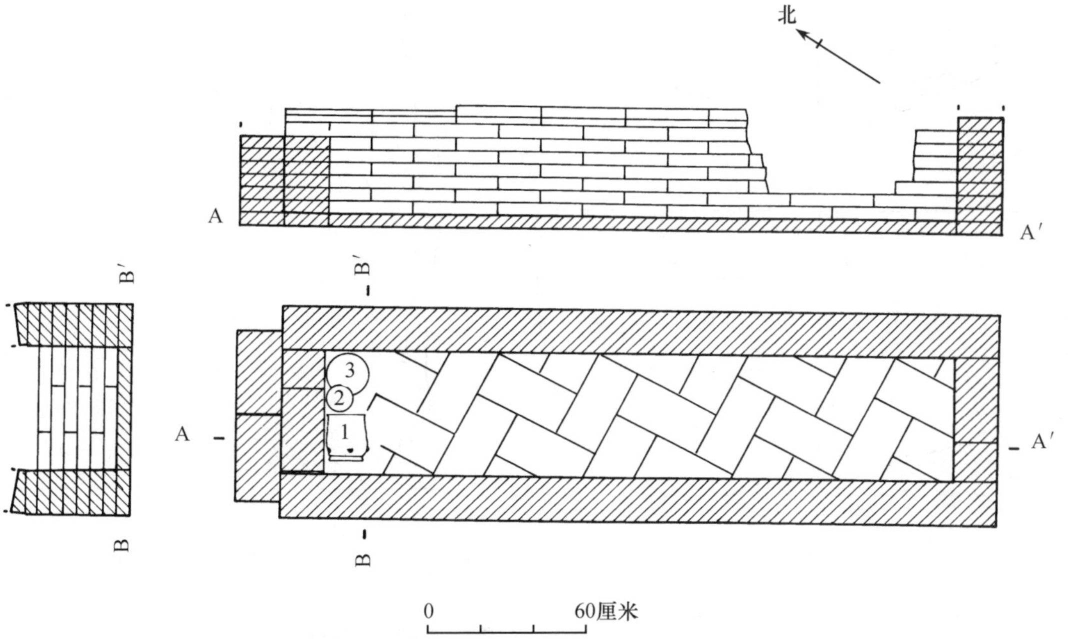

图七八　康乐中路 M10 平、剖面图

1. 陶四耳罐　2. 青瓷三足炉　3. 青瓷碟

该墓为长方形砖室墓，长 292、宽 82 厘米，残高 45 厘米，方向 330°（图七八）。

该墓毁坏严重。有两道封门，一道用长方形砖错缝平铺叠砌于墓室侧壁外，宽于墓室，另一道用长方形砖错缝平铺叠砌于墓室侧壁内。券顶部分已全部塌毁，从残留部分观察，券顶采用长方形砖、刀形砖相间起券，起券高度 35 厘米。侧壁、后壁用长方形砖错缝平铺叠砌，后壁砌于侧壁内。墓底用长方形砖作“人”字形铺砌。墓室内发现 6 枚铁质棺钉，未见棺木及人骨架。

墓砖为深红色，有长方形砖和刀形砖两种。长方形砖常见规格为长 32、宽 17、厚 5 厘米；刀形砖常见规格为长 32、宽 17、厚 3 ~ 5 厘米。在部分长方形砖的一面压印网状菱格纹（图七〇，2）。

2. 随葬器物

出土随葬器物 3 件，均摆放在近封门处，分陶器和青瓷器。

（1）陶器

四耳罐　1 件。

M10∶1，泥质灰陶，胎质硬，施褐色陶衣。圆唇，直口，近直腹，不规整，大平底内凹。肩部横置 4 个对称条形耳，口部饰凹弦纹一周。口径 15.2、腹径 17、底径 16.4、高 18.2 厘米（图七九，3；图版六一，6）。

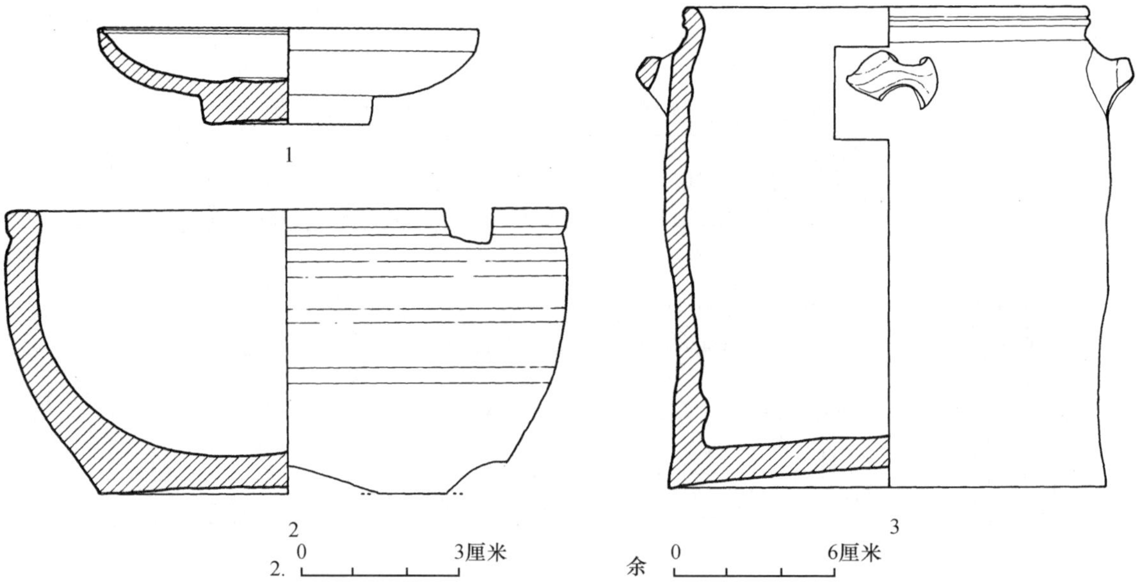

图七九 康乐中路M10出土青瓷碟、青瓷三足炉、陶四耳罐
1. 青瓷碟（M10:3） 2. 青瓷三足炉（M10:2） 3. 陶四耳罐（M10:1）

（2）青瓷器

三足炉 1件。

M10:2，残。灰胎，通体施青黄釉，着釉差，大部分剥落。方唇，弧腹，平底内凹。口部有一个近方形的缺口。腹部饰弦纹四周。口径10.6、残高5.4厘米（图七九，2；图版六一，5）。

碟 1件。

M10:3，灰胎，施青黄釉，基本全部剥落。外施釉至饼足，内满釉。圆唇，折沿，弧腹，高饼足微内凹，内底下压。在内沿下饰凹弦纹一周。口径14.5、底径6.3、高3.6厘米（图七九，1；图版六一，4）。

四、唐代墓葬

唐代墓葬本次发掘仅见一座，编号为M12。该墓葬毁坏严重，出土的器物部分胎体厚重，器物胎釉结合较好，器类有碟、碗、宽耳罐、盆等。

M12

1. 墓葬形制

M12位于T0508的西北角，被M11打破。

该墓为长方形砖室墓，长318、宽114厘米，残高30厘米，方向55°（图八〇）。

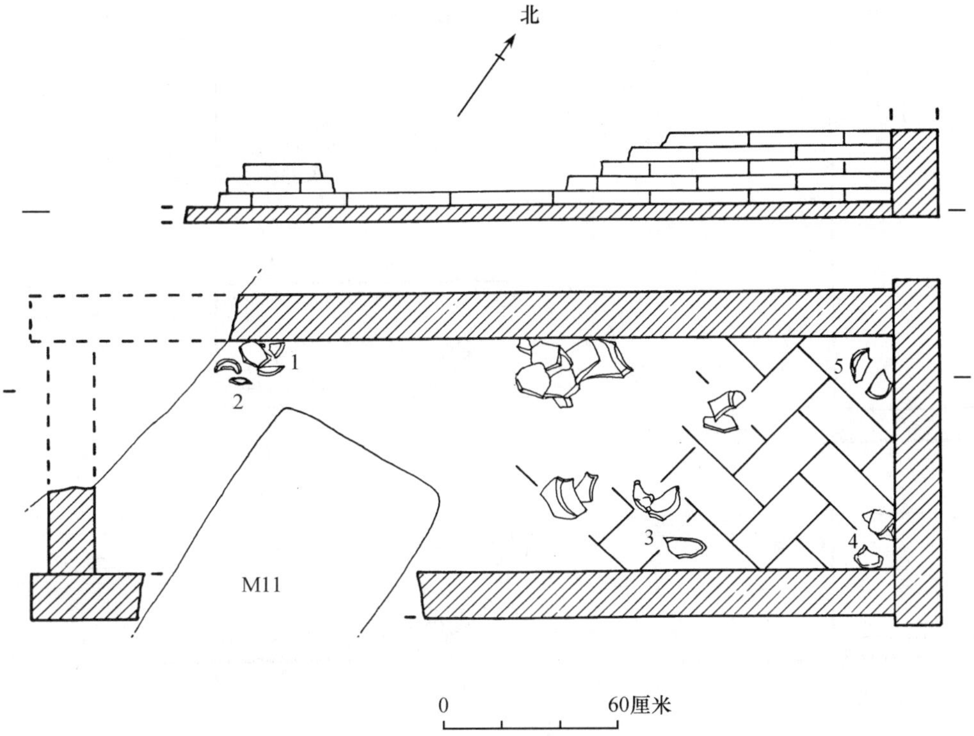

图八〇　康乐中路 M12 平、剖面图

1、2. 青瓷碟　3. 青瓷碗　4. 青瓷宽耳罐　5. 青瓷盆

封门由长方形砖错缝平铺叠砌于墓室侧壁外，宽于墓室。券顶部分已全部毁坏。侧壁、后壁用长方形砖错缝平铺叠砌。墓底用长方形砖作“人”字形铺砌。墓室发现铁质 8 枚棺钉及 3 块骨头碎块。

墓砖为青灰色，常见规格为长 32、宽 17、厚 5 厘米。

2. 随葬器物

墓葬毁坏严重，随葬品已全部被打碎，出土器物 5 件，皆为青瓷器。

青瓷碟　2 件。

M12∶1，灰胎，施青绿釉，不均匀，外施釉至沿处，内满釉。圆唇，弧腹，浅盘，平底微凹。内底有 4 个垫烧痕。内沿下饰凹弦纹一周。口径 12.4、底径 4.8、高 2.6 厘米（图八一，4；图版六二，1）。

M12∶2，灰胎，施青绿釉，不均匀，外施釉至沿处，内满釉。圆唇，弧腹，浅盘，平底。内底有 4 个垫烧痕。内沿下饰凹弦纹一周。口径 12.8、底径 5.8、高 2.7 厘米（图八一，5；图版六二，2）。

青瓷碗　1 件。

M12∶3，青灰胎，施青黄釉，不均匀，外施釉至圈足，内满釉。圆唇，大敞口，

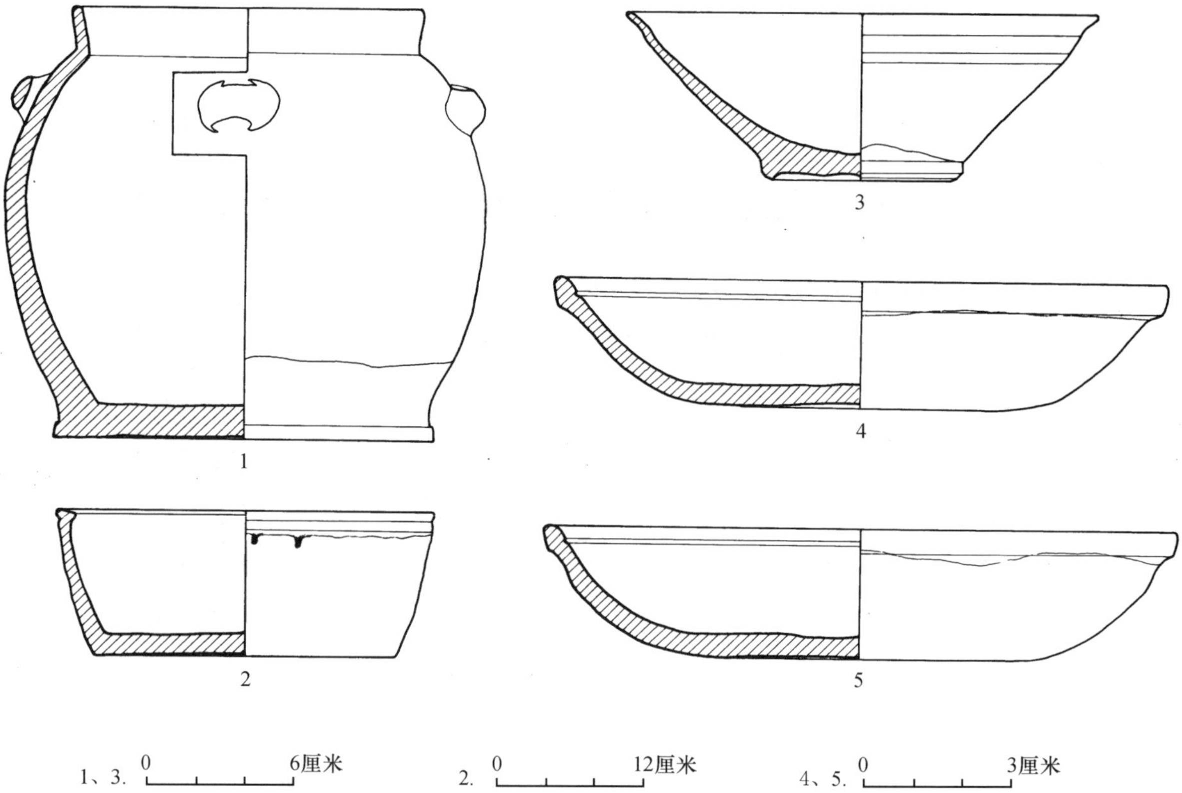

图八一　康乐中路 M12 出土青瓷宽耳罐、盆、碗、碟

1. 青瓷宽耳罐（M12∶4）　2. 青瓷盆（M12∶5）　3. 青瓷碗（M12∶3）　4、5. 青瓷碟（M12∶1、M12∶2）

近斜腹，圈足。器内有 8 处垫烧痕。上腹饰凹弦纹一周。口径 19.1、底径 7.1、高 6.8 厘米（图八一，3；图版六二，4）。

青瓷宽耳罐　1 件。

M12∶4，青灰胎，施青黄釉，不均匀，外施釉至下腹，内满釉。圆唇，口微侈，溜肩，上鼓腹，下腹弧收，平底外放。肩部横置 4 个宽耳。口径 14.5、腹径 19.7、底径 15.6、高 17.6 厘米（图八一，1；图版六二，3）。

青瓷盆　1 件。

M12∶5，灰白胎，施青黄釉，不均匀，外唇下无釉，上腹施釉宽约 2～3 厘米，下腹至底无釉，局部剥落，内满釉。斜方唇，口微敛，近斜腹，平底。口径 30.8、底径 24.4、高 11.9 厘米（图八一，2；图版六二，5）。

五、宋代墓葬

本次发掘的宋代墓葬仅一座。编号为 M11。该墓葬毁坏严重。

M11

1. 墓葬形制

M11 位于 T0508 的西北角，打破 M12。

该墓为长方形竖穴土坑墓。长 226、宽 60 厘米，残深 17 厘米，方向 5°（图八二）。

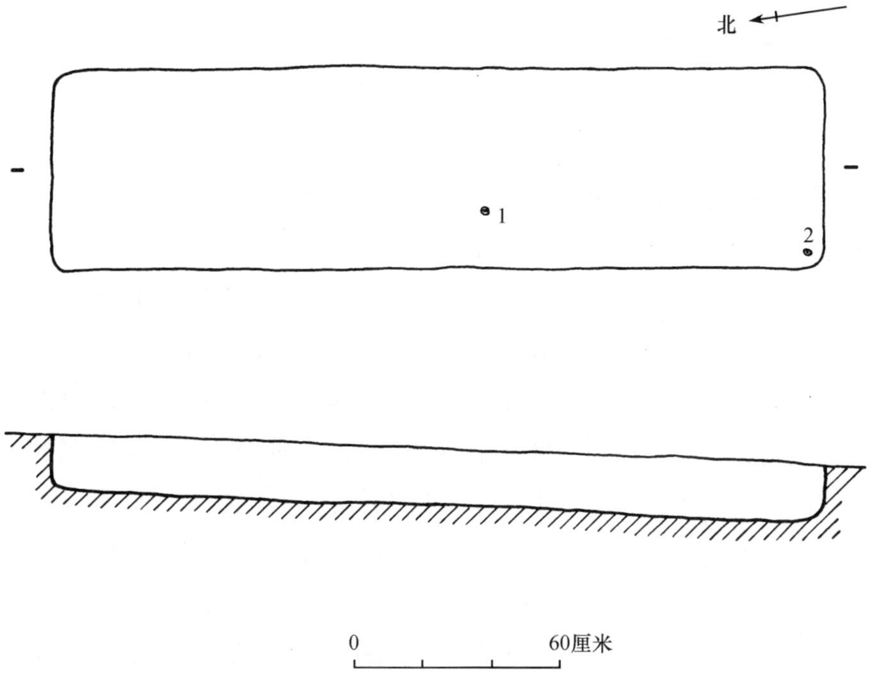

图八二　康乐中路 M11 平、剖面图

1、2. 铜钱

M11 开口于地表，填土为花土，土质略硬，以黄褐色为主。墓坑周壁垂直，平整。墓内仅出土 2 枚残铜钱。未发现葬具及人骨。

2. 随葬器物

铜钱　2 件。

M11∶1，残。

M11∶2，残。

第四节　墓地其他遗迹

墓地发掘时除墓葬外，还清理 3 口水井和 2 座灰坑。出土了大量的宋代和明代遗物。

在 M1 的盗洞处出土了大量的宋代遗物，因时代的不同，为不影响对 M1 年代的判断和对盗洞性质的理解，故将 M1 盗洞编号为 H2。

一、水　井

J1、J2、J3 皆开口于地表，打破生土。

J1

1. 形制

J1 位于 T0307 的西北部，M4 的西部，同时打破 M4。

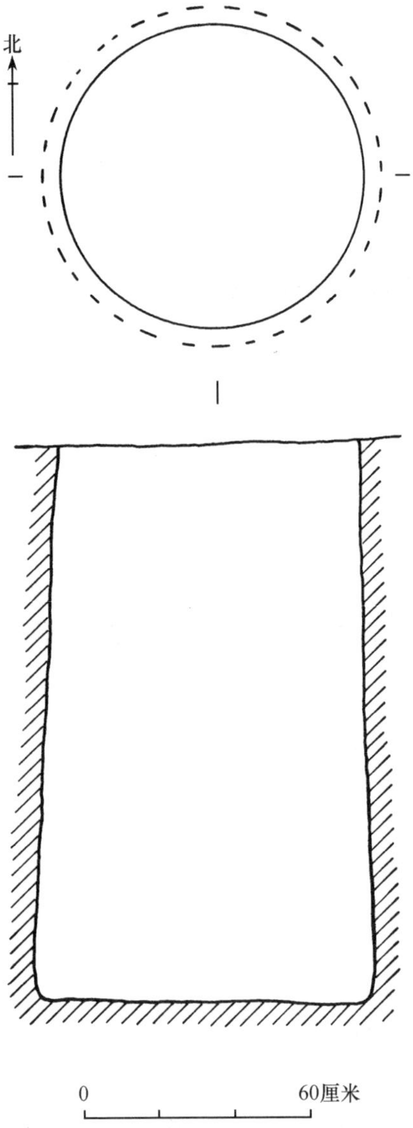

图八三　康乐中路 J1 平、剖面图

J1 平面呈圆形，底略大于口，口径 80、底径 90、残深 150 厘米（图八三）。坑壁加工规整，平底。J1 内填土大致可分为两部分，上部为杂乱土，基本以灰黑色为主，土质略软，厚约 110 厘米，下部为青灰色土，土质松软，呈膏泥状，略纯净。填土中包含物较杂，有烧土块、炭灰、砖块、瓦片、青瓷残片、动物骨骼等。遗物的出土主要集中在上部。遗物中时代最早的为唐代晚期，最晚的为宋代。

从出土器物特征及打破关系推断，J1 的使用年代上限为唐代晚期，下限为宋代。

2. 出土遗物

陶刻槽盆　1 件。

J1∶1，泥质灰陶，器物略有变形。斜方唇，折沿，敛口，深弧腹，平底内凹。器物内壁刻满深刻槽。口径 32.4、底径 15.4、高 17.4 厘米（图八四，7；图版六三，1）。

瓷碗　3 件。

J1∶2，灰胎，施青釉，内底涩圈，外圈足内未施釉。圆唇，折沿，敞口，深弧腹，矮圈足。口径 18、底径 6.4、高 7.2 厘米（图八四，4；图版六三，2）。

J1∶3，灰白胎，施青绿釉，内满釉，外釉至口沿下，圆唇，折沿，敞口，弧腹，矮圈足。口径 16.5、底径 5.6、高 6 厘米（图八四，6；图版六三，3）。

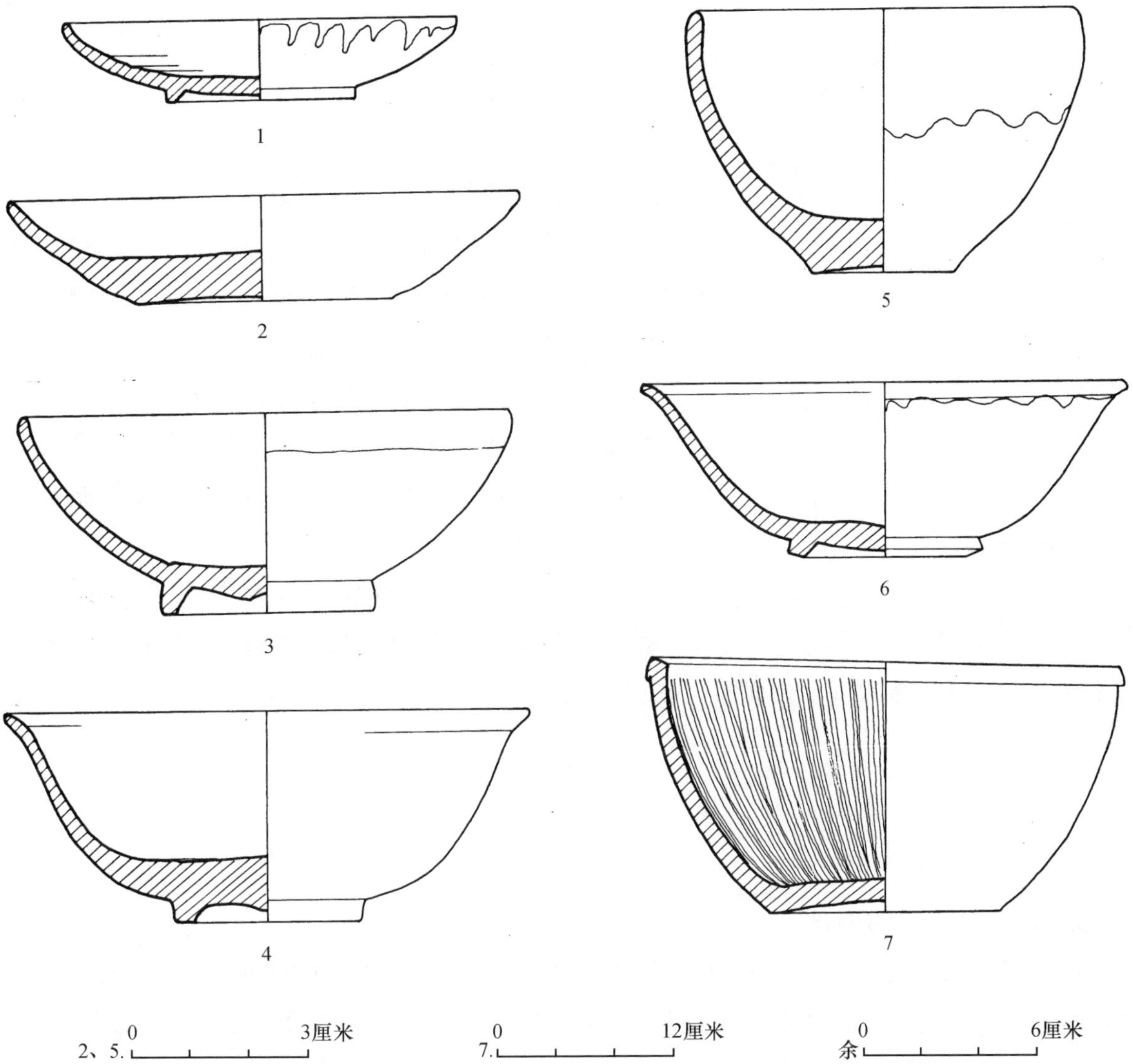

图八四　康乐中路 J1 出土瓷碟、碗、杯及陶刻槽盆

1、2. 瓷碟（J1∶6、J1∶7）　3、4、6. 瓷碗（J1∶4、J1∶2、J1∶3）　5. 瓷杯（J1∶5）　7. 陶刻槽盆（J1∶1）

J1∶4，米黄色胎，施酱釉，内半釉，外釉至口沿下。圆唇，敞口，弧腹，矮圈足。内底饰一周凹弦纹。口径 16.6、底径 7.2、高 6.8 厘米（图八四，3；图版六三，4）。

青瓷杯　1 件。

J1∶5，灰胎，器物施豆青釉，内满釉，外釉不及底。圆唇，口微敛，深弧腹，平底微内凹。口径 6.6、底径 2.5、高 4.5 厘米（图八四，5；图版六三，5）。

瓷碟　2 件。

J1∶6，灰胎，施青绿釉，内满釉，外釉至口沿下，明显积釉。圆唇，弧腹，矮圈足。口径 13.4、底径 6.4、高 2.8 厘米（图八四，1；图版六三，6）。

J1∶7，灰胎，施酱釉，器外未施釉。圆唇，敞口，近斜腹，浅盘，平底微凹，底较厚。口径 8.8、底径 4.3、高 1.8 厘米（图八四，2；图版六三，7）。

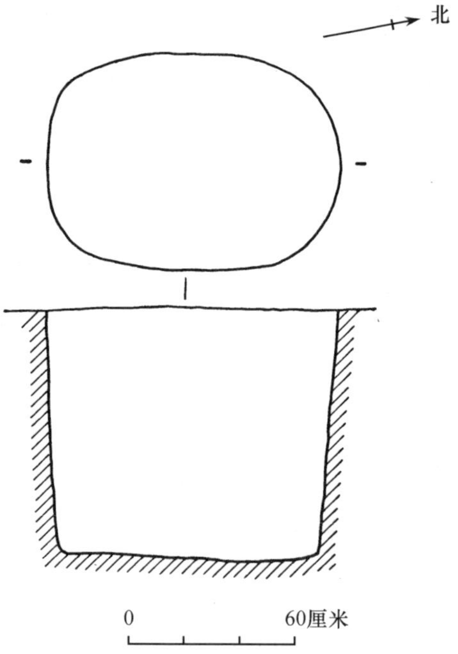

图八五　康乐中路J2平、剖面图

J2

形制

J2位于T0303的东北部。

J2平面呈椭圆形，长径106、短径80、残深94厘米，方向79°（图八五）。J2的坑壁略规整，底较口略小，同样不太规整。

J2的填土大致可分为两部分，上部为灰土，土质略松，包含遗物较少，仅出土几片青瓷片和碎砖渣，该层厚约64厘米。下部为青灰色淤泥，质稀软，略纯净。

J2中出土遗物较少，仅从几片青瓷片观察分析，没有晚于宋时期的，故J2的使用年代大致应为宋代。

J3

1. 形制

J3位于T0303的南部。

J3平面呈圆形，直径84厘米（图八六）。在清理到320厘米时出水，出于对安全的考虑，停止作业。J3的井壁较规整，在距现井口约220厘米处发现一对脚窝。

J3的填土大致可分为三部分。上部为灰黑色花土，土质松，含大量的砖块、瓦片、碎青花瓷片和青花瓷。厚约220厘米。中部为青灰色土，土质松软，含少数碎青瓷和青白瓷片，厚约70厘米。下层为灰色泥浆和水，略纯净。

J3出土遗物较少，上部有青花瓷，其特征为明代。中部的青瓷及青白瓷应为宋代，该层中未发现有早于宋代和晚于明代的遗物，故J3的最早使用年代应为宋代，最晚使用年代应为明代。

2. 出土遗物

瓷碗　2件。

J3:1，灰白胎，施透明釉，内满釉，外釉至圈足。在器物内底作青花。尖圆唇，敞口，弧腹，圈足。口径12.8、底径5.2、高4.8厘米（图八七，1；图版六四，1）。

J3:2，灰白胎，施透明釉，内满釉，外釉至圈足。圆唇，敞口，弧腹，圈足。口径12.8、底径4.2、高4.9厘米（图八七，2；图版六四，2）。

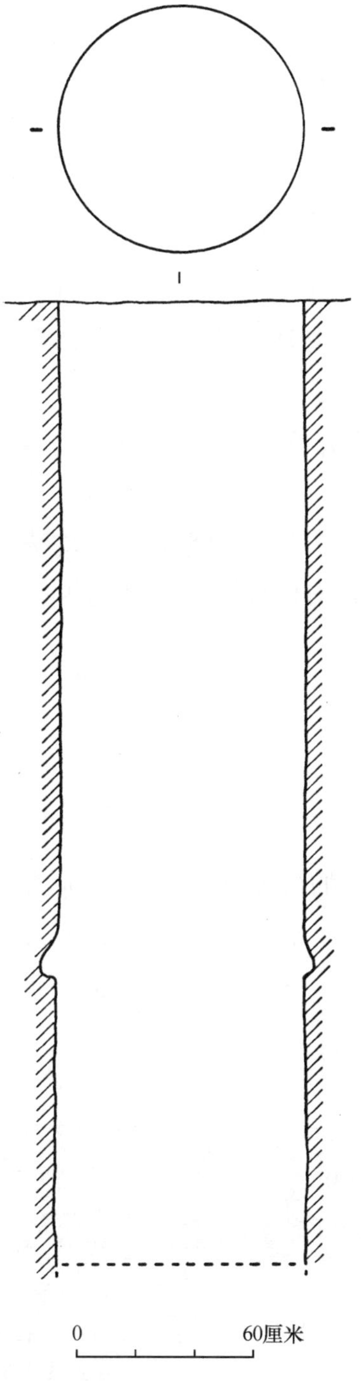

图八六　康乐中路 J3 平、剖面图

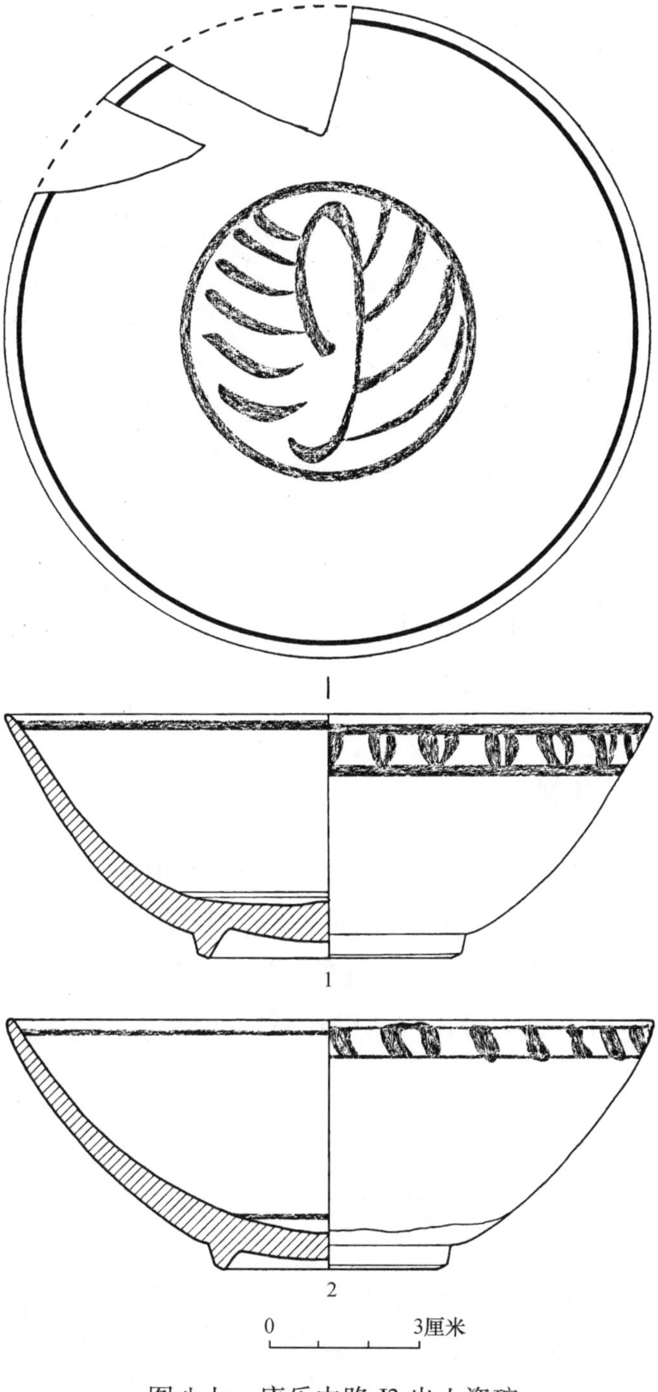

图八七　康乐中路 J3 出土瓷碗

1. J3∶1　2. J3∶2

二、灰　　坑

H1

形制

H1 位于 T0504 的北部。

H1 开口于地表，打破生土。平面呈圆形，直径 270 厘米，弧壁圜底，壁、底不太规整。残深 36 厘米（图八八）。

H1 的填土为浅灰色花土，质略硬，含烧土块、炭灰、碎青瓷片、陶片、瓦片等。

H1 中出土的砖、瓦和青瓷片特征均表明其应为宋代遗物，故 H1 的年代大致可断定为宋代。

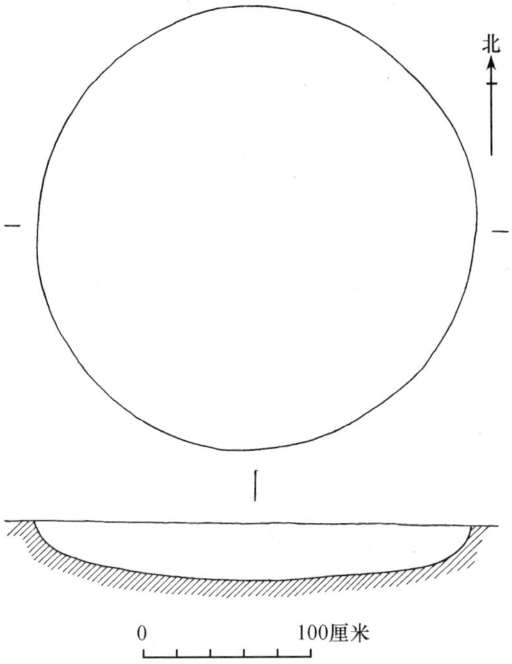

图八八　康乐中路 H1 平、剖面图

H2

1. 形制

M1 的盗洞有两处，分别位于封门和前室。封门下部正中的砖基本已掏空，形状不规整。位于前室的盗洞又称为 H2，其处于 M1 前室券顶正中，平面呈长方形，长度与前室相等，宽 90 厘米（图八九）。填土上部为灰黑色胶泥土，下部为较稀淤泥。所有遗物都出于填土内，大致以瓷器和陶器为主。

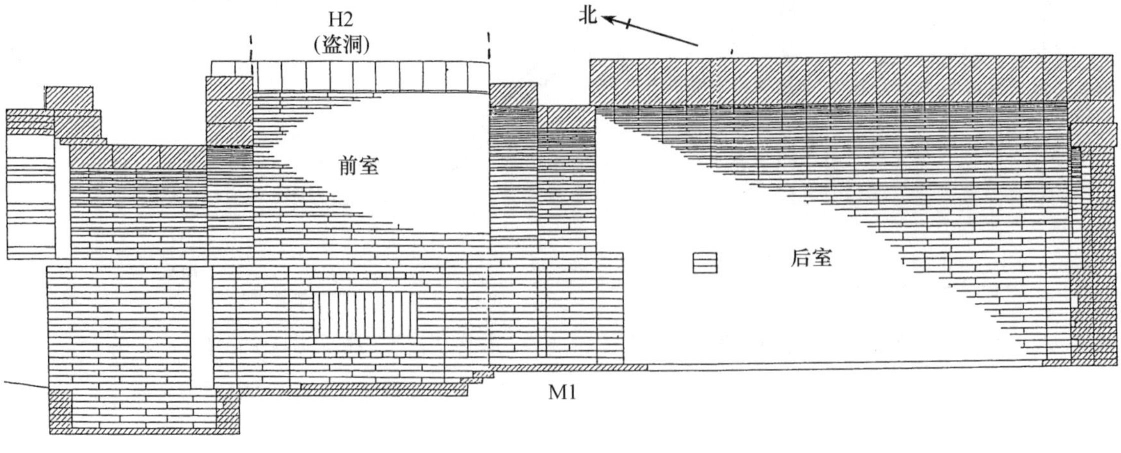

图八九　H2 与 M1 位置关系示意图

2. 出土遗物

（1）瓷器

罐　2件。

H2∶6，灰胎，施褐色釉，较薄，内满釉，外半釉。圆唇，束颈，广肩，弧腹，下腹不规则，平底内凹。口径9.6、腹径15.4，底径7、高13.8厘米（图九○，2；图版六四，3）。

H2∶7，灰胎，内施红底青釉，外无釉。圆唇，卷沿，溜肩，鼓腹，平底。腹部略变形。口径8.2、腹径12.2、底径5.6、高8.2厘米（图九○，1；图版六四，4）。

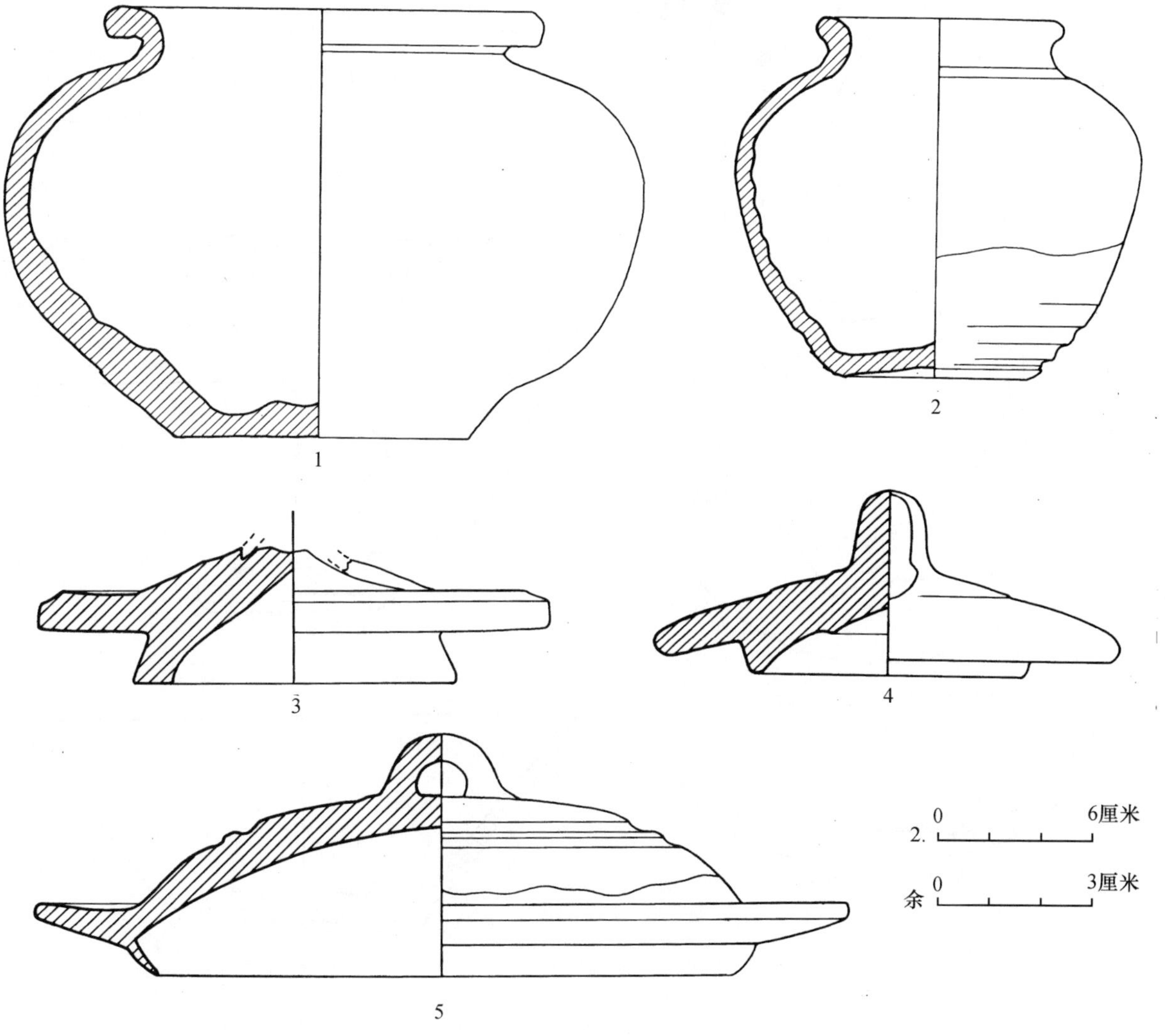

图九○　康乐中路H2出土瓷罐、器盖及陶器盖
1、2. 瓷罐（H2∶7、H2∶6）　3、5. 瓷器盖（H2∶27、H2∶24）　4. 陶器盖（H2∶23）

碗　5件。

H2∶8，灰胎，施豆青釉，施釉部均匀。圆唇，敞口，斜腹，圈足。内底有一周支烧点。口径20.4、底径8、高7.8厘米（图九一，5；图版六四，5）。

H2∶9，灰胎，施青釉，内满釉，外釉至圈足。圆唇，敞口，深弧腹，圈足。器物内壁饰刻划卷草纹。口径19、底径6.6、高8.4厘米（图九一，4；图版六四，6）。

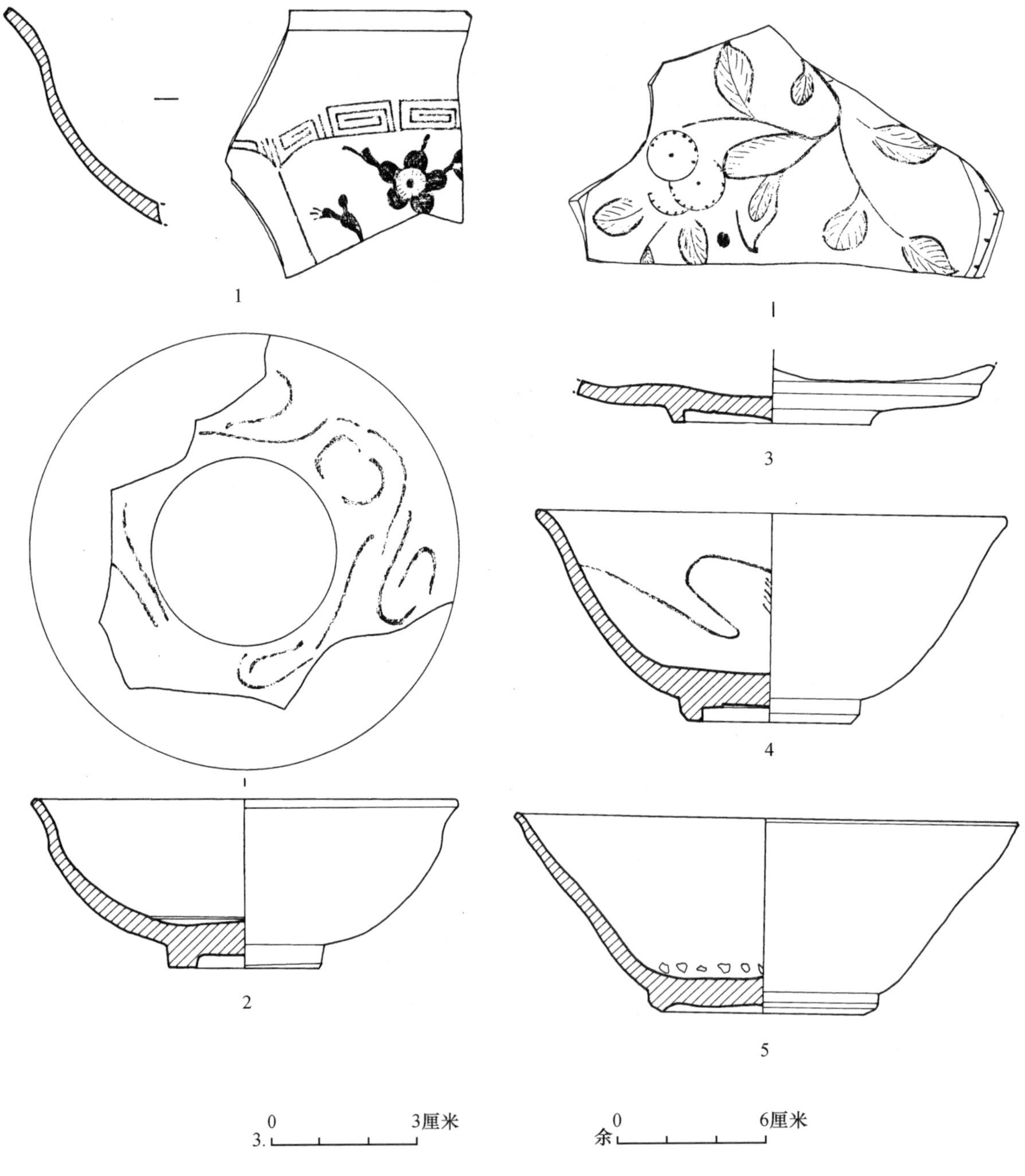

图九一　康乐中路H2出土瓷碗、碟

1、2、4、5. 瓷碗（H2∶31、H2∶10、H2∶9、H2∶8）　3. 瓷碟（H2∶28）

H2:10，青灰胎，施青绿釉，内满釉，外底无釉，圆唇，敞口，弧腹，圈足。器内壁刻划卷草纹，内底部饰一周凹弦纹。口径17.2、底径6.4、高6.7厘米（图九一，2；图版六五，1）。

H2:30，灰胎，施青釉，外底无釉。口部残。弧腹，圈足。器内饰卷草纹。底径6.3、残高5.4厘米（图九二，2）。

H2:31，残。青白胎，施影青釉。芒口。斜方唇，敞口，弧腹。内壁上部饰回纹边，下饰印花（图九一，1）。

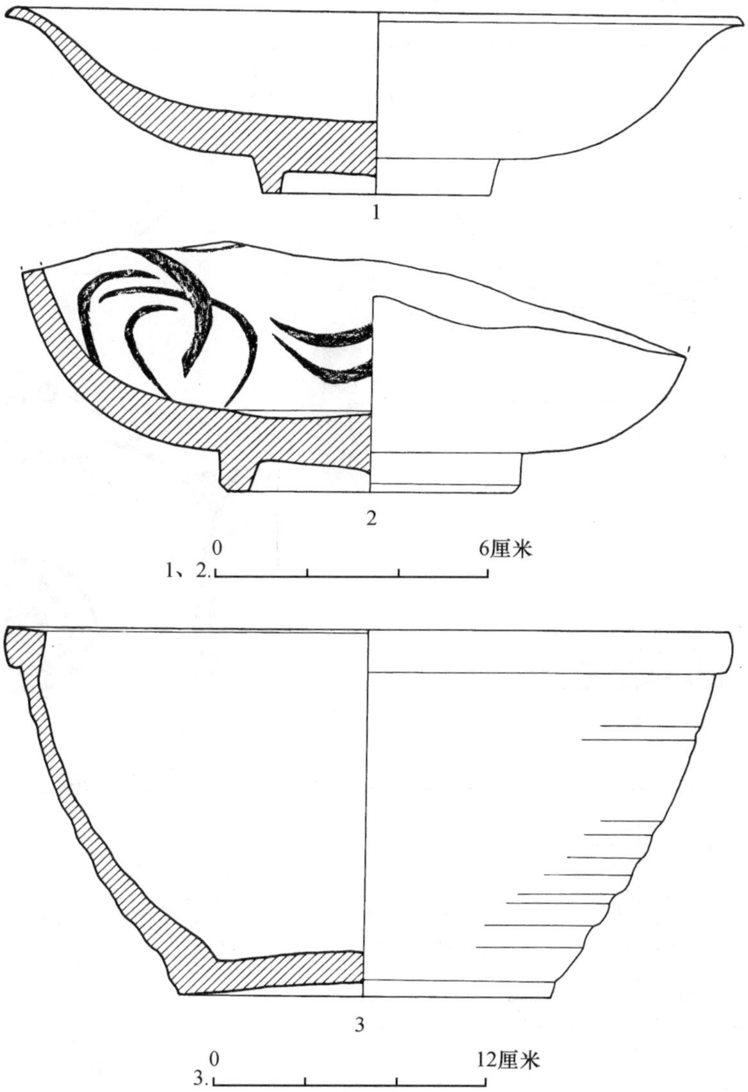

图九二　康乐中路H2出土瓷盘、碗、盆

1. 瓷盘（H2:16）　2. 瓷碗（H2:30）　3. 瓷盆（H2:5）

盘　1件。

H2:16，灰胎，施豆青釉，釉层厚，开片，玻化好。内满釉，外底无釉。尖唇，卷沿，敞口，弧腹，浅盘，圈足。盘内壁饰一周间断弦纹。口径16.2、底径5、高4厘米（图九二，1；图版六六，3）。

瓷盏　5件。

H2:11，灰胎，施豆青釉，内满釉，外釉至腹下，着釉均匀，玻化好。尖唇，敞口，束颈，斜直腹，假圈足。器内有5个支烧点及4处窑汗滴痕。口径11.8、底径4.8、高5.9厘米（图九三，1；图版六五，4、5）。

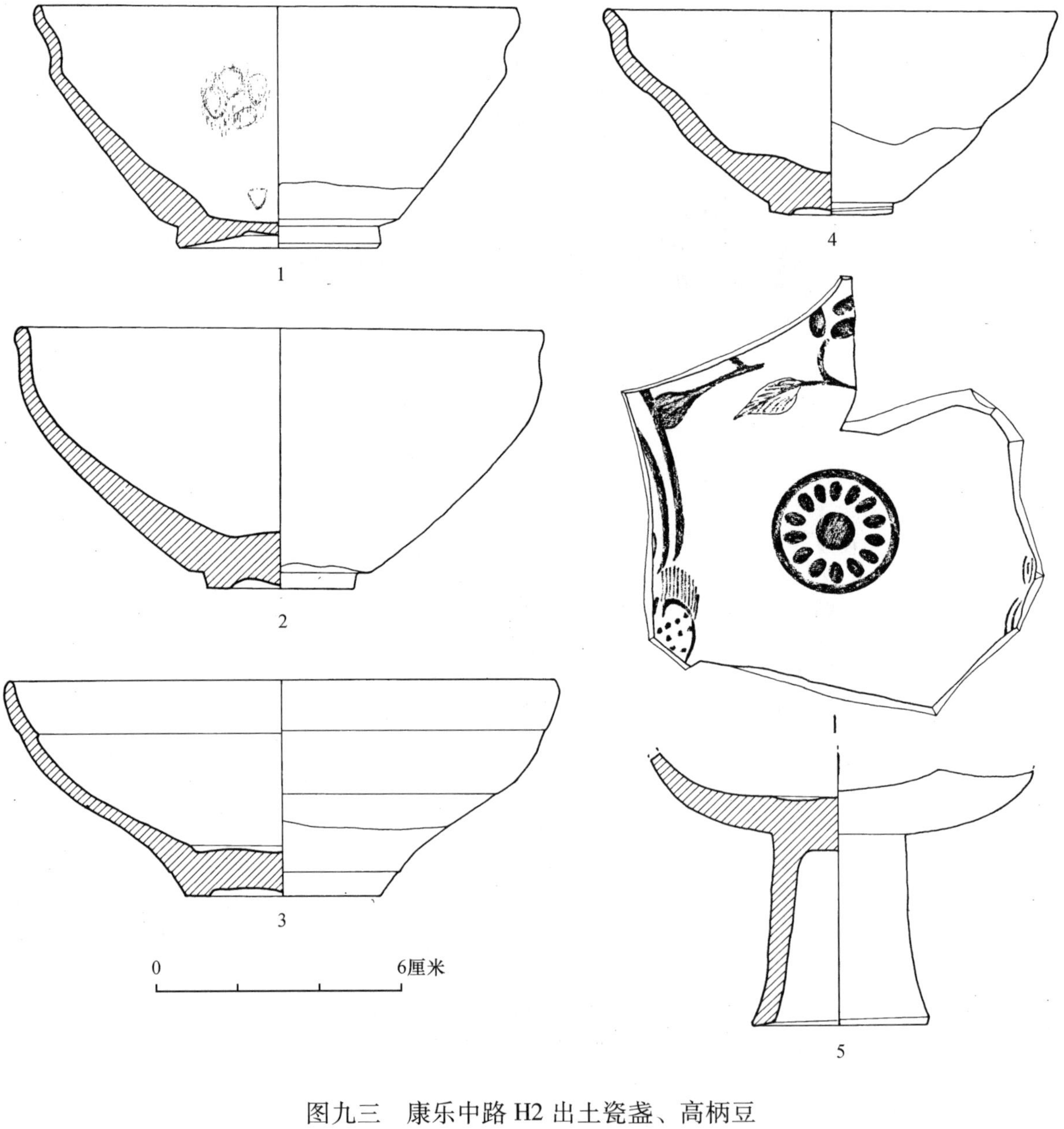

图九三　康乐中路H2出土瓷盏、高柄豆

1～4. 瓷盏（H2:11、H2:12、H2:13、H2:15）　5. 瓷高柄豆（H2:29）

H2∶12，灰褐色胎，施酱褐色釉，内满釉，外釉至圈足。圆唇，口微束，近斜腹，圈足。口径12.8、底径3.6、高6.4厘米（图九三，2；图版六五，2、3）。

H2∶13，灰褐色胎，施酱褐色釉，内满釉，外半釉。尖圆唇，敞口，微折腹，圈足。内底下压。口径13.4、底径4.7、高5.3厘米（图九三，3；图版六六，1）。

H2∶14，灰胎，施酱褐色釉，内满釉，外无釉。尖圆唇，敞口，斜腹，平底。口径8.6、底径2.6、高2.4厘米（图九四，6；图版六五，6）。

H2∶15，灰褐色胎，施酱釉，釉层厚。内满釉，外半釉。尖圆唇，敞口，口微束，深腹，圈足。口径11、底径3.1、高5厘米（图九三，4；图版六六，2）。

瓷碟 6件。

H2∶17，灰胎，施豆青釉，内满釉，外釉至圈足，釉层厚，玻化好。圆唇，宽沿，敞口，弧腹，浅盘，圈足。在外腹壁刻划莲瓣纹。口径12、底径5、高2.8厘米（图九四，7；图版六六，4）。

H2∶18，灰胎，施豆青釉，内满釉，器外局部施釉。圆唇，弧腹，腹部轮制痕明显，平底内凹。器物芒口，镀墨唇。口径8.5、底径3.7、高2.2厘米（图九四，5；图版六六，5）。

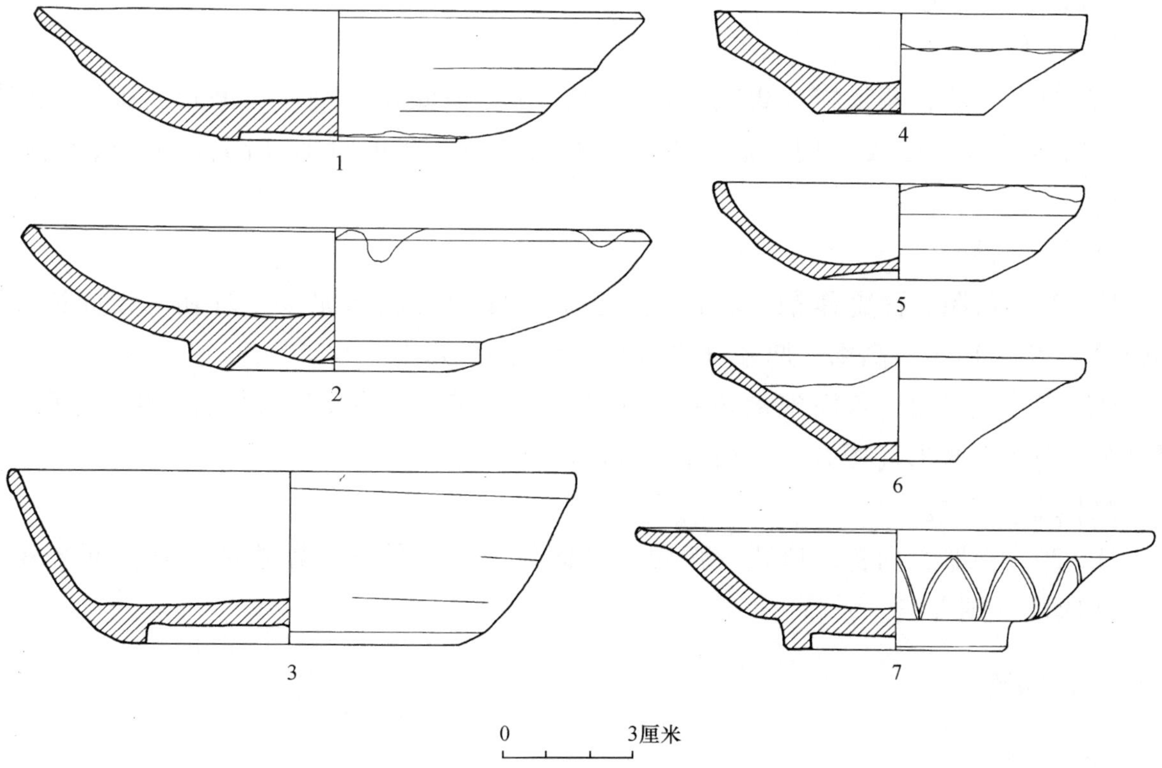

图九四 康乐中路H2出土瓷碟、钵、盏

1、2、4、5、7. 瓷碟（H2∶19、H2∶20、H2∶22、H2∶18、H2∶17） 3. 瓷钵（H2∶21） 6. 瓷盏（H2∶14）

H2∶19，灰白胎，施青白釉，内满釉，外釉至圈足。斜方唇，敞口，折腹，浅盘，矮圈足。器物芒口。外腹饰浅凹弦纹一周。口径13.8、底径5.4、高3厘米（图九四，1；图版六六，6）。

H2∶20，灰胎，内施较薄青釉，外无釉。方唇，浅弧腹，高圈足。内底有4处支烧痕。口径14、底径5、高3.3厘米（图九四，2；图版六六，7）。

H2∶22，灰胎，施天青釉，内满釉，外釉至沿下。方唇，直口，斜直腹，浅盘，平底。器物芒口。口径8.5、底径4、高2.3厘米（图九四，4）。

H2∶28，青白胎，施青白釉，外底无釉。口残，圈足。器物内饰印花。底径4、残高1.4厘米（图九一，3）。

盆　2件。

H2∶5，灰胎，内施酱色釉，较薄，外无釉。斜方唇，宽沿，深弧腹，平底内凹。腹部轮制痕明显。口径32.2、底径16.6、高16.2厘米（图九二，3；图版六七，1）。

H2∶25，器物微变形。灰胎，器物内口下施青褐色薄釉，外无釉。方唇，宽沿，深弧腹，平底微内凹。轮制痕明显。口径29.8、底径16.6、高16.2～16.6厘米（图九五，1；图版六七，2）。

钵　1件。

H2∶21，灰胎，器物施豆青釉，内满釉，外有至圈足。圆唇，敞口，弧腹，假圈足。外腹饰不规则弦纹二周。口径12.9、底径7.6、高4厘米（图九四，3；图版六六，8）。

器盖　2件。

H2∶24，灰胎，面施酱釉，着釉差。尖唇，弧面，顶饰泥条半环钮。盖面饰二周凹弦纹。盖径15.6、高4.7厘米（图九〇，5；图版六七，3）。

H2∶27，灰褐胎，盖面施褐色釉，不均匀。方唇，口微侈，盖面微凹，钮残。盖径9.8、高2.7厘米（图九〇，3；图版六八，4）。

高柄豆　1件。

H2∶29，白胎，白瓷。口残。弧腹，高柄足，足底外撇。器物内印花。底径4.2、残高9厘米（图九三，5）。

（2）陶器

盆　1件。

H2∶26，泥质灰黑陶，陶质硬。子母口，深弧腹，平底。器物腹部略有变形。口径21.2、底径17.3、高8.9厘米（图九五，2；图版六七，5）。

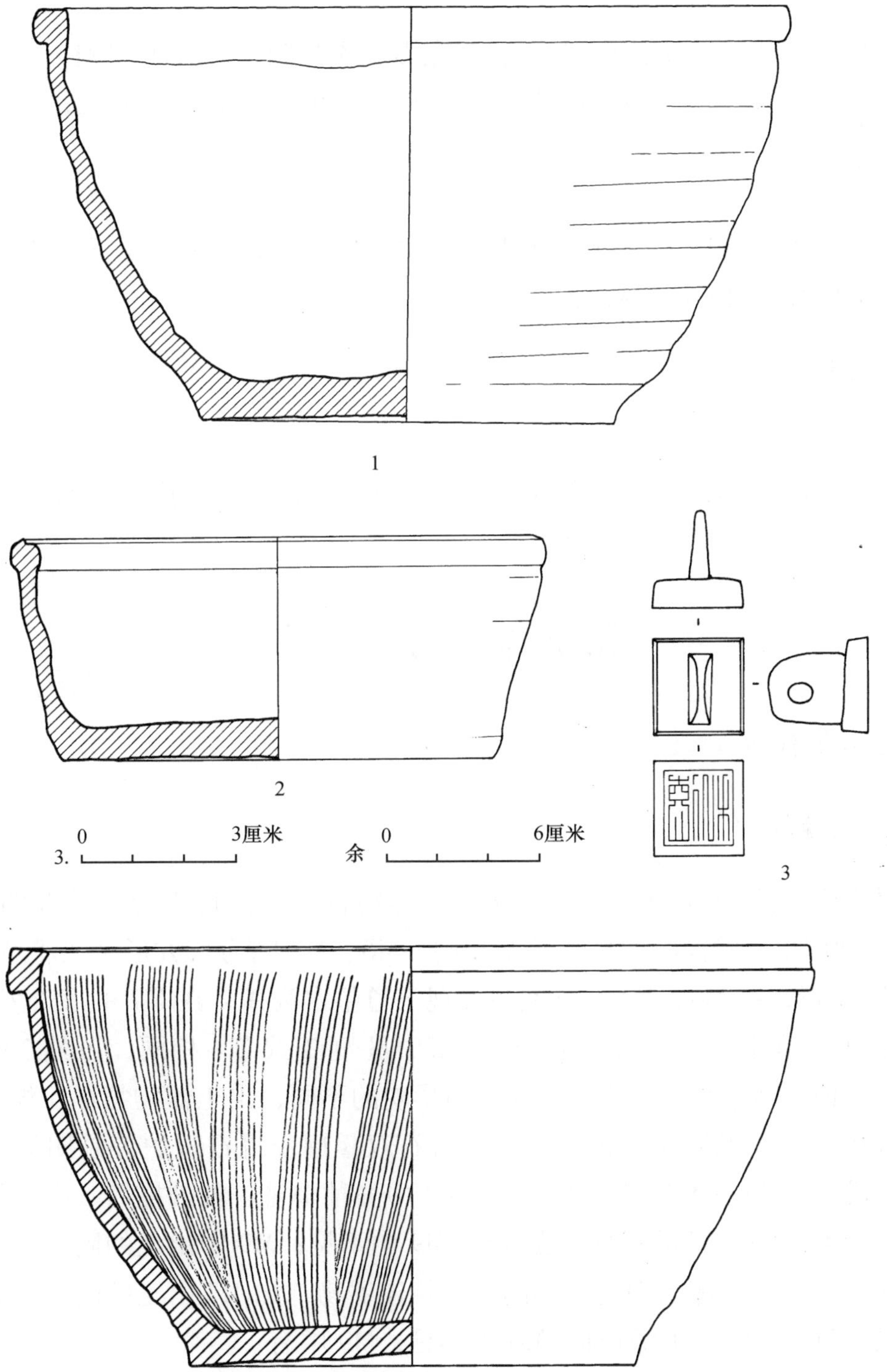

图九五　康乐中路 H2 出土盆、铜印及陶刻槽盆

1. 瓷盆（H2∶25）　2. 陶盆（H2∶26）　3. 铜印（H2∶1）　4. 陶刻槽盆（H2∶4）

刻槽盆　1件。

H2∶4，泥质灰陶，陶质硬。斜方唇，宽沿，深弧腹，腹部不规则，平底内凹。盆内壁饰刻槽，不规则。口径31.8、底径17.6、高16.7厘米（图九五，4；图版六七，6）。

器盖　1件。

H2∶23，泥质灰陶，陶质硬。圆唇，弧面，顶钮用手指捏成近长方形。盖口径5.2、高3.6厘米（图九〇，4；图版六八，1）。

（3）铜器

铜印　1件。

H2∶1，上部近半圆形钮，上厚下薄，中穿孔，下近方形印座。长1.9、宽1.8、高2厘米（图九五，3；图版六八，2）。

第五节　小　　结

1. 墓葬年代

（1）汉代墓葬

本次发掘汉代竖穴土坑墓三座。从出土器物特征、器物组合和墓葬的形制分析，与广东其他地区出土的同时期墓葬基本相同。M6、M7同为长方形竖穴土坑墓，M9平面为“亚”字形，在M6、M9的墓底各发现三道垫木沟槽，在M7的底部发现长3米，高0.2米的生土棺床。M6、M9与广州汉墓中Ⅱ型3式墓①相同，虽然M9的形状为“亚”字形，但其结构相同。这三座汉墓因早晚的不同，出土器物特征、组合也不尽相同，如M6中的A型釉陶罐、釉陶匏壶、滑石双鋬罐、滑石暖炉等是明显带有西汉中后期特征的器物，但在M7、M9中不见；M7中的釉陶簋、釉陶提筒、陶屋等明显带有西汉后期、东汉初期特征的器物，在M6、M9中不见；M9中出土的陶鸭、陶船等，在M6、M7中不见。在三座墓中也有相同的或相连器物，如M7出土的陶豆，M9中不见，但M6中有；M7中出土的陶耳杯，M6中不见，M9中有。

现在对这三座汉墓的年代判断如下：

M6　从出土器物特征及其器物组合观察分析，M6出土器物具有广东西汉中期至西汉晚期的随葬品特征。M6中出土的A型罐与广东乐昌市对面山东周秦汉墓中CⅢ式瓮

① 广州市文物管理委员会、广州市博物馆：《广州汉墓》，第二章第一节“墓葬形制”，文物出版社，1981年。

（M185∶8）[①] 基本相同，M6 中出土的豆与广州市先烈南路汉晋南朝墓中的豆（M5∶33）[②] 基本相同，M6 中 A 型壶与广东乐昌市对面山东周秦汉墓中 AⅡ式壶（M29∶6）、广州南田路古墓葬中西汉墓出土的 3 式壶（M4∶18）[③] 基本相同，M6∶18 盆与广州南田路古墓葬中西汉墓出土的 2 式盆（M4∶86）基本相同，M6 出土的匏壶与广州南田路古墓葬中西汉墓匏壶（M4∶21）基本相同，M6 中的 A 型鼎与广州南田路古墓葬中西汉墓 M4∶88、广东乐昌市对面山东周秦汉墓中 DbⅡ式鼎（M76∶2）基本相同。随葬器物特征显示，M6 年代不早于西汉中期，不晚于西汉晚期，时代大致定为西汉晚期较妥。

M7 从出土器物特征及组合观察分析，M7 出土器物具有广东最常见的西汉晚期至东汉初期的随葬器物特征。虽然滑石璧常见于广东西汉中期墓葬，西汉后期较少见，但釉陶篚在广州西汉后期墓葬中才开始出现[④]。M7 中 B 型壶与广东乐昌市对面山东周秦汉墓西汉晚期墓中 AⅡ式壶（M29∶6）[⑤]、广州南田路古墓葬西汉晚期墓中 3 式壶（M4∶18）[⑥] 基本相似，M7 中的盆（M7∶8）与广州汉墓中 M3031Ⅳ式盆[⑦]相似，M7 中的鼎同广州汉墓中 M3020 中Ⅴ型鼎相似，提筒同广州汉墓中 M4001、M4013 中的Ⅴ型 3 式提筒相同，盒与广东乐昌市对面山东周秦汉墓东汉初期的盒（M9∶9）相似，篚与广州市先烈南路大宝岗汉墓的篚（M2∶16）[⑧]、广东乐昌市对面山东周秦汉墓东汉初期 M174 中 B 型Ⅲ式篚相似，M7 中出土的四耳罐与广州市先烈南路大宝岗汉墓中 M2 内出土的四耳罐、广州南田路古墓葬中 M4 内出土的四耳罐基本相同，M7 中出土的魁与广州市番禺汉墓中魁（M8∶7）基本相同。随葬器物特征显示，M7 年代不早于西汉晚期，不晚于东汉初期，年代大致定为东汉初期较妥。

---

① 广东省文物考古研究所、乐昌市博物馆、韶关市博物馆：《广东乐昌市对面山东周秦汉墓》，《考古》2000 年第 6 期。

② 广州市文物考古研究所：《广州市先烈南路汉晋南朝墓》，广东文物考古集之五《羊城考古发现与研究（一）》，文物出版社，2005 年。

③ 广东省文物考古研究所、广州市文物考古研究所、深圳市博物馆：《广州南田路古墓葬》，《华南考古 1》，文物出版社，2004 年。

④ 广州市文物管理委员会、广州市博物馆：《广州汉墓》第七章“年代”（三），文物出版社，1981 年。

⑤ 广东省文物考古研究所、乐昌市博物馆、韶关市博物馆：《广东乐昌市对面山东周秦汉墓》，《考古》2000 年第 6 期。

⑥ 广东省文物考古研究所、广州市文物考古研究所、深圳市博物馆：《广州南田路古墓葬》，《华南考古 1》，文物出版社，2004 年。

⑦ 广州市文物管理委员会、广州市博物馆：《广州汉墓》第四章“西汉后期墓葬”（六），文物出版社，1981 年。

⑧ 广州市文物考古研究所：《广州市先烈南路大宝岗汉墓》，《广州文物考古集》，文物出版社，1998 年。

M9　出土的羊圈、囷、动物模型等随葬品是广东东汉墓中后期墓葬中比较流行的器类。M9 中出土的囷与广州汉墓中Ⅱ型囷①、番禺小谷围岛山文头岗东汉墓囷（M1A∶55）②、番禺员岗村东汉墓囷（M2∶53/40）③ 基本相似。M9 中出土的耳杯与番禺员岗村东汉墓中 B 型耳杯（M2∶3、M2∶10）基本相同。因此，M9 的年代应为东汉中期或略晚。

（2）东晋墓葬

该时期墓葬仅发现一座，保存情况一般，墓葬内未出土与纪年有关的遗物，只能根据墓中出土的器物组合及器物本身特征判断其相对年代。

M8　墓中出土的托盘组合和器物本身特征与广州市先烈南路东晋南朝墓发掘简报中的套盘（M3∶3）④、广州市黄埔姬堂晋墓中的托盘组合⑤基本相同，M8 中出土的 4 件四耳罐与广州市先烈路晋南朝墓发掘简报中的四耳罐（M18∶7）、广东肇庆市坪石岗东晋墓四耳罐（M1∶26）⑥、广东乳源泽桥山六朝隋唐墓中 Ba 型Ⅰ式四耳罐⑦基本相同，碗（M8∶18）与广州市先烈南路晋南朝墓发掘简报中的Ⅰ型 2 式碗（M18∶2）基本相同，碗（M8∶14）与广州市先烈南路晋南朝墓发掘简报中的Ⅰ型 4 式碗（M16∶7）、广东乳源泽桥山墓地中Ⅱ式碗基本相同。唾壶（M8∶13）与江苏南京市富贵山六朝墓地发掘简报中唾壶（M6∶10）⑧、南京市铁心桥王家山东晋晚期墓的发掘中唾壶（WM1∶17）⑨基本相同。因此，M8 的年代应为东晋晚期。

---

① 广州市文物管理委员会、广州市博物馆：《广州汉墓》，文物出版社，1981 年。

② 广州市文物考古研究所：《番禺小谷围岛山文头岗东汉墓》，广东文物考古集之五《羊城考古发现与研究（一）》，文物出版社，2005 年。

③ 广东省文物考古研究所、广州市文物考古研究所、深圳市博物馆：《番禺员岗村东汉墓》，《华南考古 1》，文物出版社，2004 年。

④ 广州市文物考古研究所：《广州市先烈南路晋南朝墓发掘简报》，《广州文物考古集》，文物出版社，1998 年。

⑤ 广州市文物考古研究所：《广州晋代考古的重要发现—黄埔姬堂晋墓》，《广州文物考古集》，文物出版社，1998 年。

⑥ 广东省文物考古研究所、广州市文物考古研究所、深圳市博物馆：《广东肇庆市坪石岗东晋墓》，《华南考古 1》，文物出版社，2004 年。

⑦ 广东省文物考古研究所：《乳源泽桥山六朝隋唐墓》第二章第四节“典型器物型式划分”，文物出版社，2006 年。

⑧ 南京市博物馆、南京市玄武区文化局：《江苏南京市富贵山六朝墓地发掘简报》，《考古》1998 年第 8 期。

⑨ 南京市文物研究所：《南京市铁心桥王家山东晋晚期墓的发掘》，《考古》2005 年第 11 期。

（3）南朝墓葬

本次发掘6座南期墓，其分别为M1、M2、M3、M4、M5、M10，墓葬保存情况一般，除M3外全部被不同程度的毁坏。

M1、M3、M4从墓室的形制结构和出土器物特征等方面比较，应为同一时期的墓葬。M2、M5、M10形制结构较M1、M3、M4简单，但所用墓砖的尺寸、火候，出土器物的特征基本相同。且M1、M2、M3、M4、M5、M10的墓向也一致，故这六座应为同一时期的墓葬。

在墓葬内加砌承券，设祭台，砌假直棂窗，装饰菱角牙子，筑砖柱，还有“人”字形铺底，均为南朝墓常见建造方式。特别是“人”字形铺底南朝墓最为常见。如广州市淘金东路中星小学M68、M69①，广东肇庆市牛岗M1②，广东乳源泽桥山六朝隋唐墓③，江苏南京市花神庙M1、M2④，江苏南京市富贵山M1⑤等。本次发掘的砖室墓均包含上述特征。但在墓室内装饰仿木建筑的拴拱结构，则在众多发表过的资料中所未见到。

关于墓葬的年代，M1中出土的鸡首壶与广东和平县南朝墓HPDM5:1⑥、广东肇庆市牛岗M1:28、南京司家山东晋南朝谢氏家族墓中M1:1鸡首壶⑦基本相同，M1内出土的六耳罐与广东乳源县泽桥山六朝隋朝墓中A型Ⅳ式六耳罐，广东和平县南朝墓HPDM7中型六耳罐基本相同，M1内出土四耳罐与广东和平县南朝墓HPDM7中A型青瓷四耳罐基本相同。M1、M2、M3、M4内出土的碗大部分与广东乳源泽桥山六朝隋唐墓的Ⅴ式碗相同，因此，这六座墓葬的年代应为南朝晚期。

（4）唐代墓葬

该时期墓葬仅发现一座，破坏较为严重，墓葬内未出土与纪年有关的遗物，只能

---

① 广州市文物考古研究所：《广州市淘金东路中星小学南朝墓发掘报告》，广东文物考古集之五《羊城考古发现与研究（一）》，文物出版社，2005年。

② 广东省文物考古研究所、肇庆市文化局、肇庆市博物馆、四会市博物馆：《广东肇庆、四会市六朝墓葬发掘简报》，《考古》1999年第7期。

③ 广东省文物考古研究所：《乳源泽桥山六朝隋唐墓》，第三章“墓葬分述”，文物出版社，2006年。

④ 南京市博物馆、南京市雨花台区文管会：《江苏南京市花神庙南朝墓发掘简报》，《考古》1998年第8期。

⑤ 南京市博物馆、南京市玄武区文化局：《江苏南京市富贵山六朝墓地发掘简报》，《考古》1998年第8期。

⑥ 广东省文物考古研究所、和平县博物馆：《广东和平县晋至五代墓葬的清理》，《考古》2000年第6期。

⑦ 南京市博物馆、雨花区文化局：《南京司家山东晋、南朝谢氏家族墓》，《文物》2000年第7期。

根据墓中出土的器物本身特征来判断其相对年代。

M12　M12 出土器物的特征非常明显，宽耳罐（M12∶4），圆唇，丰肩，底部外放，与广东乳源泽桥山六朝隋唐墓中Ⅰ M8∶1、Ⅰ M10∶9 Ⅰ式宽耳罐[①]基本相同，碗（M12∶3）与广州市中山六路黄金广场汉六朝唐宋遗址中出土的 B 型Ⅱ式碗[②]基本相同。因此，M12 的年代应为唐代。

（5）宋代墓葬

M11　M11 毁坏较严重，仅出土 2 枚铜钱，但锈蚀严重，无法辨认。M11 填土中发现宋代瓷片，而瓷片中未发现比宋代晚的，故推测 M11 的年代不晚于宋。

2. 南朝墓葬中的凭几和帷帐座

（1）凭几

墓地发掘时在 M1、M3 中各出土一件釉陶凭几，M1 出土的凭几较 M3 的凭几小，凭几面呈弧形，几面下饰兽蹄形三足。

凭几在我国古代使用时间相当长。南北朝时期以前，人在床、榻上的坐姿是以膝着席，以臀着跖，久坐而累，故有时肘伏于几上。《尚书·顾命》：“皇后凭玉几。”《说文·几部》：“几字的篆文‘几’，象形。”《孟子·公孙丑下》：“隐几而卧。”说明凭几常设于座侧，以凭倚身体。曲面下设三蹄形足的凭几，始于三国，流行于晋至南北朝。《语林》云：“孙冯翊往见任元褒，门史凭几见之。孙请任推此史。史曰：‘得罪体痛，以横木扶持，非凭几也。’孙曰：‘直木横施，植其两足，便为凭几。何必狐蹯鹄膝，曲木抱腰。’”“狐蹯鹄膝”，即狐兽的蹯足，鹄鸟的弯腿。如安徽马鞍山三国东吴朱然墓出土的三足木凭几[③]，扁圆弧形几面，几面下有三个蹄形足。在一些晋画中也可见到其形象，如东晋永和十三年（即升平元年，公元 357 年）冬寿墓壁画[④]。

六朝时期封建社会等级非常森严，能使用凭几者，一般必为达官贵族生前使用之物，死后用来陪葬或用模型来陪葬，为墓葬中所常见。已知考古发掘中出土凭几的墓

---

① 广东省文物考古研究所：《乳源泽桥山六朝隋唐墓》，第三章“墓葬分述”，文物出版社，2006 年。

② 广州市文物考古研究所：《广州市中山六路黄金广场汉六朝唐宋遗址》，广东文物考古集之五《羊城考古发现与研究（一）》，文物出版社，2005 年。

③ 安徽省文物考古研究所、马鞍山市文化局：《安徽马鞍山东吴朱然墓发掘简报》，《文物》1986 年第 3 期。

④ 洪晴玉：《关于冬寿墓的发现和研究》，《考古》1959 年第 1 期。

葬在南京地区帝王、世家大族墓中较常见，如南京司家山东晋、南朝谢氏家族墓 M1 ~ M3①、南京隐龙山南朝墓 M1 ~ M3②、南京北郊东晋墓发掘简报③、南京象山 6、7 号墓④、南京郊区两座南朝墓⑤等（表一），而其他地方不见或极少见。

表一　部分考古发掘出土凭几统计表

墓号	墓葬形制	墓葬尺寸	数量	质地	造型	墓主	时代	报告发表时间
南京北郊东晋墓	凸字形墓	总长 9.05 米 总宽 8 米	2 件	泥质灰陶	几身扁圆呈半弧形弯曲兽蹄形几腿	穆帝司马聃	东晋	《考古》1983 年第 4 期
南京南郊司家山东晋、南朝谢氏家族墓 M2	凸字形墓	长 7.3 米 宽 2.1 米	1 件	泥质灰陶	残、几面扁圆呈弧形	谢氏家族	东晋	《文物》2000 年第 7 期
南京南郊司家山东晋、南朝谢氏家族墓 M3	凸字形墓	长 7.35 米 宽 2.3 米	1 件	泥质灰陶	残、几面弧形	谢氏家族	东晋	《文物》2000 年第 7 期
南京象山 6 号墓	凸字形墓	长 5.18 米 宽 1.25 米	1 件	灰白陶	几面呈半圆弧形、三兽足几腿	夏金虎	东晋	《文物》1972 年第 11 期
南京象山 7 号墓	凸字形墓	长 5.3 米 宽 3.22 米	1 件	泥质灰陶	几面呈半圆弧形、三兽蹄足	王廙	东晋	《文物》1972 年第 11 期
南京郊区吕家山东晋墓	凸字形墓	长 5.03 米 宽 1.73 米	1 件	泥质灰陶	几面弧形三兽足形腿		东晋	《考古》1983 年第 4 期
南京郊区娘娘山东晋墓	凸字形墓	长 6 米 宽 2 米	2 件	泥质灰陶	残		东晋	《考古》1983 年第 4 期

① 南京市博物馆、雨花区文化局：《南京司家山东晋、南朝谢氏家族墓》，《文物》2000 年第 7 期。

② 南京市博物馆、江宁区博物馆：《南京隐龙山南朝墓》，《文物》2002 年第 7 期。

③ 南京市博物馆：《南京北郊东晋墓发掘简报》，《考古》1983 年第 4 期。

④ 南京市博物馆：《南京象山 5 号、6 号、7 号墓清理简报》，《文物》1972 年第 11 期。

⑤ 南京市博物馆：《南京郊区两座南朝墓》，《考古》1983 年第 4 期。

续表

墓号	墓葬形制	墓葬尺寸	数量	质地	造型	墓主	时代	报告发表时间
南京隐龙山南朝墓 M1	凸字形墓	全长 9.14 米 内宽 2.36 ~ 2.46 米	1 件	泥质灰陶	残	刘宋皇族	南朝	《文物》2002 年第 7 期
南京隐龙山南朝墓 M2	凸字形墓	长 8.16 米 内宽 1.96 ~ 2.08 米	1 件	泥质灰陶	残、几面弧形、兽蹄形足	刘宋皇族	南朝	《文物》2002 年第 7 期
南京隐龙山南朝墓 M3	凸字形墓	长 8.16 米 内宽 2 ~ 2.26 米	1 件	泥质灰陶	残	刘宋皇族	南朝	《文物》2002 年第 7 期
南京郊区仙鹤门南朝墓	凸字形墓	全长 9.19 米 宽 2.73 ~ 2.9 米	2 件	泥质黄陶	三曲兽足	萧氏王亲	南朝	《考古》1983 年第 4 期
南京甘家巷 6 号墓	凸字形墓	长 10.3 米 宽 3.25 ~ 3.7 米	1 件	石	几面弧形	萧秀家族	南朝	《考古》1976 年第 5 期
安徽马鞍山东吴朱然墓	凸字形墓	总长 8.7 米 宽 3.54 米	1 件	木	髹黑红漆	朱然 大司马	三国	《文物》1986 年第 3 期

（2）帷帐座

M3 中出土 4 件帷帐座，器物出土时分两对置于前室的两侧。帷帐座泥质橙黄陶，陶质略软，形制相同，尺寸略有细微差别。帷帐座呈柱础状。上下对接，上部为圆台形，下部为近正方形台座，中间有一圆孔以插帷帐杆。

帷帐座的使用在我国最早出现于西晋，延续至南北朝。根据其质料的不同分为陶和石两种，造型则多种多样。考古发掘中也能见到，如南京板桥石闸湖西晋墓①，该墓出土帷帐座 4 件，系用墓砖刻成四瓣梅花形，中间有对穿的圆孔，上下面印有“太平五百”钱纹；南京幕府山 1 号墓②，该墓出土陶帷帐座 4 件，由座身和帐杆组成，座身圆形，内空，中间有一圆孔，不通底，用来插帐杆。4 件帷帐座分别为两件龙座

① 南京市文物保管委员会：《南京板桥镇石闸湖晋墓清理简报》，《文物》1965 年第 6 期。

② 华东文物工作队：《南京幕府山六朝墓清理简报》，《文物参考资料》1956 年第 6 期。

和两件虎座，龙、虎均昂首张口，缠绕座身；南京南郊郎家山4号墓①，该墓出土帷帐座3件，座呈馒首形，下部出边，中间有一圆孔和底相通；山西大同北魏司马金龙墓②，出土4件石质帷帐座，上部为鼓状覆盆，顶部雕刻成莲花形，周围为高浮雕的蟠龙和山形。帷帐座的下部为方座，浮雕盘绕的忍冬纹、云纹和伎乐童子等；山东邹城西晋刘宝墓③，该墓出土4件陶帷帐座，厚方砖磨制，柱础状，上为半圆顶，下为正方形台座，中部下凹，正中有一圆孔以插帐杆，底部有绳纹。

在墓葬中迄今发现的帷帐座大多数为4件，其设置是为祭台或整个墓室张设帷帐的。西晋至南北朝时期凡设置帷帐座的墓葬，规模一般都比较大。从文献记载和田野考古发掘所获得资料分析，帷帐在当时只有统治阶级才能使用，在使用中还有严格的等级制度。出土帷帐座的墓不多，就是在六朝古都南京，凡有设置帷帐座的墓葬，均为皇室和贵族墓，而皇室墓内出土的帷帐座基本上都有龙、虎装饰，如南京富贵山东晋墓④，南京大学北园东晋墓⑤，南京幕府山1号墓，南京幕府山3、4号墓⑥等。世家贵族、重臣墓内出土的帷帐座是不能带此装饰的，如上述南京板桥石闸湖西晋墓，山东邹城西晋刘宝墓，南京甘家巷6、30号墓⑦等（表二）。

表二　部分考古发掘出土帷帐座统计表

墓号	墓葬形制	墓葬尺寸	数量	质地	造型	墓主	时代	报告发表时间
南京北郊东晋墓	凸字形墓	总长9.05米 总宽8米	4件	陶	龙、虎座各2件	穆帝司马聃	东晋	《考古》1983年第4期
南京大学北园东晋墓	双室墓	总长9.9米 总宽8.04米	2件	陶	龙、虎座各1件	帝王	东晋	《文物》1973年第4期

① 江苏省文物管理委员会：《南京南郊郎家山第4号六朝墓清理简报》，《文物参考资料》1956年第4期。

② 山西省大同市博物馆、山西省文物工作委员会：《山西大同石家寨北魏司马金龙墓》，《文物》1972年第3期。

③ 山东邹城市文化局：《山东邹城西晋刘宝墓》，《文物》2005年第1期。

④ 南京博物院：《南京富贵山东晋墓发掘报告》，《考古》1966年第4期。

⑤ 南京大学历史系考古组：《南京大学北园东晋墓》，《文物》1973年第4期。

⑥ 南京博物馆：《南京幕府山东晋墓》，《文物》1990年第8期。

⑦ 南京博物院、南京市文物保管委员会：《南京栖霞山甘家巷六朝墓群》，《考古》1976年第5期。

续表

墓号	墓葬形制	墓葬尺寸	数量	质地	造型	墓主	时代	报告发表时间
南京富贵山东晋墓	凸字形墓	总长9.76米宽5.18米	4件	陶	龙、虎座各2件	帝王	东晋	《考古》1966年第4期
南京幕府山1号墓	凸字形墓	全长8.16米宽2.6米	4件	陶	龙、虎座各2件	皇室成员	东晋	《文物参考数据》1956年第6期
南京幕府山3号墓	凸字形墓	全长6.5米宽1.9米	4件	陶	龙、虎座各2件	皇室成员	东晋	《文物》1990年第8期
南京幕府山4号墓	凸字形墓	全长6.92米宽1.85米	4件	陶	龙、虎座各2件	皇室成员	东晋	《文物》1990年第8期
南京板桥石闸湖西晋墓	双凸字形墓	全长7.8米宽2.25~2.82米	4件	陶	四梅花形	高平太守	西晋	《文物》1965年第6期
江苏宜兴1号西晋墓	双凸字形墓	全长13.12米宽4.16米	6件	陶	馒首形	周处家族	西晋	《考古学报》1957年第4期
			2件	石				
南京甘家巷6号墓	凸字形墓	长10.3米宽3.25~3.7米	8件	石	半圆形	萧秀家族	南朝	《考古》1976年第5期
南京甘家巷30号墓	凸字形墓	长6.7米宽1.8米	2件	石	半圆形	萧秀家族	南朝	《考古》1976年第5期
山东邹城西晋刘宝墓	双室墓	长8.6米宽2.75米	4件	陶	柱础状	关内侯刘宝	西晋	《文物》2005年第1期
山西大同北魏司马金龙墓	多室墓	总长17.5米前室宽4.43米后室宽6.01米	4件	石	上圆下方雕刻莲花、蟠龙、伎乐童子	朔州刺史	北魏	《文物》1972年第3期

M3 内出土的 4 件帷帐座上虽无任何装饰，但是墓内能出土该器物，就足以能说明墓主人的身份地位不低。

通过 M1、M3、M4 与表一、表二内墓葬资料对比分析，能再次证明康乐中路墓地应是一处大贵族墓地。M1、M3 的形制和规模都较 M4 稍逊，M4 又居 M1、M2、M3 中间，说明 M4 墓主的身份和地位在墓地中是最高的。

3. 南朝墓葬中的建筑装饰形式

M4 在墓室后壁设置仿照墓主人生前所使用的建筑形式，属于殿堂式大木构架建筑，心间补间铺作采用三朵铺作斗拱，斗拱为“人字形”，有阑额无普柏枋。面宽五间的殿堂建筑，是按宋《营造法式·总铺作次序》规定的“当心间须用补间铺作二朵，次间及梢间各用补间铺作一朵”来建造的①。而该墓后壁设置建筑形式在心间用补间铺作三朵，依此类推，次间及梢间各用二朵补间铺作，尽间用一朵，据此，该建筑应是面宽七间的殿堂式建筑。

斗拱中铺作拴拱构造的形式，在宋代《营造法式》中未有记载，北方的建筑中亦未见之。但在肇庆市端州区的宋至道二年（996 年）梅庵大雄宝殿铺作斗拱中使用了拴拱结构，M4 后壁的装饰也使用了拴拱结构。从斗拱铺作次序和用材等可判断，M4 在墓室后壁设置建筑为较高级形式的官式建筑。

古代岭南地偏一隅，地理气候独特，土著越人有着特殊的人文风俗。受地理气候的影响，岭南在新石器时期开始就创造出一种适应这种气候的建筑——干栏居，在肇庆高要茅岗就发掘出新石器晚期的水上干栏式建筑遗址。从出土的文物看，汉代时已有多种建筑形式和建筑技术传自中原，而从文献资料方面仍可得知，岭南地区的民间建筑在南朝时期还是以干栏式建筑为主。

封建社会等级制度森严，建筑等级亦有很严格的规定，官式和民间建筑有严格的区分，建筑的面宽和大小是不能僭越的。该墓中使用如此之高规格和等级的建筑形式，充分说明了墓主人生前的身份显赫。

4. 其他

文章中在介绍墓葬形制时提到在 M1、M2、M3、M4 的甬道内均有一个凹下去的“池”，池呈长方形，底部用长方形砖铺砌成人字形，“池”的尺寸因墓葬的大小而不同。前文没有对这个“池”给出一个确切的名字，在这里作一补充。在已发表过的资料中尚未发现有类似情况的出现。在同广东、南京、广西等地的专家探讨时提出该问题，专家们也均表示在六朝这段时期未见过类似现象。有专家提出在广西的

① （宋）李诚《营造法式》卷第四，大木作制度一，总铺作次序。

汉代砖室中有类似的情况，但它们底部不是与墓道相连接，似是台阶，而不是“池”。现实生活中广东地区保存下来的古代庙宇祠堂建筑布局中见到过类似情况，一般是进门先为门房，门房再进院落的位置设长方形的“池”，“池”中有的有水井、水管，“池”的后方为正客厅。或者是直接进门即院落大池，“池”后方为正客厅，这种“池”通常我们叫它“天井”。此次发掘的墓葬中已有多处装饰均为仿建筑形式，该处的设置是否为仿当时的建筑形式？这次发现的“池”是不是也应叫天井呢？该现象此前考古材料中从未有发表过，它的称谓如何定，笔者在此提出，有待进一步研究与确认。

5. 墓地属性

肇庆在宋以前称为高要。民国《高要县志》① 记载：“陈霸先墓在府治南五十里，有苟径山，耆旧相传陈高祖垄掘凿之处，砌石存焉，山口有载碑石碣石龟，其火盈丈，似非贵家大官所能辨，然陈高祖何由在此，旧志既识其妄。又史载，陈亡之后王僧辨之子发高祖墓而毁其骨，自诣有司请罪。亦可证高祖墓之必不在此也。或曰陈高祖于梁天监大通间，官高要太守，兼督西江军务，苟径山之墓，当是其父墓云。”《陈书》② 记载：高祖武皇帝讳霸先，字兴国，小字法生。吴兴郡长城下若里人，汉太丘长陈实之后也。早年当过里正、油库史、传令史等微职。梁太清元年（公元547年），陈霸先官至西江都护，高要太守，督七郡诸军事。在平息侯景之乱中战功卓著，封长城侯，太平二年（公元557年），十月，陈霸先废萧方智自立为帝。《北史·礼志》③ 记载：“陈亡，王僧辨之子王颁为父复仇，集百余人夜发陈霸先陵，焚骨取灰，投水饮之”。《南史》卷九、《陈书》卷二载：“辛巳，追尊皇考曰景皇帝，庙号太祖；皇妣董太夫人曰安皇后。追谥前夫人钱氏号为昭皇后，世子克为孝怀太子。立夫人章氏为皇后。癸未，尊景皇帝陵曰瑞陵，昭皇后陵曰嘉陵……戊子，迁景皇帝神主付于太庙。十二月庚辰，皇后谒太庙。”从文中记载可知高祖陈霸先陵墓在南京附近，陈亡时陵墓已毁，高祖陈霸先父景皇帝的陵墓为瑞陵，在南京，“苟径山之墓，当是其父墓云”的说法可能有误。

六朝时期墓地的选择和排列十分讲究风水，“堪舆”、“望气”、“相地”等风水之术盛行，墓地选择已成为埋葬死者的头等大事。世家贵族墓葬也和帝王陵墓一样，均分布于土山丘陵之处。墓葬按照封建社会长幼尊卑的辈分排列，一般长者居中。墓葬

① 高要县档案局、高要县地方志编纂委员会办公室：《高要县志》卷二“古迹辨证考略”，1986年重印民国三十六年《高要县志》。

② 《陈书》卷一《本纪第一》。

③ 《北史》卷八十四《考行传》。

的规模也与墓主人的身份有关，如当时的豪族温氏①、谢氏②，墓葬一般在6米以上，重要成员的墓葬都在8米以上。本次发掘的南朝墓方向一致，墓葬相邻，规模接近，砖室结构及出土遗物基本相同，很显然该处应是一处家族墓地。特别是M1、M3、M4排列整齐，砖室均在8米以上，特别是M4规模最大，墓室长近10米，这和南京的板桥镇、仙鹤门③一带发现的萧梁宗室王墓规模不差上下。

墓内加砌承券，设祭台、砌直棂窗、装饰菱角牙子、筑砖柱、“人”字形铺底等做法，为六朝墓葬中常见建造方式。本次发掘的M1、M3、M4墓室内除上述装饰外，还有仿木构建筑的“人”字形斗拱和难得一见的拴拱木结构，M4的墓室后壁外侧还用特制砖做菱角花墙以装饰。种种迹象表明，南朝晚期，在高要地区有财力又有权力、能营造使用如此大规模和高规格的寝墓者，除当时的陈霸先外应无他人。无论是时间上、还是墓葬的规模和规格上，这座墓葬的墓主人身份都与陈霸先的条件相符，因此可大胆推测，康乐中路墓地可能为陈霸先之家族墓地。高祖陈霸先从梁太清元年（547年）官西江都护、高要太守后至太平二年（557年）一直在高要一带活动。在时局动荡、权力严重割据时期要把已故亲人的灵柩运回故里应是一件非常难的事，而葬在自己的辖区内则是易事，且又易拜祭。《南史》、《陈书》中均提到皇妣董太夫人和世子克孝怀太子，但却没提到其陵墓的陵名及埋葬地点。从M1、M3、M4墓葬平面分布情况和墓室的建筑装饰形式，以及墓葬随葬器物中出土少见的凭几、帷帐座等分析，这些墓葬极有可能与皇妣董太夫人和世子克孝怀太子有关。

本次发掘中未出土纪年和能证明墓主身份的遗物，且笔者手上资料有限，墓地和墓主的身份在此仅仅是做出推测，关于这一点，还需将来更多的考古发现和进一步的研究。

① 南京市博物馆：《南京北郊东晋温峤墓》，《文物》2002年第7期。

② 南京市博物馆、雨花区文化局：《南京司家山东晋、南朝谢氏家族墓》，《文物》2000年第7期。

③ 南京市博物馆：《南京郊区两座南朝墓》，《考古》1983年第4期。

第三章　四会市陶塘墓地

第一节　地理位置与历史沿革和发掘经过

四会市位于广东省中部偏西，珠江三角洲西北边缘，绥江、北江和西江的下游（图三），处于东经112°25′～112°52′、北纬23°11′～23°41′之间。东面与三水市交界，南面与肇庆市鼎湖区相连，西北面与广宁县接壤，东北面与清远市清新县毗邻。总面积1257.6平方公里。

四会古属岭南百越地范围。秦始皇三十三年（公元前214年）定岭南，立南海、桂林、象三郡，置四会县，本境地属南海郡。汉初赵佗建南越国，属其统辖。西汉武帝元鼎六年（公元前111年），复置南海、苍梧等郡，南海郡领番禺、四会等县。南朝宋元嘉十三年（436年）新置绥建郡，拆四会县置新招、化蒙、化穆、化注四县，四会属绥建郡。隋朝开皇九年（589年）撤绥建郡，置四会县，属广州。宋神宗熙宁六年（1073年），四会改隶于端州（后改称肇庆府）。元朝四会属肇庆路。明嘉靖三十八年（1560年），割四会的太平、橄榄、大圃、永义四地置广宁县。清朝沿明制。1952年5月，广宁、四会两县合并为广四县，1954年7月，又恢复广宁、四会两县。1988年肇庆专区改称肇庆市，四会市属肇庆市，沿属至今。

2006年5月，四会市博物馆在距城区约2.5公里的南田水库发现一座唐代砖室墓。同月，广东省文物考古研究所在四会市文化局、博物馆的配合下对墓葬进行了抢救发掘，墓葬编号为2006SNM1（以下简称M1）。该墓位于四会市东城区陶塘村委会以东约2.5公里处南田水库中一座小山的缓坡上，前低后高，发现时墓葬已遭毁坏，封门处被挖去大部分，封门墙仅残留底部，墓室内出土随葬器物14件（组），分别为青瓷四耳罐、青瓷碗和砖雕，砖雕为十二生肖，但只有10件，分别是子鼠、丑牛、辰龙、巳蛇、午马、未羊、申猴、酉鸡、戌狗、亥猪。

第二节　墓 葬 介 绍

一、墓 葬 形 制

M1为长方形砖室墓，由墓圹和墓室组成，墓圹长422、宽150厘米，墓室长388、宽113厘米，方向63°（图九六）。

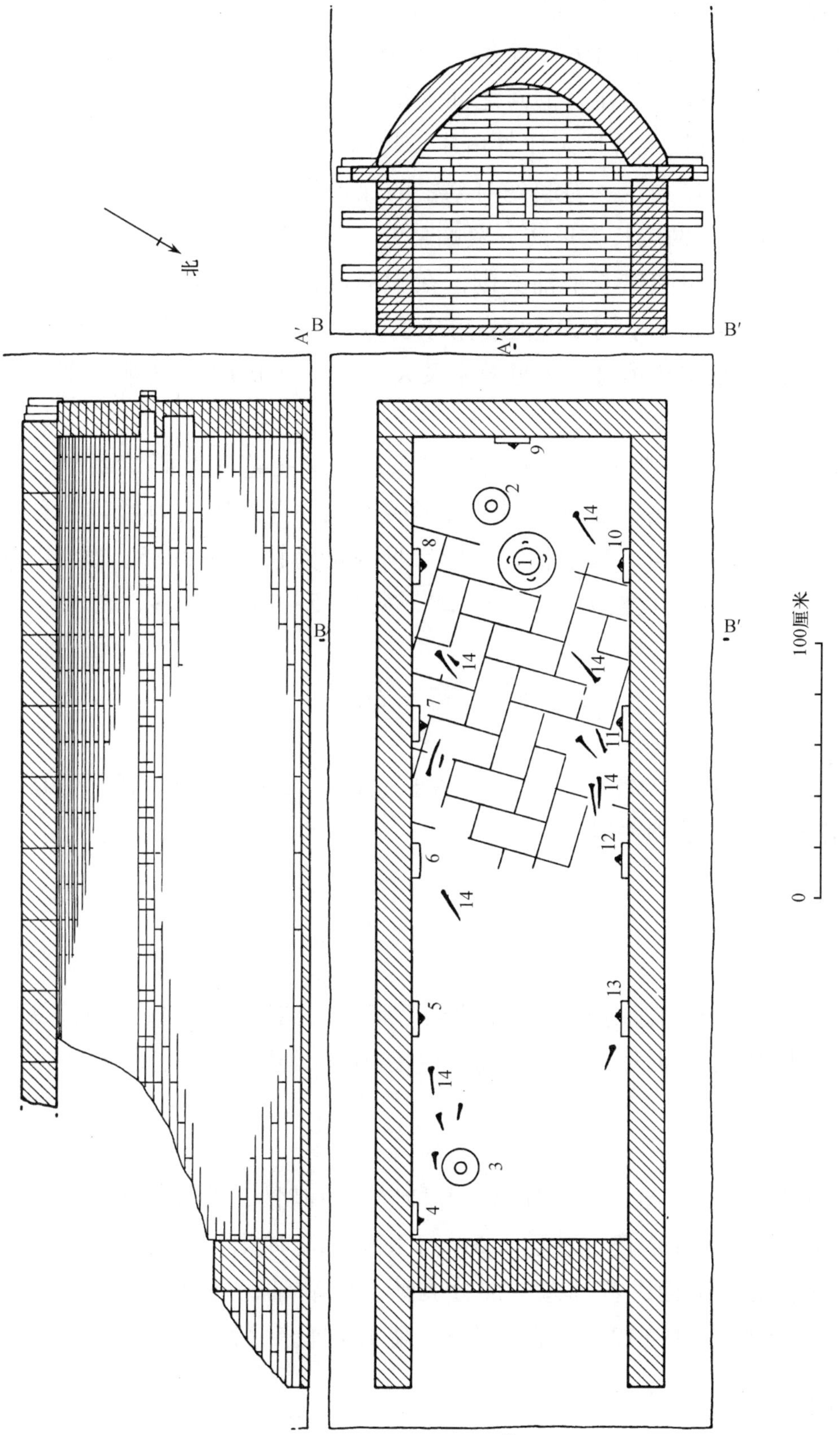

图九六　四会市M1平、剖面图

1. 青瓷四耳罐　2、3. 青瓷碗　4. 龙砖雕　5. 蛇砖雕　6. 马砖雕　7. 羊砖雕　8. 猴砖雕　9. 鸡砖雕　10. 狗砖雕　11. 猪砖雕　12. 鼠砖雕　13. 牛砖雕　14. 铁棺钉（16枚）

封门砌于两侧壁和券顶内，部分已毁，残留部分由长方形砖一平一立垒砌。

墓室平面为长方形，室内长316、宽85、高98厘米。券顶为单券，起券高度66厘米。起券中为调整券顶弧度，在刀形砖之间夹楔陶片。墓壁为单隅长方形砖错缝平铺叠砌，在60厘米处用两层长方形砖作菱角牙子装饰，该砖伸出墓壁。在墓室外的菱角牙子砖之上平砌一层砖作固定。为起到对墓壁的保护作用，在壁外菱角牙子砖下方第4层、第10层分别平砌两层长方形砖，紧贴墓壁，上下层间用生土填实。墓室后壁置于券顶内，为长方形砖单隅错缝平铺叠砌，在中部设长方形壁龛，上部同墓壁一样作两层菱角牙子，后壁菱角牙子同墓壁的菱角牙子连成一体。墓底用长方形砖作“人”字形铺砌。在墓室内发现多枚棺钉，未见棺木及人骨架。出土10块砖雕分别对称竖立紧贴墓室墓壁。

M1的建造方法为先挖好竖穴土坑然后铺砌墓底，又在墓底上码筑墓壁，再起券顶，最后封门回填墓坑。铺底、墓壁均用长方形砖砌成。券顶则用刀形砖起券。墓砖青灰色，不甚规整，均为素面。其中长方形砖常见规格为长30～30.5、宽14～14.5、厚2.5～3厘米。刀形砖常见规格为长27.5～28、宽13.5～14、厚2～3厘米。

二、随 葬 品

M1出土随葬器物14件（组）。器物放置在墓室前、后两端及两侧壁下和后壁下，按质地分为青瓷器、陶砖雕和铁器。

（1）青瓷器

四耳罐　1件。

M1∶1，灰胎，施青黄釉，内满釉，外釉至下腹部。圆唇，直口，溜肩，扁圆腹，大平底。肩部饰对称两组条形耳及弦纹一周。口径10.4、腹径24.6、底径15.4、高22厘米（图九七，1）。

碗　2件。

M1∶2，器物微变形。灰胎，施青黄釉，着釉好，内满釉，外釉至腹部。圆唇，敞口，斜腹，旋削玉璧底。口径13、底径4.6、高3.8～4.2厘米（图九七，2）。

M1∶3，灰胎，施青黄釉，着釉差，部分剥落，内满釉，外釉至腹部。圆唇，敞口，斜腹，旋削玉璧底。口径13.3、底径4.2、高4.4厘米（图九七，3）。

（2）陶砖雕

砖雕共10件，均为浮雕生肖。俑为人身兽头，双手抱于胸前作侍应状。除一件浮雕俑头部损坏外，其他均保存完好。生肖分别为子鼠、丑牛、辰龙、巳蛇、午马、未

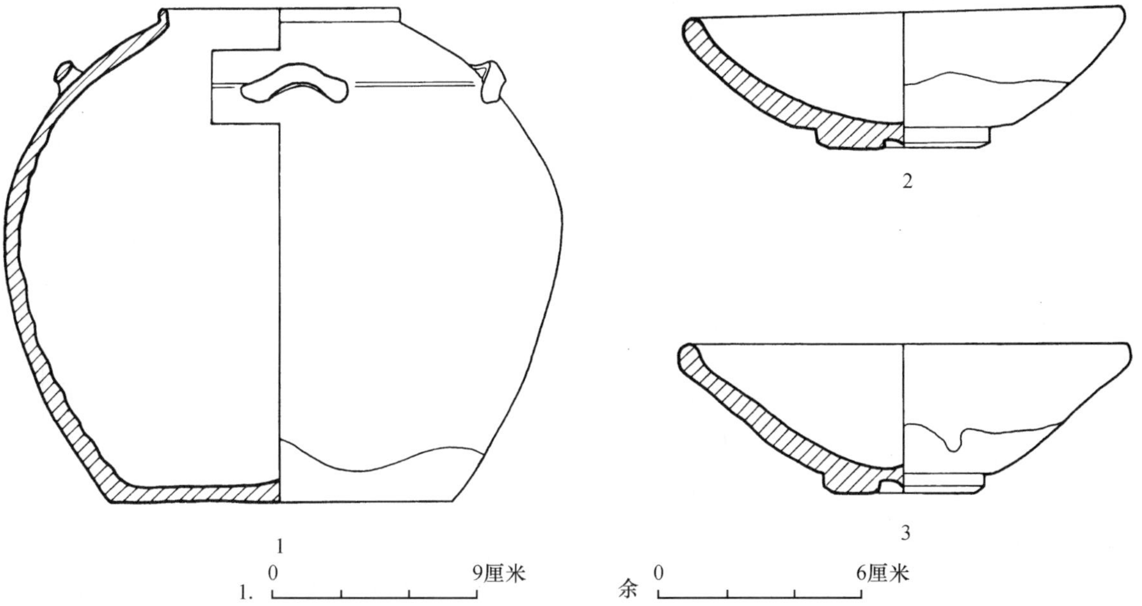

图九七　四会市 M1 出土青瓷四耳罐、碗

1. 青瓷四耳罐（M1∶1）　2、3. 青瓷碗（M1∶2、M1∶3）

羊、申猴、酉鸡、戌狗、亥猪。砖雕为一次性模制成形，后经过局部加工。生肖头像除丑牛、酉鸡外，其他制作略显粗糙。砖雕的规格、形状也不尽相同。砖雕规格为长 26.5～30、宽 13～15.5、厚 2～2.5 厘米，形状分为梯形和长方形两种。

龙　1 件。

M1∶4，砖雕为青灰色，长方形砖长 26.5、宽 13.4、厚 2 厘米。在砖的一面模制龙首人身俑。俑身着长袍，双手抱于胸前（图九八，1；图版六九，1）。

蛇　1 件。

M1∶5，砖雕为青灰色，长方形砖长 27、宽 13、厚 2.2 厘米。在砖的一面模制蛇首人身俑。蛇首扁平，俑身着长袍，双手抱于胸前。在蛇首的右上方刻划“巳”字（图九八，4；图版六九，2）。

马　1 件。

M1∶6，略变形。砖雕为青灰色，长方形砖长 30、宽 14、厚 2 厘米。在砖的一面模制马首人身俑。马首已残，俑身着长袍双手抱于胸前。在砖的背面刻划“午”字（图九八，2；图版六九，3）。

羊　1 件。

M1∶7，略变形。砖雕为青灰色，梯形砖长 30、宽 7.4～15、厚 2.5 厘米。在砖的一面模制羊首人身俑。羊首的耳和角部均残。俑身着长袍，双手抱于胸前（图九八，3；图版六九，4）。

图九八　四会市 M1 出土陶砖雕

1. 龙砖雕（M1:4）　2. 马砖雕（M1:6）　3. 羊砖雕（M1:7）　4. 蛇砖雕（M1:5）

猴　1 件。

M1:8，砖雕为青灰色，长方形砖长 28、宽 13.5、厚 2.5 厘米。在砖的一面模制猴首人身俑。猴首粗眉圆眼咧嘴。俑身着长袍，双手抱于胸前（图九九，1；图版七〇，1）。

鸡　1件。

M1∶9，砖雕为青灰色，长方形砖长28、宽13.5、厚2厘米。在砖的一面模制鸡首人身俑。鸡首高冠圆眼。俑身着长袍，双手抱于胸前。在鸡首的右方刻划“酉”字（图九九，2；图版七〇，2）。

图九九　四会市M1出土陶砖雕

1. 猴砖雕（M1∶8）　2. 鸡砖雕（M1∶9）　3. 狗砖雕（M1∶10）　4. 猪砖雕（M1∶11）

狗　1件。

M1∶10，砖雕为青灰色，梯形砖长30、宽7～15.5、厚2.5厘米。在砖的一面模制狗首人身俑。狗首立耳，三角眼，尖嘴微张。俑身着长袍，双手抱于胸前。在砖的背面刻划“戌”字（图九九，3；图版七〇，3）。

猪　1件。

M1∶11，略变形。砖雕为青灰色，长方形砖长28、宽13.5、厚2厘米。在砖的一面模制猪首人身俑。猪首大耳，圆眼，长嘴，俑身着长袍，双手抱于胸前。在猪首右上方刻划“亥”字（图九九，4；图版七〇，4）。

鼠　1件。

M1∶12，略变形。砖雕为青灰色，长方形砖长28、宽14、厚2厘米。在砖的一面模制鼠首人身俑。鼠首小眼，大耳，尖嘴。俑身着长袍，双手抱于胸前。在鼠首右上方刻划“子”字。在俑的上方和左右两侧刻划十字交叉纹（图一〇〇，1；图版六八，3）。

牛　1件。

M1∶13，砖雕为青灰色，梯形砖长28、宽8.4～13.5、厚2.5厘米。在砖的一面模制牛首人身俑。牛首大角。俑身着长袍，双手抱于胸前。在牛首右上方刻划“丑”字（图一〇〇，2；图版六八，4）。

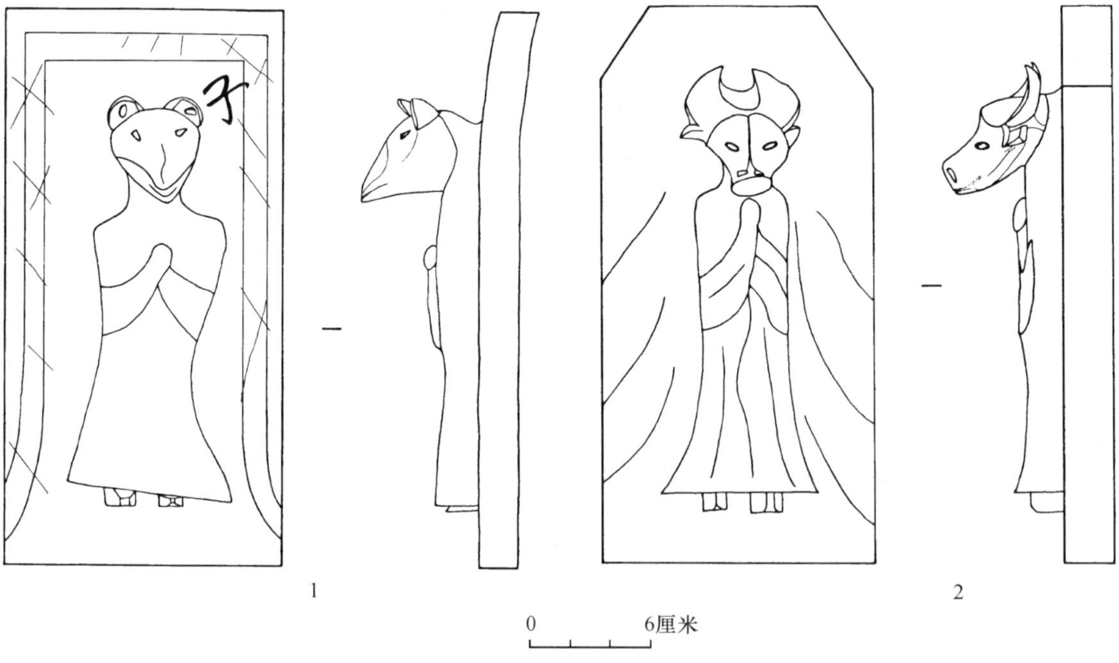

图一〇〇　四会市M1出土陶砖雕

1. 鼠砖雕（M1∶12）　2. 牛砖雕（M1∶13）

（3）铁器

铁棺钉 16 枚。

M1∶14，铁钉锈蚀严重。

第三节 小 结

M1 无纪年砖或纪年器物出土，年代尚难确定，但结合墓葬形制及随葬品特征分析，其大致年代可做如下推断。

M1 内出土的 2 件碗为典型唐时期玉璧底碗，施釉特点也为唐代中、晚期时施半釉。铺底又为晋、南朝、唐时期最为普遍的“人”字形铺砌。但墓砖的尺寸又有北宋、五代时期的特征。因此，M1 的年代大致定为唐代晚期。

墓葬内饰一周相通的菱角牙子，在已发掘过的墓葬中实属少见。此外，墓葬内出土生肖俑的现象，近年内也少见。仅见广东紫金县宋墓①出土石生肖俑，福建连江宋墓②出土陶生肖俑，但生肖动物是附加俑头之上的；江苏高邮车逻唐墓③出土了陶人身兽头生肖俑。但上述各墓出土的生肖俑均与 M1 中出土的不同。

虽然 M1 内出土生肖砖雕排列有序，但少了两件生肖砖雕，其分别为寅虎和卯兔，这两件生肖砖雕是出于墓主人忌讳没有放置？还是被盗？尚无证据可寻。

十二生肖是古人对天文历法、地理等自然的一种探索。古代历法以干支纪年，即以 10 个天干和 12 个地支搭配来纪年，共有 60 个排列组合，称为 60 甲子。为记忆方便，将 12 种动物与 12 地支结合，形成十二生肖年，又称十二属相。经考证，远在西周时期，已有 12 种动物与地支的对应关系。如《词经·小雅·吉日》中有“吉日庚午，既差我马”，以午对马。《左传》僖公五年有“龙尾伏辰”，以辰对龙。湖北云梦县睡虎地 11 号墓葬出土的竹简《曰书·盗者》记载有：“子，鼠也，丑，牛也，寅，虎也，卯，兔也，未，马也……”到了战国时期，不但用干支纪月、纪日，且已经开始直接用来纪年。到了东汉元和二年（公元 86 年），政府正式颁布法令通行干支纪年。到了唐代，十二生肖更为流行，不但在墓葬中出土有成套的十二生肖俑，还在铜镜装饰有十二生肖纹饰。

M1 的发掘对研究这一时期的埋葬风俗、墓葬形制、社会生活等提供了宝贵的实物资料。

---

① 广东省博物馆：《广东紫金县宋墓出土石雕》，《考古》1984 年第 6 期。

② 曾凡：《福建连江宋墓清理简报》，《考古通讯》1958 年第 5 期。

③ 屠思华：《江苏高邮车逻唐墓的清理》，《考古通讯》1958 年第 5 期。

后　记

广宁县龙嘴岗墓地、肇庆市康乐中路墓地、四会市陶塘墓地的考古发掘，得到了广东省文化厅，肇庆市委、市政府、市人大、市政协，肇庆市委宣传部、市文化局、市政管理局、市博物馆，广宁县政府、县文化局、县博物馆，四会县文化局、博物馆等单位的大力支持。

肇庆、广宁、四会三处墓地的发掘领队均由广东省文物考古研究所卜工担任，执行领队尚杰。主要发掘人员有广东省文物考古研究所尚杰、毛远广、齐雪芳、尚中克等；肇庆市文化局陈新忠，市博物馆萧健玲、邓杰、程茵、邓志芳、冯小慧、吕国明等；广宁县文化局江昌运，博物馆陈健生等；四会市文化局雷声亮、何韵祥、苏燕飞，四会市博物馆陈子坚等。

墓地发掘期间先后到工地检查、指导、协调考古发掘工作的有广东省文化厅厅长曹淳亮，副厅长景李虎、严键强，文物处副处长杨少祥，广东省文物考古研究所所长黄道钦、副所长卜工，东南大学教授朱光亚，肇庆市委书记林雄、市委常委宣传部部长顾作义、市政府代市长杨浩明、市委宣传部副部长叶峥嵘，市政管理局局长王岩，市规划局总规划师刘彦，市文化局局长孙重维、副局长麦肇奎，市文化局文物科科长罗川和冯咏浩，肇庆市博物馆馆长萧健玲、副馆长邓杰以及康乐、宝月和白沙派出所的同志。

整理工作期间，肇庆市博物馆馆长萧健玲、副馆长邓杰为整理工作创造了良好的工作环境与条件。中山大学教授许永杰，广东省文物考古所所长黄道钦，卜工、邓宏文研究员，魏峻博士对整理工作提出了许多宝贵意见和建议。

本报告由尚杰执笔完成。室内整理工作由龚海珍、齐雪芳、钟振远、邹俭平等完成。描图工作由龚海珍、齐雪芳完成。器物摄影由尚杰、黎飞艳完成。广东省文物考古研究所研究员邓宏文审核了报告全文，提出很多建设性的意见并做了具体的指导与修改。卜工研究员、魏峻博士为本报告的编写提供了参考意见和建议。科学出版社闫向东社长、责任编辑孙莉对本报告的章节目录提出了宝贵意见。

谨此对给予考古发掘、资料整理和报告编写工作支持的单位和个人表示衷心感谢！

报告中不足之处，欢迎专家学者批评指正。

Abstract

Middle Kangle Road, Guangning and Sihui County are all belong to Zhaoqing city administerially, in Guangdong province. From 2004 to 2006, Guangdong Provincial Institute of Cultural Relics & Archaeology excavated three ancient cemeteries respectively at those region in the contract archaeology.

In order to represent the unique characteristic completely, the report arranges these cemeteries by date. There are 17 tombs and other ancient relics excavated in all three cemeteries, including 8 earth-pit tombs, 9 brick-chambered tombs, 3 wells and 2 pits. The funeral objects indicated the different time of these tombs, 4 of the Warring States period, 3 of the Han Dynasty, 1 of the Eastern Jin Dynasty, 6 of the Southern Dynasties, 2 of the Tang Dynasty and 1 of the Song Dynasty.

Middle Kangle Road cemetery was used for about 500 yeats, from the Han Dynasty to the Southern Dynasty, and the tombs of this cemetery was arranged orderly, Earth-pit tombs of the Han Dynasty and brick-chambered tombs were buried in the same place. This phenomenon is very infrequent in Guangdong province. The "亚" -shaped earth-pit tombs, some architectural decoration and structures of the Southern Dynasty brick-chambered tombs are all found first time in Zhaoqing district.

The survey and excavation of these three cemeteries provides the important material data for researching the ancient history, culture, military affairs, agriculture, city construction and custom research of Zhaoqing district.

图　版

康乐中路墓地鸟瞰图

1. 康乐中路墓地工作现场

2. 四会市 M1 清理工作现场

康乐中路墓地和四会市墓地清理现场

1. 陶瓿（M16：2）

2. 陶碗（M16：3）

3. 陶碗（M16：4）

4. 陶碗（M16：5）

5. 陶杯（M16：10）

6. 陶杯（M16：11）

7. 陶杯（M16：15）

8. 砺石（M16：21）

广宁龙嘴岗M16出土陶器和砺石

1. 铜鼎（M16：1）

2. 铜矛（M16：24）

3. 铜斧（M16：20）

4. 铜刮刀（M16：25）

5. 铜刮刀（M16：26）

广宁龙嘴岗M16出土铜器

1. 铜斧（M16：18）

2. 铜斧（M16：19）

3. 铜刮刀（M16：28）

4. 铜刻刀（M16：32）

5. 铜刻刀（M16：35）

6. 铜削刀（M16：37）

7. 铜削刀（M16：39）

广宁龙嘴岗M16出土铜器

图版六

1. 陶瓿（M17：3）

2. 陶杯（M17：4）

3. 釉陶盒（M17：2）

4. 铜鼎（M17：1）

广宁龙嘴岗M17出土器物

1. 陶碗（M18：1）

2. 陶碗（M18：3）

3. 陶钵（M18：2）

4. 陶罐（M18：4）

5. 陶罐（M18：5）

广宁龙嘴岗M18出土器物

1. 陶罐（M19：10）

2. 陶瓿（M19：1）

3. 陶碗（M19：2）

4. 陶碗（M19：3）

5. 釉陶碗（M19：11）

6. 釉陶碗（M19：12）

广宁龙嘴岗M19出土器物

1. 铜斧（M19：6）

2. 铜刮刀（M19：4）

3. 铜刮刀（M19：7）

4. 铜刮刀（M19：9）

5. 铜削刀（M19：8）

6. 铜削刀（M19：13）

广宁龙嘴岗M19出土铜器

康乐中路墓地全景

1. M6 清理中

2. A 型釉陶罐（M6：1）

3. A 型釉陶罐（M6：3）

康乐中路M6清理中及出土器物

1. A型（M6：4）

2. A型（M6：31）

3. B型（M6：30）

4. C型（M6：29）

康乐中路M6出土釉陶罐

1. M6：33

2. M6：45

3. M6：32

4. M6：35

5. M6：36

6. M6：37

康乐中路M6出土C型釉陶罐

1. C 型釉陶罐（M6：41）

2. C 型釉陶罐（M6：42）

3. C 型釉陶罐（M6：46）

4. D 型釉陶罐（M6：52）

5.A 型陶豆（M6：14）

6. A 型陶豆（M6：17）

康乐中路M6出土釉陶罐和陶豆

1. A型（M6：23）

2. A型（M6：39）

3. A型（M6：40）

4. A型（M6：44）

5. A型（M6：47）

6. B型（M6：48）

康乐中路M6出土陶豆

1. A 型（M6：2）

2. A 型（M6：16）

3. B 型（M6：5）

4. B 型（M6：43）

康乐中路M6出土釉陶壶

1. C 型釉陶壶（M6：49）

2. A 型釉陶鼎（M6：7）

3. A 型釉陶鼎（M6：34）

4. A 型釉陶鼎（M6：7）

5. B 型釉陶鼎（M6：8）

6. 釉陶盆（M6：9）

康乐中路M6出土釉陶器

1. 釉陶盆（M6：18）

2. 陶釜（M6：51）

3. 釉陶盆（M6：19）

4. 陶盂（M6：13）

5. 陶釜（M6：50）

6. 陶卮（M6：53）

康乐中路M6出土釉陶盆和陶器

1. 陶熏炉（M6：20）

2. 陶灯（M6：21）

3. 陶灶（M6：26）

4. 坠饰
（上 M12：10、左 M6：10、右 M6：11）

5. 滑石璧（M6：6）

康乐中路M6出土器物

1. 釉陶井（M6：28）

2. 釉陶匏壶（M6：38）

3. 滑石双鋬罐（M6：24）

4. 滑石暖炉（M6：25）

康乐中路M6出土釉陶器和滑石器

1. M7 清理中

2. M7 西南角器物堆积状况

3. A 型釉陶罐（M7：54）

康乐中路M7清理中及出土器物

1. B型（M7：6）

2. B型（M7：20）

3. C型（M7：52）

4. C型（M7：76）

康乐中路M7出土B、C型釉陶罐

1. 釉陶簋（M7：46）

2. 釉陶簋（M7：53）

3. A 型釉陶盆（M7：8）

4. A 型釉陶盆（M7：80）

5. B 型釉陶盆（M7：12）

6. 釉陶钵（M7：23）

康乐中路M7出土釉陶器

1. B 型釉陶壶（M7：60）

2. B 型釉陶壶（M7：64）

3. 釉陶鼎（M7：24）

4. 釉陶鼎（M7：25）

康乐中路 M7 出土釉陶器

1. 釉陶提筒（M7：74）

2. A 型釉陶壶（M7：47）

3. A 型釉陶壶（M7：48）

4. B 型釉陶壶（M7：50）

康乐中路M7出土釉陶器

1. M7：67

2. M7：69

3. M7：70

4. M7：72

康乐中路M7出土釉陶提筒

1. 釉陶钵（M7：62）

2 釉陶釜（M7：41）

3. 釉陶釜（M7：42）

4. 釉陶盒（M7：33）

5. 釉陶魁（M7：26）

康乐中路M7出土釉陶器

1. 釉陶灶（M7：5）

2. 陶套盒（M7：29）

3. 陶灯（M7：17）

康乐中路M7出土釉陶灶和陶器

1. M7：15

2. M7：30

3. M7：34

4. M7：35

5. M7：36

6. M7：38

康乐中路M7出土A型陶豆

1. A 型陶豆（M7：56）

2. B 型陶豆（M7：19）

3. B 型陶豆（M7：78）

4. 陶耳杯（M7：4）

5. 陶耳杯（M7：10）

6. 陶耳杯（M7：16）

康乐中路M7出土A、B型陶豆和陶耳杯

1. M7：21

2. M7：31

3. M7：32

4. M7：39

5. M7：40

6. M7：66

康乐中路M7出土陶耳杯

1. 陶耳杯（M7：79）

2. 陶耳杯（M7：81）

3. 陶釜（M7：77）

4. 陶釜（M7：11）

5. 陶釜（M7：22）

6. 铜耳杯（M7：55）

康乐中路M7出土耳杯和釜

1. 陶井（M7：7）

2. 铜剑（M7：49）

3. 珠饰（M7：45）

康乐中路M7出土随葬品

康乐中路M7出土陶仓（M7：57）

康乐中路M7出土陶屋（M7：1）

康乐中路M7出土陶屋（M7：9）

1. M9 清理中

2. 釉陶器盖（M9：4）

3. 陶耳杯（M9：8）

康乐中路M9清理中及出土器物

1. 陶鸭（M9：3）

2. 陶鸭（M9：6）

3. 陶船（M9：9）

4. 珠饰（M9：2）

5. 陶囷(M9：1)

6. 陶羊圈（M9：7）

康乐中路M9出土器物

1. M8 清理中

2. M8 器物出土状况

3. M8 南壁花纹砖

康乐中路M8清理中及器物出土状况

1. 青瓷碗（M8：5）

2. 青瓷碗（M8：14）

3. 青瓷碗（M8：15）

4. 青瓷碗（M8：18）

5. 青瓷盆（M8：11）

康乐中路M8出土青瓷器

1. M8：1

2. M8：2

3. M8：3

4. M8：4

康乐中路M8出土青瓷四耳罐

1. 青瓷分格盒（M8：6）

2. 青瓷分格盒（M8：12）

3. 青瓷小盂（M8：17）

4. 青瓷唾壶（M8：13）

康乐中路M8出土青瓷器

1. 青瓷耳杯（M8∶8）

2. 青瓷耳杯（M8∶10）

3. 银钗（M8∶19）

4. 青瓷勺（M8∶9）

5. 青瓷托盘（M8∶7）

康乐中路M8出土器物

1. M1 清理中

2. M1 盗洞

3. 甬道顶部结构

4. M1 后壁

康乐中路M1墓室结构

1. M1：1

2. M1：5

3. M1：11

4. M1：12

5. M1：14

6. M1：16

康乐中路M1出土青瓷碗

图版四八

1. M1：18

2. M1：19

3. M1：20

4. M1：21

5. M1：22

6. M1：23

康乐中路M1出土青瓷碗

1. 青瓷碟（M1：9）

2. 青瓷碟（M1：8）

3. 青瓷碟（M1：7）

4. 青瓷碟（M1：24）

5. 釉陶凭几（M1：15）

康乐中路M1出土青瓷碟和釉陶凭几

1. 青瓷三足炉（M1：3）

2. 青瓷鸡首壶（M1：4）

康乐中路M1出土青瓷器

1. 青瓷四耳罐（M1：17）

2. 青瓷六耳罐（M1：25）

3. 铜镜（M1：13）

4. 滑石猪（M1：10）

5. 滑石猪（M1：2）

康乐中路M1出土器物

1. M2 清理中

2. M2 前室与“池”

3. M2 后壁

康乐中路 M2 墓室结构

1. 青瓷碗（M2：4）

4. 青瓷碗（M2：6）

2. 青瓷碗（M2：7）

5. 滑石猪（M2：1）

3. 青瓷六耳罐（M2：5）

6. 滑石猪（M2：2）

7. 滑石猪（M2：3）

康乐中路M2出土器物

1. M3 清理中

2. M3 封门

3. M3 前室侧壁

康乐中路 M3 墓室结构

1. M3 后壁

2. M3 出土的凭几、帷帐

3. M3 帷帐座及部分瓷器出土状况

康乐中路M3后壁及部分器物出土状况

1. 青瓷碗（M3：1）

2. 青瓷碗（M3：2）

3. 青瓷碗（M3：3）

4. 青瓷碗（M3：4）

5. 瓷碟（M3：7）

康乐中路M3出土器物

1. 青瓷带座三足炉（M3：13）

2. 青瓷灯（M3：14）

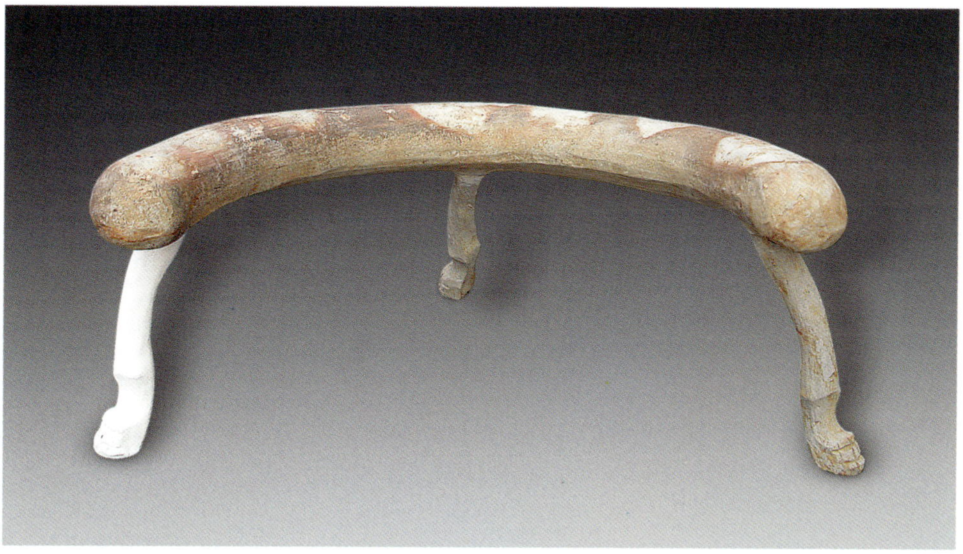

3. 釉陶凭几（M3：8）

康乐中路M3出土器物

1. 陶帷帐座（M3：9）

2. 陶帷帐座（M3：10）

3. 陶帷帐座（M3：11）

4. 陶帷帐座（M3：12）

5. 滑石猪（M3：5）

6. 滑石猪（M3：6）

康乐中路M3出土陶帷帐座和滑石猪

1. M4清理中

2. M4墓道

3. M4墓室内过道结构

康乐中路M4墓室结构

1. M4甬道侧壁

2. M4前室侧壁

3. M4后壁

康乐中路M4墓室内仿建筑结构

1. 青瓷碗（M4：1）

2. 青瓷碗（M4：2）

3. 青瓷碗（M4：3）

4. 青瓷碟（M10：3）

5. 青瓷三足炉（M10：2）

6. 陶四耳罐（M10：1）

康乐中路M4、M10出土器物

1. 青瓷碟（M12：1）

2. 青瓷碟（M12：2）

3. 青瓷宽耳罐（M12：4）

4. 青瓷碗（M12：3）

5. 青瓷盆（M12：5）

康乐中路M12出土器物

1. 陶刻槽盆（J1∶1）

2. 瓷碗（J1∶2）

3. 瓷碗（J1∶3）

4. 瓷碗（J1∶4）

5. 瓷杯（J1∶5）

6. 瓷碟（J1∶6）

7. 瓷碟（J1∶7）

康乐中路J1出土器物

1. 瓷碗（J3：1）

2. 瓷碗（J3：2）

3. 瓷罐（H2：6）

4. 瓷罐（H2：7）

5. 瓷碗（H2：8）

6. 瓷碗（H2：9）

康乐中路J3、H2出土瓷器

1. 瓷碗（H2：10）

2. 瓷盏（H2：12）

3. 瓷盏（H2：12）

4. 瓷盏（H2：11）

5. 瓷盏（H2：11）

6. 瓷盏（H2：14）

康乐中路H2出土瓷器

1. 瓷盏（H2：13）

2. 瓷盏（H2：15）

3. 瓷盘（H2：16）

4. 瓷碟（H2：17）

5. 瓷碟（H2：18）

6. 瓷碟（H2：19）

7. 瓷碟（H2：20）

8. 瓷钵（H2：21）

康乐中路H2出土瓷器

1. 瓷盆（H2：5）

2. 瓷盆（H2：25）

3. 瓷器盖（H2：24）

4. 瓷器盖（H2：27）

5. 陶盆（H2：26）

6. 陶刻槽盆（H2：4）

康乐中路H2出土器物

图版六八

1. 陶器盖（H2：23）

2. 铜印（H2：1）

3. 鼠（M1：12）

4. 牛（M1：13）

康乐中路H2出土器物及四会市M1出土生肖砖雕

1. 龙（M1：4）

2. 蛇（M1：5）

3. 马（M1：6）

4. 羊（M1：7）

四会市M1出土生肖砖雕

图版七〇

1. 猴（M1：8）

2. 鸡（M1：9）

3. 狗（M1：10）

4. 猪（M1：11）

四会市M1出土生肖砖雕